Colin Goldner

Eingesperrte Tiere angaffen?

Colin Goldner

Eingesperrte Tiere angaffen?
Nein danke!

Texte zur Zookritik

BoD
Norderstedt

2016

Das Cover zeigt ein Orang Utan-Kind aus dem Zoo Rostock (© Goldner 2012)

Herstellung und Verlag: BoD - Books on Demand, Norderstedt

2016 (7. überarbeitete und erweiterte Auflage von 5/2015)

ISBN 9783734785870

Inhaltsverzeichnis

Quellenangaben: Tierbefreiung (www.tierbefreiung.de) / TIERethik (www.tierethik.net) / hpd = Humanistischer Pressdienst (www.hpd.de) / MIZ = Materialien und Informationen zur Zeit (www.miz-online.de) / Tierstudien (www.neofelis-verlag. de) / taz = Tageszeitung (www.taz.de) / Psychologie heute (www.psychologie-heute.de) / sueddeutsche de (www. sueddeutsche.de) / IARC = International Animal Rights Conference (www.ar-conference. com) / Tierrechte (www.tierrechte.de) / junge Welt (www.jungewelt.de) / GEO (www.geo. de) / KoK = Kochen ohne Knochen/Veganmagazin (www. kochenohneknochen.word press.com / Evokids (www. evokids.de) / EMMA (www.emma.de) Einige der Texte wurden geringfügig überarbeitet und/oder mit anderen bzw. zusätzlichen Bildern illustriert.

Beraubt all dessen, was sie und ihr Leben ausmacht, werden die Tiere im Zoo psychisch krank: der Totalangriff auf ihre Natur treibt sie geradewegs in den Wahnsinn.

Emilio Sanna, 1977

Im Zoo begegnet man gerade *nicht* der Natur, der wirklichen Tierwelt schon gar nicht.

Hugo van Lawick, 1987

Tierliebende Menschen mögen keine Zoos.

Elke Heidenreich, 1992

Die erzwungene Inaktivität im Zoo ist für die Tiere die reinste Qual.

Horst Stern, 1992

Die Abschaffung der Zoos ist ein großer humanitärer Schritt. Ziel ist es, die Tyrannei des Menschen über das Tier zu beenden.

Sina Walden, 1993

Zoos sind Orte pornographischer Gewalt: Gaffer auf der einen Seite, unfreiwillig Begaffte auf der anderen.

Derrick Jensen, 2007

Tiere im Zoo sind keine Botschafter, die uns etwas über die Natur lehren, vielmehr lehren sie uns etwas über das augenscheinliche Bedürfnis des Menschen, jedes andere Lebewesen auf Erden unterjochen und ausbeuten zu müssen.

Bill Maher, 2007

Machen wir uns nichts vor: Zoologische Gärten sind Schauveranstaltungen auf Kosten der tierischen Zwangsdarsteller.

Volker Sommer, 2013

Zoos in der Kritik

Während Zoos sich seit ihren Gründertagen in der ersten Hälfte des 19. Jahrhunderts in einem von Kritik weitgehend unangetasteten Freiraum bewegen konnten, gerieten sie Mitte der 1970er unter massiven Rechtfertigungsdruck: im Zuge des *Washingtoner Artenschutzübereinkommens (CITES)* von 1973, das den bis dahin völlig unkontrollierten Handel mit vom Aussterben bedrohten Tierarten erheblich einschränkte, trat erstmalig ins öffentliche Bewusstsein, welch enormen Anteil die für Zoos getätigten Wildfänge daran hatten, dass viele dieser Tierarten überhaupt erst an den Rand des Aussterbens gebracht worden waren.

Eine unabhängige Untersuchung, vorgelegt 1974 von dem italienischen TV-Journalisten Emilio Sanna, verursachte größte Aufregung unter den Zoobetreibern: zum erstenmal in ihrer fast 150jährigen Geschichte sahen sie sich mit die Institution selbst in Frage stellender Kritik konfrontiert. Unter dem Titel *Lo zoo folle* hatte Sanna, zusammen mit dem Regisseur Riccardo Fellini, einen Dokumentarfilm gedreht, der in drastischen Bildern die katastrophalen Verhältnisse in den italienischen Zoos zeigte. In einer pointierten Streitschrift gleichen Titels, die er 1977 nachschob, formulierte Sanna zudem eine grundsätzliche Kritik an der „Institution Zoo". Detailliert beschreibt er die grausame und verlustreiche Praxis der Gefangennahme freilebender Wildtiere und ihres Transportes in irgendwelche europäischen oder US-amerikanischen Zoos und schildert die verheerenden Auswirkungen, die die Gefangenhaltung der Tiere auf ihr körperliches und psychisches Befinden haben.

In Italien bildete sich durch den wiederholt auf RAI ausgestrahlten Film und das Buch Sannas eine unerwartet breite Front an Zoogegnern, die argumentative Unterstützung fand in dem 1975 erschienenen Grundlagenbuch *Animal Liberation* von Peter Singer. Mitgetragen von den wichtigsten Medien des Landes erhoben zahlreiche Intellektuelle und Kulturschaffende ihre Stimme gegen die „Kulturschande Zoo", darunter Franco Zefirelli, Sophia Loren oder

11

Adriano Celentano. Selbst alteingesessene Zoos wie die von Turin oder Mailand gerieten derart unter medialen Beschuss, dass sie sich gezwungen sahen, ihren Betrieb einzustellen; auch viele kleinere Provinzzoos mussten schließen.

Trotz aller Erfolge der italienischen Anti-Zoo-Bewegung sprang der Funke nicht auf die anderen europäischen Ländern über, am wenigsten auf Deutschland. Vereinzelte Beschwerden, wie etwa der Filmemacher Horst Stern oder die Schriftstellerin Elke Heidenreich sie vortrugen, verhallten ungehört.

Erst 1987 erschien Sannas Streitschrift auf deutsch (*Affenliebe-Affenschande: Wie wir die Tiere zu Irren hinter Gittern machen*), erzielte hierzulande aber nicht ansatzweise die Wirkung wie in Italien. Nur in England, dem Mutterland des Bürgerzoos, wurde das Thema aufgegriffen: 1984 begründeten die Tierrechtsaktivisten Virginia McKenna und Bill Travers die Initiative *Zoo Check* (umbenannt später in *Born Free Foundation*), die Missstände in britischen Zoos aufdeckte. Letztlich war es eine von McKenna und Travers im Jahr 1993 veröffentlichte Studie, über die Zookritik auch im deutschsprachigen Raum ankam (genauer gesagt handelte es sich um die deutsche Ausgabe ihrer im Original bereits 1987 erschienenen Studie *Beyond the Bars*, in der sie massiv gegen die Institution Zoo vorgegangen waren und damit eine breite öffentliche Diskussion in Gang gesetzt hatten: die Besucherzahlen in den britischen Zoos waren im Zuge dieser Debatte deutlich zurückgegangen; letztlich mußten mehrere der Zoos geschlossen werden. Die unter dem Titel *Gefangen im Zoo* vorgelegte Studie ließ in den Chefetagen auch der hiesigen Zoos beträchtliche Nervosität aufkommen. Vor allem der Umstand, dass der deutschsprachigen Ausgabe eine Reihe erschütternder Bilder aus dem Alltag *deutscher* Zoos vorangestellt war - wodurch die Studie nicht als „nur auf britische Verhältnisse bezogen" abgetan werden konnte -, machte den Verantwortlichen besonders zu schaffen. Während sie gegen die McKenna-/Travers-Studie allerdings nichts zu unternehmen wussten, zogen sie im Jahr darauf in konzertierter Aktion gegen einen von der Tierrechtsgruppe *Panthera* vorgelegten Bildband *Der Zoo: Fotografien von Tieren in Gefangenschaft* zu Felde: mit einer vor dem LG Hamburg angestrengten Unterlassungsklage suchten sie die Verbreitung des Buches zu verhindern. Die Klage wurde abgewiesen.

Verschärft wurde die Nervosität in den deutschen Zoos durch das 1993 erschienene Manifest des *Great Ape Project.* das von namhaften Philosophen und Wissenschaftlern aus aller Welt unterzeichnet worden war, und das, festgemacht an den Großen Menschenaffen, die Haltung von Wildtieren in Zoos grundsätzlich in Frage stellte. Letztlich veröffentlichte der Tierschützer Stefan Austermühle im Jahre 1996 eine Studie, die unter dem Titel „*...und hinter tausend Stäben keine Welt!"* die Institution Zoo in sämtliche Einzelteile zerlegte. Zeitgleich mit dem Erscheinen des Austermühle-Buches gab es erste konzertierte Protestaktionen vor und in Zoos. Und selbst das bürgerliche Feuilleton befasste sich mit der Frage, ob Zoos in der heutigen Zeit überhaupt noch eine Legitimation hätten, und wenn ja, welche: in der *Zeit* beispielsweise erschien dazu Anfang 1996 ein erstaunlich fundiertes Dossier des Philosophen Richard David Precht, dem er im Jahr darauf unter dem Titel *Noahs Erbe* ein eigenes Buch folgte.

Vor dem Hintergrund der anhaltenden Kritik und insofern drohender bzw. sich bereits abzeichnender Besucherrückgänge nahm die Nervosität in den deutschen Zoos nachgerade panische Züge an. Die für Zoos desasträse Entwicklung in Italien und England vor Augen suchte man mit hektisch in Angriff genommenen Um- und Neubaumaßnahmen die eklatantesten Missstände zu beseitigen bzw. zu übertünchen. Wie schon bei früheren Instandhaltungs- und/oder Umbaumaßnahmen spielten die Interessen der Tiere dabei nur eine nachrangige Rolle, das Augenmerk lag - und liegt bis heute - auf den *Interessen der Besucher*, sprich: auf der Vermarktbarkeit des Produktes Zoo, die an diesen ausgerichtet sein muß.

Parallel zur Umgestaltung der Zoos - seit Mitte der 1990er wurden, größtenteils aus Steuermitteln, hunderte von Millionen verbaut - wurde eine kollektive Abwehrstrategie gegen Kritik von außen entwickelt. Unter Rückgriff auf einen von dem schweizerischen Zoodirektor Heini Hediger formulierten Aufgabenkatalog des modernen Zoos verständigte man sich darauf, Zoos hinfort als auf vier Säulen stehend zu präsentieren: 1. Bildung, 2. Forschung, 3.

Artenschutz, 4. Erholung. Zur Verankerung der neukonstruierten Selbstlegitimation in den Köpfen der Menschen wurde eine gigantische Propagandaoffensive gestartet, die bis heute fortdauert und wesentlich dazu beigetragen hat, dass Zoos in weiten Teilen der Bevölkerung immer noch als „normal", „richtig" und sogar „notwendig" angesehen werden.

Gegen die propagandistische Dauerpräsenz der Zoos in den Medien vermochte die Tierrechtsbewegung bislang nur wenig auszurichten, zumal Zookritik bis vor wenigen Jahren nicht eben an vorderster Stelle ihrer Agenda stand. Abgesehen von einer seit 2002 privat betriebenen Website, die unter dem Signet „Zooschweinereien" über Missstände in Zoos berichtete, gab es (zumindest im deutschsprachigen Raum) kaum zookritische Aktivitäten. Ein 2006 unter dem Titel *Der Zoowahnsinn von A-Z* erschienener Band der Tierrechtler Erich Goschler und Francesca Orso konnte insofern nur konstatieren, dass sich für die in Zoos gefangengehaltenen Tiere, bis auf wenige Ausnahmen, *nichts* zum Besseren gewandt hatte.

Die Bestandsaufnahme des Goschler-/Orso-Buches, die die Notwendigkeit entschiedenen Einsatzes gegen die moralische Unrechtsinstitution Zoo erneut und in aller Drastik vor Augen führte, rückte das Thema „Zootierhaltung" etwas mehr in den Vordergrund tierrechtlichen Bewusstseins und Engagements: zahlreiche Organisationen (*animal public, die tierbefreier, PeTA, Pro Wildlife,* auch der Bundesverband *Menschen für Tierrechte*) setzten sich in der Folge verstärkt damit auseinander. Seit 2012 informiert eine website www.endzoo.de über das tägliche Unrecht, das nichtmenschlichen Tieren in der Zoo-Gefangenschaft widerfährt. Nicht zuletzt wurde auch das *Great Ape Project* wiederbelebt, das mithin in der *Tierbefreiung* regelmäßig über Missstände in deutschen Zoos berichtet.

Dass trotz der nach wie vor hohen gesellschaftlichen Akzeptanz der Zoos auch hierzulande etwas bewegt werden kann, zeigt das Beispiel des Zoos Lübeck: über nachhaltige Öffentlichkeitsarbeit verschiedener Tierrechtsorganisationen konnte soviel Druck auf die örtlichen Behörden aufgebaut werden, dass die Skandaleinrichtung im Jahr 2010 geschlossen wurde. Im gleichen Jahr wurde auch der völlig heruntergekommene Tierpark Kalletal geschlossen. Ebenfalls

14

2010 konnte ein im Straubinger Tiergarten seit Jahren isoliert einsitzender Schimpanse an einen besseren Platz verbracht werden. 2011 ging der übel beleumundete ZooPark Metelen bei Münster pleite, und selbst in der zähen Auseinandersetzung um die Schimpansenhaltung des Welzheimer Schwabenparks ging etwas voran: 2012 wurden auf Druck mehrerer Tierrechtsorganisationen den Parkbetreibern erhebliche Auflagen - insbesondere mit Blick auf die entwürdigenden „Affenshows" - erteilt. □

„Schuhplatteln" im Schwabenpark

TIERethik 9, 2/2014

Das sogenannte „Vier-Säulen-Konzept": Bildung, Artenschutz, Forschung und Erholung

Wie heutige Zoos ihre Existenz rechtfertigen

Als erster Zoo „moderner" Prägung gilt eine ab 1793 im Jardin des Plantes von Paris gezeigte Tiersammlung, die, bestückt mit Tieren der aufgelösten königlichen Ménagerie von Versailles, als Modell diente für eine Vielzahl „bürgerlicher" Zoogründungen in ganz Europa. 1828 wurde der Zoo London begründet, gefolgt kurz darauf von Bristol, Manchester, Edinburgh und Leeds. Der erste deutsche Zoo wurde 1844 in Berlin eröffnet, in den Folgejahren kamen Frankfurt, Köln, Dresden, Hamburg, Hannover und Karlsruhe hinzu. Im Laufe der Jahre wurden allein Deutschland mehr als 1200 Zoos und zooähnliche Einrichtungen begründet,(1) mehr als zwei Drittel davon bestehen bis heute.(2)

Während die Zoos sich seit ihren Gründertagen in einem von Kritik weitgehend unangetasteten Freiraum bewegen konnten - selbst für die zeitgleich mit den ersten Zoos in England und Deutschland entstehenden Tierschutzvereine war die Tierhaltung in Zoos nie ein Thema gewesen -, gerieten sie Mitte der 1970er in eine bis heute fortdauernde existentielle Krise: Mit Verabschiedung des *Washingtoner Übereinkommens über den internationalen Handel mit gefährdeten Arten* freilebender Tiere und Pflanzen im Jahre 1973, in Kraft getreten zwei Jahre später, wurde der bis dahin völlig unkontrollierte Bezug von Tieren aus freier Wildbahn erheblich eingeschränkt.(3)

Das unter dem Kürzel CITES [=*Convention on International Trade in Endangered Species of Wild Fauna and Flora*] bekanntgewordene Übereinkommen bedeutete zum einen, dass der für die Zoos unabdingbare Nachschub an Wildtieren ins Stocken bzw. mit Blick auf Tiere bedrohter Arten nachgerade schlagartig zum Erliegen kam - Tierhandelsfirmen wie *Ruhe* oder *Hagenbeck*, die Zoos auf der ganzen Welt beliefert hatten, mussten ihre Geschäfte einstellen -, und zum anderen, dass die Einrichtung Zoo, erstmalig in ihrer fast 150-jährigen Geschichte, mit massiver Kritik konfrontiert wurde. Hintergrund des Übereinkommens, dem bis heute 178 Staaten beigetreten sind, war die Erkenntnis, dass eine der Hauptursachen für das Aussterben bestimmter Tierarten der Handel mit wildgefangenen Tieren ebendieser Arten war. Zum erstenmal trat der bislang völlig übersehene Anteil von Zoos an der Gefährdung von Wildtierbeständen ins öffentliche Gewahrsein: für jedes in einem Zoo ausgestellte Tier waren zahllose Tiere der gleichen Art beim Fang oder während des Transports zu Tode gekommen; zudem war die Überlebensspanne der letztlich in den Zoos angekommenen Tiere extrem niedrig, so dass ständiger Bedarf an Nachschub bestand. Myriaden an Wildtieren waren insofern seit Anfang des 19. Jahrhunderts für europäische und amerikanische Zoos der freien Wildbahn „entnommen" worden.

Vor allem in Italien und England entspann sich eine breite öffentliche Debatte, ob Zoos weiterhin eine Daseinsberechtigung zugesprochen werden solle oder nicht. Im Zuge dieser Debatte wurden in beiden Ländern zahlreiche Zoos geschlossen. Mitte der 1990er griff der kritische Diskurs auch auf den deutschsprachigen Raum über. Mit teils hektisch in Angriff genommenen Um- und Neubaumaßnahmen suchte man die eklatantesten Missstände zu beseitigen.

Parallel zur baulichen Umgestaltung der Zoos wurde eine kollektive Abwehrstrategie gegen Kritik von außen entwickelt. Unter Rückgriff auf einen zeitgleich mit der Verabschiedung des *Washingtoner Artenschutzübereinkommens* von dem schweizerischen Zoodirektor Heini Hediger postulierten Aufgabenkatalog des „modernen Zoos" verständigte man sich darauf, Zoos hinfort als auf vier Säulen stehend zu präsentieren: 1. Bildung, 2. Artenschutz, 3. Forschung und 4. Erholung.(4)

Unter Federführung des *Verbandes Deutscher Zoodirektoren* (VDZ) wurde das von Hediger vorgezeichnete Konzept zu einer im Jahre 2005 vom Weltzooverband verabschiedeten „Welt-Zoo- und Aquarium-Naturschutzstrategie" ausformuliert.(5) Gebetsmühlengleich ist seither von besagten „vier Säulen" die Rede, die, immun und immunisierend gegen jede Kritik, als axiomatische Grundlage modernen tiergärtnerischen Handelns vorgegeben werden. In keinem Werbefaltblatt, keiner Besucherbroschüre, keinem der Hochglanzbildbände, die neuerdings den Markt überschwemmen und auf keiner Website der einzelnen Zoos fehlt der selbstvergewissernde Hinweis darauf.

Bildung

Das meistgenannte Argument zur Rechtfertigung der Existenz von Zoos ist die Behauptung, sie trügen zur Bildung der Besucher bei. Als „größte außerschulische Bildungseinrichtungen" würden sie jährlich Millionen von Menschen erreichen - die Rede ist von weltweit 750 Mio Besuchern pro Jahr -, die nicht nur wertvolle Tier- und Artenkenntnisse erhielten, sondern über das sinnlich erfahrbare Begreifen der Natur für deren Schutz sensibilisiert würden. (Auch wenn die Besucherzahlen heillos übertrieben sind, zählen Zoos doch zu den meistbesuchten Freizeiteinrichtungen überhaupt.)

Gemäß einer Empfehlung des Weltzooverbandes WAZA bieten die meisten Zoos seit Mitte der 1990er zoopädagogische Führungen, Kurse und Unterrichtseinheiten an (womit sie auch der Verpflichtung nach § 42 BNatSchG nachkommen, das „Bewusstsein der Öffentlichkeit in Bezug auf den Erhalt der biologischen Vielfalt [...] durch Informationen über die zur Schau gestellten Arten und ihre natürlichen Biotope" zu fördern.(6)) Zu vorab vereinbarten Terminen kommen Kindergarten- oder Schulgruppen zusammen mit ihren ErzieherInnen oder LehrerInnen in den Zoo und werden dort für die Dauer von ein- bis eineinhalb Stunden von eigens dazu abgestellten ZoopädagogInnen betreut. Der Ablauf ist überall der gleiche: nach einer Einführung in die Verhaltensregeln im Zoo werden die Kinder durch die Anlage geführt und erhalten Informationen über die jeweils aufgesuchten Tiere; meist darf auch ein Blick „hinter die Kulissen" (Aufzuchtstation, Betriebshof, Futterküche o.ä.) geworfen werden. Ältere Kinder werden mit zu bewältigenden Erkundungs- oder Beobachtungsaufgaben betraut und in eigenständigen Kleingruppen durch den Zoo geschickt.

Das Ziel der zoopädagogischen Programme liegt angeblich darin, Kindern ein „tieferes Naturverständnis" zu vermitteln. Tatsächlich begegnen die Kinder im Zoo gerade *nicht* der Natur, der wirklichen Tierwelt schon gar nicht. Jeder Dokumentarfilm, wie es sie heute zu jeder in Zoos gehaltenen Tierart in herausragender HD-Qualität gibt, vermittelt mehr Kenntnis und Wissen und weckt mehr Empathie, als ein Zoobesuch dies je vermag.

In Wahrheit geht es der Zoopädagogik auch gar nicht um die Vermittlung von Naturverständnis, vielmehr geht es in erster Linie darum, die Kinder möglichst frühzeitig auf die Gegebenheiten des Zoos zu konditionieren, darauf, dass sie es als normal und richtig empfinden, dass Tiere zum Vergnügen des Menschen und um seinen „Forscherdrang" zu befriedigen hinter Isolierglasscheiben, Eisengittern und stromführenden Zäunen eingesperrt sind. Das in Kindern vielfach (noch) vorhandene Mitgefühl mit den in Käfigen zusammengepferchten und *offenkundig leidenden* Tieren wird ihnen in den Zooschulen systematisch ausgetrieben. Lernziel: Tiere haben es gut im Zoo! Zugleich wird den Kindern in den Zooschulen vermittelt, dass es völlig normal und richtig ist, Tiere zu nutzen und zu verwerten. Lernziel: Tiere sind für den Menschen da! Und nicht zuletzt wird den Kindern die Begründung und Rechtfertigung für die Existenz von Zoos vermittelt. Lernziel: Zoos dienen dem Erhalt der Tierwelt!

Zooschulpädagogik ist gezielte Manipulation von Kindern im Interesse der Zoobetreiber (und einer Warengesellschaft, für die Zoos als „Bildungseinrichtungen" unverzichtbar sind, um Tiere als zu verwertende Objekte in den Köpfen junger Menschen zu verankern). Es geht gerade *nicht* darum, die Natur verstehen und achten zu lernen, sondern ganz im Gegenteil darum, die groteske Verzerrung und Zurichtung der Natur, wie Zoos sie darbieten, als „Natur" zu begreifen; vor allem aber darum, immun zu werden gegen das Leid der Tiere, die, eingesperrt auf Lebenszeit und jeder Regung ihrer Natur beraubt, zu bejammernswerten Karikaturen ihrer selbst verkommen. Im erfolgreichsten Falle lernen die Kinder: Zoobesuch macht Spaß!, wozu auch die großangelegten Kinderspielplätze sowie die zoopädagogisch betreuten Freizeitaktivitäten (Geburtstagsfeiern, Nachtführungen, Malkurse etc.) und Sonderveranstaltungen (an Ostern, Halloween, Nikolaus etc.) im Zoo beitragen.

Die didaktische Vorgehensweise ist allenthalben die gleiche: eingebunden in mehr oder minder unterhaltsam vorgetragene Tiergeschichten, Tiermärchen und Tieranekdoten erhalten die Kinder ein paar grundlegende Schulbuchinformationen zu Wesen und Verhalten der jeweils beobachteten Tiere. Da diese Informationen in der Regel Wesen und Verhalten *wildlebender* Tiere beschreiben, stehen sie in teils groteskem Widerspruch zu den tatsächlich hinter Gittern und Panzerglasscheiben vorfindlichen „Exponaten". Die Kinder darauf zu konditionieren, derlei Widersprüche konsequent auszublenden, zählt zu den obersten Aufgaben aller Zoopädagogik. O-Ton einer Zoopädagogin vor Kindern einer 2. Grundschulklasse - hier: vor dem Gitter eines Orang Utan-Käfigs, auf dessen nacktem Betonboden zwei ausgewachsene Tiere herumhocken -: „Orang Utans leben im tropischen Regenwald in Indonesien. Die leben da praktisch nur in den Bäumen. Auf den Boden kommen die so gut wie nie runter".(7) Selbst ansich korrekte Informationen zu Anatomie und Physiologie der Tiere werden zur schieren Groteske: „Die Arme ausgewachsener Orang Utan-

Männchen haben eine Spannweite von mehr als zwei Metern. Damit können sie gut von einem Baum zum anderen schwingen." Dass es in dem knapp vier Meter hohen Käfig nichts zum Schwingen gibt, einen Baum schon gar nicht, bleibt unbeachtet.

Insgesamt sollen die Kinder den Zoo als einen Ort erleben, an dem es den Tieren gut geht. Sämtliche Informationen, die sie zu Ernährung, Gesunderhaltung, Fortpflanzung etc. der Tiere erhalten, sind darauf ausgelegt, den Eindruck zu vermitteln, sie seien optimal versorgt und es mangle ihnen an nichts. Das ins Auge springende Leid der auf engstem Raume und unter widernatürlichsten Verhältnissen gehaltenen Tiere wird überkompensiert in absurdeste Behauptungen über die Vorteile, die es für sie habe, in einem Zoo zu leben. O-Ton einer anderen Zoopädagogin - hier: mit Hauptschülern vor einem Gorilla-Gehege, in dem ein isoliert gehaltener Silberrücken teilnahmslos in einer Ecke sitzt -: „Ich wäre gerne Gorilla in unserem Zoo. Die leben hier wie im Fünf-Sterne-Hotel und brauchen sich um nichts zu kümmern. Die haben's hier viel besser als in freier Wildbahn".

Auch für erwachsene Besucher gibt es Sonderevents, klassische Konzerte etwa, wahlweise auch Jazz-, Dixieland- oder Tangoabende, Modenschauen, Theateraufführungen oder kulinarische 5-Gänge-Menues (bevorzugt im Aquarienhaus, in dem es nicht „riecht"). Sonntägliche Frühschoppen im Zoo werden mit Biergartenmusik angereichert, nachmittags gibt es Cafehausmusik mit Stehgeiger, spätabends ein Feuerwerk. Betriebsfeiern werden ausgerichtet, Jubiläen, Junggesellenabschiedsfeten und Hochzeiten; selbst Gottesdienste gibt es, in denen vor den eingesperrten Tieren die „Schönheit der Schöpfung" besungen wird. Nichts ist zu abseitig, als dass nicht versucht würde, darüber zahlende Kundschaft anzuziehen. Im Zoo Dortmund beispielsweise gibt es regelmäßige „Star-Wars-Aktionstage" mit „Lichtschwertkämpfen" vor den Raubtiergehegen, das Elefantenhaus des Zoos Wuppertal wird samt den Elefanten zur Bühne für Modern Dance-Inszenierungen. Dass der vorgebliche Bildungsauftrag des Zoos dabei vollends auf der Strecke bleibt, kümmert niemanden, ebensowenig die Frage, welche Auswirkungen der zusätzliche Lärm und Rummel - für viele der Sonderveranstaltungen werden die Öffnungszeiten in die Abend- und Nachtstunden hinein verlängert - auf die Tiere hat. Diese dienen ohnehin nur als Staffage.

Der amerikanische Philosoph Dale Jamieson schrieb 2006 in einem Essay mit dem griffigen Titel *Against Zoos*: „Ungeachtet der gutgläubigen Sprüche, die in Umlauf sind über die pädagogischen Bemühungen der Zoos, deutet nur wenig darauf hin, dass sie darin sehr erfolgreich wären." Einiges spräche sogar dafür, dass Menschen „nach dem Besuch eines Zoos weniger Ahnung von Tieren haben als zuvor." Allenfalls würden Zerrbilder und Vorurteile verfestigt (Jamieson 2006, 135). Tatsächlich werden die Hinweistafeln an den Gehegen nur in den seltensten Fällen gelesen, bestenfalls interessiert man sich für die Namen und vielleicht noch das Alter der jeweiligen Tiere. Die durchschnittliche Verweildauer der Besucher vor den einzelnen Gehegen liegt, unabhängig von der Art und Anzahl darin gehaltener Tiere, bei unter einer Minute pro Käfig (lediglich während der Fütterungszeiten oder bei Anwesenheit eines Jungtieres liegt sie etwas höher). Vor Jahren schon wurde im Zoo London die Verweildauer der Besucher vor den einzelnen Käfigen gemessen: der Aufenthalt im zentralen Säugetierhaus betrug durchschnittlich 32 Minuten, was bei rund 100 Ausstellungskäfigen eine Verweildauer von knapp 20 Sekunden pro Käfig bedeutete; im Affenhaus betrug die Verweildauer 46 Sekunden pro Käfig (vgl. World Society for the Protection of Animals/Born Free Foundation 1994, 41). Aktuelle Untersuchungen in deutschen Zoos haben diese Befunde im Wesentlichen bestätigt, vielfach werfen die Besucher nur im Vorübergehen einen kurzen Blick auf die Tiere oder machen schnell ein Handy-Foto (vgl. Goldner 2014, 172).

Auch am Verhalten der Zoobesucher den Tieren gegenüber hat sich nicht viel geändert. Wie seit je wird gegen die Scheiben geklopft, es wird gerufen, gepfiffen und in die Hände geklatscht, um die Aufmerksamkeit der Tiere zu erregen. Wähnen Besucher sich unbeobachtet - auch und gerade Erwachsene -, ziehen sie Grimassen, kratzen sich mit Huhu-Geschrei unter den Achseln oder fuchteln mit Regenschirmen herum. Selbstredend werden die Tiere ohne jede Rücksichtnahme mit Blitzlicht photographiert. Im Außenbereich fliegen immer wieder angebissene Bratwürste, Hamburger, Pommes frites und Pizzateile in die Gehege, auch Kaugummis, brennende Zigaretten, Coladosen und jedweder sonstiger Abfall.

Eine 2007 von der US-amerikanischen *Association of Zoos and Aquariums* (AZA) vorgestellte Studie, die nahelegte, dass Zoos bei den Besuchern erhöhtes Interesse und positive Verhaltensänderungen hinsichtlich Arten- und Umweltschutz bewirken, wurde 2010 von Wissenschaftlern der renommierten Emory University überprüft. Es stellte sich heraus, dass sie tatsächlich *nichts dergleichen* enthielt (vgl. Marino/Lilienfeld et al. 2010). Die zuvor weltweit gelobte Studie verschwand sehr schnell von der AZA-website, wird aber bis heute immer wieder von Zoos angeführt.

Artenschutz

Die von Zooverantwortlichen allenthalben vorgetragene Behauptung, Zoobesucher würden durch das Kennenlernen gefangengehaltener Tiere für deren freilebende Artgenossen sensibilisiert und folglich für Arten, Natur- und Umweltschutz eintreten, zählt zu den groteskesten Verrenkungen, mit denen Zoos ihre Existenz zu rechtfertigen suchen. Bezeichnenderweise wird weder erklärt, wie genau solcher Transfer vonstatten gehen soll, noch gibt es einen Anhaltspunkt, worin das neugewonnene Engagement der Zoobesucher zum Schutz von Tieren in freier Wildbahn denn im Einzelnen bestehen solle.

Tatsächlich ist das genaue Gegenteil der Fall: Zoobesucher werden den Tieren gegenüber nicht sensibilisiert, vielmehr werden sie systematisch *desensibilisiert*. Allein die vorgeführte „Notwendigkeit", die Tiere eingesperrt halten zu *müssen*, da sie ansonsten entweichen und womöglich zu Schaden kommen oder Schaden verursachen könnten, lässt ihr Eingesperrtsein als prinzipiell „richtig" erscheinen, was jede empathische Regung, die der Gefangenhaltung von Tieren eher mit Unbehagen denn mit Begeisterung begegnen würde, unterläuft. Würden Zoos tatsächlich Empathie hervorrufen, gäbe es sie längst nicht mehr.

Wirkliches Interesse am Schutz freilebender Tiere und am Erhalt ihrer natürlichen Lebensräume kann nur aufbringen, wer ein Leben in Freiheit als grundsätzlich höheren Wert erachtet, als ein Leben in Gefangenschaft. Logische Konsequenz solchen Interesses kann nur sein, freilebenden Tieren ein Leben in Gefangenschaft ersparen und gefangengehaltenen Tieren ein Leben in Freiheit zurückerstatten zu wollen. Beides steht in Widerspruch zum Interesse der Zoos, mit gefangengehaltenen Tieren Geschäft zu machen. Mit allen zu Gebote stehenden Mitteln suchen Zoos insofern eine Sensibilisierung der Besucher zu *verhindern*, denen das Leid der eingesperrten Tiere gerade *nicht* ins Gewahrsein treten soll. Zunehmend werden sie in Kulissen präsentiert, die dem Besucher vorgaukeln sollen, sie befänden sich in ihren natürlichen Heimaten; auch Gitterstäbe werden, sofern irgend möglich, durch Glasscheiben oder offene Begrenzungsgräben samt versteckten Elektrozäunen ersetzt, um dem Besucher die Illusion eines „freien Lebensraumes" zu vermitteln, in dem die Tiere sich ungehindert bewegen könnten. Tatsächlich haben die gefangengehaltenen Tiere von den (vielfach nur auf die Betonwände aufgemalten) Kulissen überhaupt nichts, auch werden ihre Gehege dadurch nicht größer, dass sie in „zeitgemäß" ausgestatteten Zoos mit Panzerglas und *High Voltage*-Elektrozäunen statt mit Eisengittern begrenzt sind.

Die stereotyp vorgetragene Behauptung, im Zoo gefangengehaltene Tiere dienten als „Botschafter ihrer Art" dem Schutz ihrer freilebenden Artgenossen, ist absurd. Tatsächlich hat die Zurschaustellung etwa des Eisbären Knut im Berliner Zoo allenfalls die Zookasse zum Klingeln gebracht und vielleicht noch die Plüschtierindustrie angekurbelt, mit Blick auf den Schutz der Arktis und ihrer Bewohner hat sie *nicht das Geringste* bewirkt. Ebensowenig wurde die fortschreitende Vernichtung der afrikanischen oder indonesischen Regenwälder aufgehalten dadurch, dass seit über hundert Jahren Gorillas und Orang Utans in Zoos zu besichtigen sind.

Träfe es denn zu, wie Zoobefürworter behaupten, dass Zootiere „einem Millionenpublikum vieles über Artenschutz, Bedrohung natürlicher Lebensräume und Klimawandel vermitteln",(8) müssten sich heute, so die Artenschutzorganisation *Greenpeace*, „viele Millionen Menschen, die als Kinder Zoos besuchten, für den Schutz der Tiere in deren Heimat einsetzen. Tun sie aber nicht. Die Transferleistung vom Erlebnis im Tierpark zum finanziellen oder politischen Engagement für eine Region viele tausend Kilometer entfernt ist eher selten. Vielleicht behindert der Zoo sie sogar. Wie soll ein Besucher die Information auf der Tafel, dass das ausgestellte Tier (…) natürlicherweise durch 100 Quadratkilometer große Jagdreviere streift, zusammenbringen mit dem Wesen, das da mit zwei, drei anderen Artgenossen in einem Betonbunker abhängt?" (Jasner 2013, 45) Eher noch bewirken die im Zoo zur Schau gestellten Tiere, dass die Besucher die Gefährdung der jeweiligen Art *unterschätzen,* da sie ja augenscheinlich eine rettende „Arche Noah" gefunden haben (vgl. Ross et al. 2008, 1487). Tatsächlich ist das Artenschutz-Mantra der Zoos nichts als propagandistische Leerformel, mit der die Gefangenhaltung der Tiere als höherem Werte dienend verkauft werden soll.

Integraler Bestandteil besagten Mantras ist die Behauptung, durch die Gefangenhaltung und Nachzucht von Individuen bedrohter Tierarten könne ebendiese Art vor dem Aussterben bewahrt werden. Tatsächlich begannen die Zoos erst mit Inkrafttreten der o.a. CITES-Bestimmungen, auf mehr oder minder systematische Weise selbst für Nachschub zu sorgen: 1985 wurde ein *Europäisches Erhaltungszuchtprogramm* (EEP) begründet mit dem Ziel, bedrohte Tierarten „auch ohne weiteren Erwerb von Wildfängen" in den Zoos zu erhalten.(9) Mittlerweile gehören rund 300 europäische Zoos diesem Programm an, das über eigene Zuchtkoordinatoren genetisch passende Verpaarungen festlegt. Bis heute sind allerdings nur rund 3,5 Prozent der von CITES erfassten rund 5500 Tierarten daran beteiligt. (Nimmt man die von *der International Union for Conservation of Nature* [IUCN] geführte „Rote Liste" bedrohter Arten zum Maßstab, liegt die Quote noch niedriger.(10))

Bei den aus deutschen Zoos heraus koordinierten 63 Erhaltungszuchtprogrammen handelt es sich überwiegend um publikumsattraktive Säugetier- und Vogelarten; am Erhalt anderer Arten besteht offenbar sehr viel weniger Interesse. Zudem werden, aus rein kommerziellen Gründen, auch Tiere aus Arten „nachgezüchtet", die gar nicht auf der CITES-Liste stehen.(11) Ernstzunehmende Auswilderungs- oder Wiederansiedelungsprojekte gibt es nur für eine kleine Handvoll der nachgezüchteter Arten (Mufflon, Alpensteinbock, Wisent, Uhu, Weißstorch, Gänsegeier und ein paar andere). Für die überwiegende Mehrzahl „erhaltungsgezüchteter" Arten ist Auswilderung weder vorgesehen noch möglich, auch wenn stets von einer

„Zeitbrücke" die Rede ist, die die Option eröffne, Tiere zu einem späteren Zeitpunkt wieder im Freiland anzusiedeln.

Ungeachtet des Umstandes, dass Zoos keinen nennenswerten Beitrag zum Erhalt und zur Rückgewinnung der natürlichen Artenvielfalt leisten, gerieren sie sich vollmundig als „Archen angewandten Artenschutzes". Was unter diesem Anspruch tatsächlich zu verstehen ist, zeigt sich beispielhaft am Zoo Dortmund, der sich besonderen Engagements bei der Wiederansiedelung von Wildtieren rühmt: seit 1991 hat der dem EEP angeschlossene Zoo an der Auswilderung von exakt fünf Bartgeiern mitgewirkt, d.h. er hat einer auf den Kanarischen Inseln ansässigen Vogelschutzorganisation fünf im Zoo geschlüpfte Vögel zur Verfügung gestellt. Weitere Wiederansiedelungen oder Auswilderungen, an denen der Zoo Dortmund beteiligt gewesen wäre, gab und gibt es nicht.(12)

Wirkliches Engagement der Zoos für die bedrohte Tierwelt *in situ* findet sich nur sehr vereinzelt. Die Unterstützung irgendwelcher Projekte in den Herkunftsländern der Zootiere dient in aller Regel nur der Imageaufbesserung: über einen mehr oder minder hohen Förderbetrag erhalten die Zoos die Möglichkeit, sich werbewirksam mit dem Logo des jeweiligen Projekts bzw. der dahinterstehenden Organisation schmücken und zugleich den „Nachweis" erbringen zu können, tatsächlich einen Beitrag zum „Tier- und Artenschutz" zu leisten. Die Jahresberichte der einzelnen Zoos (sofern sie denn öffentlich einsehbar sind) weisen „Förderbeträge" auf, die allenfalls im Promillebereich der hauseigenen Werbebudgets liegen. Gleichzeitig werden zigMillionen für den Bau immer neuer „Erlebniswelten" und „Disneylandanlagen" ausgegeben, Gelder, mit denen riesige Schutzgebiete in Afrika oder Südostasien ausgewiesen und damit wirklicher „Artenschutz" betrieben werden könnte.

Forschung

Zoos beschreiben sich ausdrücklich als wissenschaftsorientierte Forschungseinrichtungen, für dem VDZ angeschlossene Zoos gilt „Wissenschaftlichkeit" gar als konstitutives Element. Bei näherer Hinsicht bleibt von diesem Anspruch allerdings nicht viel übrig. Tatsächlich richten die Zoos ihr Forschungsinteresse – sofern sie denn welches haben – in erster Linie auf zoospezifische, teils auch nur auf rein innerbetriebliche Belange (ganz abgesehen davon, dass sie meist gar nicht selbst forschen, sondern studentische Projekt-, Haus- oder Abschlussarbeiten, für die sie allenfalls das Studienobjekt abgeben, als Ausweis eigener Forschertätigkeit reklamieren). Der über den Zoo hinausreichende wissenschaftliche Wert der jeweiligen Arbeiten ist denkbar gering.

Gleichwohl - und in streckenweise grotesker Manier - wird versucht, der jeweiligen Einrichtung ein wissenschaftliches Erscheinungsbild zu verpassen. Die nachgerade zwanghafte Fixation auf das Etikett der „Wissenschaftlichkeit" - selbst Zoos, die noch nie eine wissenschaftliche Erhebung durchgeführt, geschweige denn: ein wissenschaftliches Papier veröffentlicht haben, beharren darauf, im Dienste der Wissenschaft zu stehen - hat zwei simple Gründe: zum einen verschafft die Behauptung, wissenschaftliche Forschung zu betreiben, den Zoos eine Art Metalegitimierung, die sie gegen Kritik immunisiert, reine Vergnügungsparks auf Kosten eingesperrter Tiere zu sein, und zum anderen bedeutet der Betrieb eines Zoos unter dem Signet der „Wissenschaftlichkeit" die einzige Möglichkeit, Tiere bedrohter Arten aus dem Ausland zu beziehen (bzw. ins Ausland abzugeben): Tiere, die den CITES-Regularien unterliegen - es gelten diese Regularien sowohl für Wildfänge als auch für Gefangenschaftszuchten - dürfen über Ländergrenzen hinweg nur gehandelt, gemakelt oder von Zoos untereinander ausgetauscht werden, wenn behördliche Aus- und Einfuhrgenehmigungen vorliegen und kein kommerzielles Interesse damit verfolgt wird. Nur wenn der Handel „wissenschaftlichen Forschungszwecken" dient, können entsprechende Genehmigungen erteilt werden.(13) „Wissenschaftlich" geführte Zoos erhalten die erforderlichen CITES-Papiere regelmäßig und für jedes auf dem Markt verfügliche (bzw. zu veräußernde) Tier.

26

Die „Wissenschaftlichkeit" eines Zoos bemisst sich in erster Linie an der formalen Qualifikation des jeweiligen Führungspersonals: kann der Direktor eines Zoos ein abgeschlossenes Hochschulstudium vorweisen, gilt die von ihm geleitete Einrichtung *eo ipso* als „wissenschaftlich geleitet". Dabei ist es völlig unerheblich, ob das jeweils absolvierte Studium auch nur entfernt etwas mit „Zoo" zu tun hatte oder nicht. Tatsächlich wird fast jeder fünfte VDZ-Zoo von einem zoologischen Laien geleitet, gleichwohl kann *de jure* bei jedem der VDZ-Zoos von „wissenschaftlicher Leitung" gesprochen werden, was - und nur darum geht es - den Handel mit CITES-geschützten Tieren allemal als „wissenschaftlichen Forschungszwecken" dienend zu deklarieren erlaubt. Die Intention der CITES-Bestimmungen wird dergestalt systematisch unterlaufen.

Erholung

Wie der langjährige Heidelberger Zoodirektor und VDZ-Vorstand Dieter Poley betont, bestehe „die erste und vornehmste Aufgabe eines zoologischen Gartens darin, für ein breites Großstadtpublikum als Erholungsraum zu dienen".(14)

Der Einwand gegen das Argument, Zoos dienten der Erholung stressgeplagter und naturentfremdeter Großstädter, was ihre Existenz nicht nur rechtfertige sondern dringend erforderlich mache, kann kurz ausfallen: Während es jedem Menschen unbenommen ist, seine Freizeit zu gestalten und Erholung zu suchen, wo und wie immer es ihm beliebt - selbst absurdeste Freizeitaktivitäten sind insofern völlig legitim -, stößt diese Freiheit an ihre Grenzen, wenn Mensch, Tier oder Natur dabei beeinträchtigt oder geschädigt werden. So ist ein Großteil des sogenannten „Sports" - Boxkämpfe, Autorennen, Reitsport etc. - ethisch nicht vertretbar, egal ob man aktiv daran teilnimmt oder nur als Zuschauer.

Ethisch gänzlich unvertretbar ist insofern der Besuch eines Zoos, dessen Kosten immer von den vorgehaltenen Tieren zu tragen sind: dem kurzen Moment, den der Besucher vor einem Käfig steht und das darin eingesperrte Tier besichtigt, stehen Jahre und Jahrzehnte entgegen, die dieses Tier in ebendiesem Käfig zuzubringen hat. Das zweifelhafte Vergnügen, Tiere in rundum vergitterten Betonbunkern besichtigen zu können, bezahlen nicht die Besucher mit dem Kauf ihres Eintrittsbilletts, sondern die Tiere mit ihrem Leben.

Auch wenn viele Menschen den Besuch eines Zoos als Freizeit-vergnügen empfinden, das sie nicht missen und das sie ihren Kindern nicht vorenthalten wollen, ist die lebenslange Gefangenhaltung leidensfähiger Individuen damit nicht zu rechtfertigen (ebensowenig wie Parforcejagden, Stierkämpfe oder Rodeos damit zu rechtfertigen sind, dass es immer noch Menschen gibt, die Vergnügen an derlei Tierqualveranstaltungen haben); ganz abgesehen davon, um mit Adolph F. Knigge (1752-1796) zu sprechen, dass eine „Menagerie, in welcher wilde Tiere mit großen Kosten in kleinen Verschlägen aufbewahrt werden, (...) ein sehr ärmlicher Gegenstand der Unterhaltung" ist.(15) □

(1) www.zoo-ag.de/aufgeloest.htm (10.10.2014)
(2) www.zoo-infos.de (10.10.2014)
(3) www.cites.org/eng/disc/text.php(10.10.2014)
(4) vgl. Hediger, H. (1973). Bedeutung und Aufgaben der Zoologischen Gärten. in: Vierteljahresschrift der Naturforschenden Gesellschaft in Zürich, 118, 319f. Hediger (1908-1992) , langjähriger Direktor der Zoos von Bern, Basel und Zürich, gilt als „Begründer der modernen Tiergartenbiologie".
(5) www.vzp.de/PDFs/WAZAgerman.pdf (10.10.2014)
(6) www.gesetze-im-internet.de/bundesrecht/bnatschg_2009/gesamt.pdf (10.10.2014)
(7) Autor Goldner konnte in den von ihm besuchten Zoos als „stiller Beobachter" den Verlauf zahlreicher zoopädagogischer Maßnahmen und Unterrichtseinheiten dokumentieren. In: Privatarchiv Great Ape Project, 2012
(8) http://suite101.de/article/artenschutz-und-nachzucht-im-zoo---arche-noah-oder-nicht-a81574 (13.10.2014)
(9) www.zooderminis.de/html/eep_definizion.html (10.10.2014)
(10) www.iucn.org/about/work/programmes/species/our_work/the_iucn_ red_list (10.10.2014)
(11) www.eaza.net/ACTIVITIES/CP/Pages/EEPs.aspx (10.10.2014)
(12) www.dortmund.de/de/freizeit_und_kultur/zoo_dortmund/zoo_und_ natur schutz/auswilderungsprogramme/index.html (10.10.2014)
(13) vgl. www.cites.org (13.10.2014)
(14) Poley, D. (1993). Wie der Mensch zum Zoo kam: Eine kurze Geschichte der Wildtierhaltung. In: Ders. (Hrsg.). Berichte aus der Arche. Nachzucht statt Wildfang. Natur und Artenschutz im Zoo. Stuttgart: Thieme, 21. Poley gilt, neben H.Hediger, als „Wegbereiter des modernen Tiergartens". Er leitete von 1972-1998 den Zoo Heidelberg.
(15) http://gutenberg.spiegel.de/buch/3524/58 (10.10.2014)

Zoos manipulieren Besucherzahlen

Kaum ein Zoo des deutschsprachigen Raumes wirtschaftet kostendeckend. Dass die einzelnen Einrichtungen für ihren Fortbestand auf Sponsorengelder wie auch auf Dauersubvention aus Steuermitteln angewiesen sind, ist insofern bekannt. Es nimmt deshalb nicht wunder, dass sie, um ihre gesellschaftliche Bedeutung zu dokumentieren, mit geschönten, um nicht zu sagen: vorsätzlich gefälschten Besucherzahlen operieren. Der in der Szene wortführende *Verband der Zoologischen Gärten* (VdZ) e.V. - bis Juni 2014 bekannt als *Verband Deutscher Zoodirektoren* (VDZ) - behauptet fortgesetzt, allein die deutschen Zoos zögen Jahr für Jahr rund 65 Millionen Besucher an; besonders eifrige Zoobefürworter sprechen gar von "bis zu 80 Millionen", was bedeute, dass "fast jeder Deutsche jedes Jahr einmal in den Zoo geht". Medien jeder Coleur, das renommierte *Handelsblatt* etwa, übernehmen und verbreiten diese Zahlen ohne seriöse Gegenrecherche.(1)

Die VdZ-Berechnungen haben einen geflissentlich übersehenen Haken: viele Menschen besuchen ein und denselben Zoo per Dauerkarte mehrfach pro Jahr, manche kommen regelmäßig jede Woche (oder gar täglich!) und/oder suchen reihum verschiedene Zoos auf, so dass die Zahl zoobesuchender Menschen tatsächlich nur einen Bruchteil der Zahl registrierter Zoobesuche ausmacht: Statten von den behaupteten 65 Millionen Besuchern pro Jahr nur fünf Prozent monatlich einen Zoobesuch ab - eine konservative Schätzung -, verringert sich die Zahl der Menschen, die jährlich Zoos besuchen, schlagartig um mehr als die Hälfte. (Tatsächlich erwerben durchschnittlich acht Prozent der Besucher Jahreskarten für mehrfachen Besuch ein und desselben Zoos.)Dass an den Besucherzahlen der einzelnen Zoos gnadenlos herummanipuliert wird, stellte der VdZ-Mitgliedszoo

Zürich Anfang des Jahres - unfreiwillig - unter Beweis. (Dem VdZ gehören Zoos des gesamten deutschsprachigen Raumes an, insofern auch der Zoo Zürich.)

Im Jahresbericht des Zoos für 2013 wurde der neugestaltete Eingangsbereich samt elektronischem Zugangssystem hervorgehoben, das die Zahl der Zoobesucher exakt zu erfassen erlaubt.(2) Bis dahin waren die Zahlen aus den verkauften Tages- und Jahrestickets über einen vom VdZ vorgegebenen Multiplikationsfaktor hochgerechnet worden. Nach dieser dubiosen, seit Jahren aber in VdZ-Zoos üblichen Berechnung hätte der Zoo Zürich im Geschäftsjahr 2013 genau 2.003.043 Besucher ausgewiesen, was in ebendieser Höhe und weiter nicht hinterfragt in die VdZ-Statistik eingeflossen wäre. Tatsächlich aber zählte das elektronische Zugangssystem nur 1.079.919 Besucher, knapp 55 Prozent der hochgerechneten Zahl.

Der VdZ, der bis heute an dem untauglichen Hochrechnungssystem festhält, hat allein für den Zoo Zürich für das Jahr 2013 fast eine Million (Jahreskarten-)Besucher dazuhalluziniert. (Ähnliches war schon zuvor aufgeflogen, ohne dass es zu einer Korrektur der VdZ-Berechnungen geführt hätte: Der Erlebniszoo Hannover etwa wies im Jahr 2010 laut hauseigenem Jahresbericht exakt 1.602.257 Besucher auf; nach VdZ-Schlüssel hingegen wurde der Zoo 2010 von mehr als doppelt so vielen Menschen besucht, nämlich von 3.486.612: mehr als 1,8 Millionen Besucher wurden für die VdZ-Statistik einfach dazuerfunden (3)).

Unabhängig davon, dass der VdZ die Zahlen für die nicht dem Verband zugehörigen Zoos den eigenen einfach als Schätzung zuschlägt, bleiben von den behaupteten 65 Millionen Besuchern bei abgezogenen 45 Prozent Fehlberechnung nur gut 36 Millionen über. Statten wie oben angeführt nur fünf Prozent der Besucher monatlich einen Zoobesuch ab, reduziert sich die Zahl der Zoobesucherinnen und Zoobesucher auf unter 15 Millionen pro Jahr.

In anderen Worten: nicht "fast jeder Deutsche" geht in den Zoo, vielmehr liegt die Zahl der Zoobesucherinnen und Zoobesucher bei weit unter einem Viertel dessen, was der VdZ angibt. Im Übrigen sind, entgegen der Behauptung des VdZ, die Besucher- bzw. Besuchszahlen in den einzelnen Zoos seit Jahren massiv rückläufig.(4)

Die immer wieder vorgetragene Behauptung, Zoos seien wichtige Attraktionsfaktoren für eine Stadt oder Region, die über Umwegrentabilität - Stärkung von Einzelhandel, Hotel- und Gaststättengewerbe - die ihnen zuteil werdende Subventionierung rechtfertigten, ist nachweislich falsch: Aus tourismuspolitischer Sicht machen Zoos, selbst wenn die halluzinierten Besucherzahlen des VdZ zugrunde gelegt werden, keinen Sinn.(5) Gleichwohl werden sie von Kommunal- und Landespolitikern über das Argument der Umwegrentabilität mit Millionenbeträgen aus Steuergeldern gefördert. □

(1) www.handelsblatt.com/unternehmen/dienstleister/zoos-in-deutschland-aus-dem-dickicht-der-kritik/10694458-all.html (20.9.2014)
(2) www.zoo.ch/documents/Zoo_Jahresbericht_2013_Internet_lowres.pdf (20.9.2014)
(3) www.zoo-hannover.de/unternehmen/presse/aktuelle-nachricht/news/rekordjahr-fuer-erlebnis-zoo (20.9.2014)
(4) www.express.de/duesseldorf/zweiter-sponsor-abgesprungen-ueberm-zoo-kreist-der-pleitegeier,2858,22276258.html (20.9.2014)
(5) www.endzoo.de/downloads/herberstein-report.pdf (20.9.2014)

hpd 27.1.2015

Haltungsbedingungen in Zoos

Anfrage der Partei DIE LINKE an die Bundesregierung

Vor dem Hintergrund der Kritik an der Einrichtung "Zoo", wie sie in letzter Zeit laut geworden ist, hat die Bundestagsfraktion der Partei DIE LINKE eine Kleine Anfrage an die Bundesregierung gestellt, in der sie Antworten auf eine Reihe an Fragen zu den "Haltungsbedingungen in Zoos" einforderte.

Die von den Abgeordneten Hubertus Zdebel, Eva Bulling-Schröter, Inge Höger, Pia Zimmermann eingebrachte Anfrage wurde mit Schreiben vom 19.1.2015 von der Parlamentarischen Staatssekretärin Maria Flachsbarth aus dem Bundesministerium für Ernährung und Landwirtschaft beantwortet (Drucksache 18/3683 (1)). Während die Bundesregierung auf eine Reihe an Fragen jede Antwort schuldig blieb ("Der Bundesregierung liegen dazu keine Erkenntnisse vor"), verweisen mehrere der Antworten auf skandalöse, gleichwohl behördlich nicht oder nicht ausreichend verfolgte Missstände in den Zoos hin.

1. Auf die Frage, ob nach Einschätzung der Bundesregierung der regelmäßige bzw. dauerhafte Psychopharmakaeinsatz bei Zootieren mit dem Tierschutzgesetz und der EU-Zoo-Richtlinie vereinbar sei, antwortete die Bundesregierung: "Ein dauerhafter und routinemäßiger Einsatz von 'Psychopharmaka' - etwa Beruhigungsmittel - zur Kompensation ungeeigneter Haltungsbedingungen verstößt nach Auffassung der Bundesregierung gegen die Vorgaben des Tierschutzgesetzes."

2. Zur Frage, wie viele Vögel aus welchen Arten jedes Jahr in deutschen Zoos flugunfähig gemacht werden, konnte die Bundesregierung mangels vorliegender Erkenntnis keine Angaben machen. Die daran anschließenden Fragen hingegen, ob die Bundesregierung die Herbeiführung der Flugunfähigkeit bei in Gefangenschaft gehaltenen Vögeln mit den geltenden Tierschutzregelungen für vereinbar hält, und was sie gegen die in einigen Zoos gängige Praxis des Flugunfähigmachens zu unternehmen gedenke, beschied die Bundesregierung, es sei "gemäß § 6 des Tierschutzgesetzes das vollständige oder teilweise Amputieren von Körperteilen (...) eines Wirbeltieres verboten". Zwar seien im Gesetz verschiedene Ausnahmetatbestände vorgesehen, das "Flugunfähigmachen von Vögeln gehört jedoch nicht dazu". Und weiter: "Beim routinemäßigen Flugunfähigmachen von Vögeln handelt es sich um eine zootechnische Maßnahme und nicht um eine 'tierärztliche Indikation im Einzelfall'. Insofern verstößt eine solche Praxis gegen das Tierschutzgesetz."

3. Die Frage nach Erkenntnissen der Bundesregierung darüber, wie viele Nachzuchten bedrohter Arten (Washingtoner Artenschutz-Abkommen CITES, Anhang 1 und 2) aus deutschen Zoos von 2010 bis heute für Auswilderungszwecke exportiert wurden, beantwortete die Bundesregierung wie folgt: "Im Zeitraum 2010 bis heute wurden von deutschen Zoos Nachzuchten von durch CITES geschützten Arten aus Deutschland in Drittstaaten für Auswilderungszwecke ausgeführt. Es handelte sich um 20 Exemplare der Art Balistar (Leucop-

sar rothschild), Anhang 1, die im Jahr 2011 nach Indonesien ausgeführt wurden, um als Zuchtstock das Programm zur Erhaltung der Population in Bali zu unterstützen." Die Frage, wie viele und welche in deutschen Zoos gezüchteten Tiere seit 2000 erfolgreich ausgewildert wurden, konnte die Bundesregierung hingegen ebensowenig beantworten wie die Frage, wie viel Geld jährlich von deutschen Zoos für in situ Artenschutz zu Verfügung gestellt wird; auch zur Frage, wie häufig überschüssige oder unerwünschte Zootiere getötet werden, konnte die Bundesregierung keine Angaben machen.

Die Anfrage der Partei DIE LINKE dürfte eine Flut an Klagen von Tierschützern und Tierrechtlern gegen deutsche Zoos nach sich ziehen, in denen vorgehaltene Tiere - bei Delfinen und Großen Menschenaffen liegen entsprechende Erkenntnisse vor - zur Kompensation ungeeigneter Haltungsbedingungen routinemäßig mit Psychopharmaka behandelt werden; und in denen vorgehaltene Vögel - bei Flamingos, Pelikanen etc. ist dies gängige Praxis - durch Beschneidung der Flügel flugunfähig gemacht werden.

Im Übrigen löst sich durch die Anfrage der Partei DIE LINKE das Argument der Zoos, sie trügen durch Auswilderung nachgezüchteter Tiere bedrohter Arten zum Erhalt der Artenvielfalt bei - es ist ebendieses Argument wesentlicher Bestandteil der Existenzrechtfertigung der Zoos - in Luft auf. □

(1) www.wdsf.eu/images/_wdsf_politik/linke (25.1.2015)

hpd 20.7.2015

Deutsche Zoos verstoßen gegen Tierschutzgesetz

Ein halbes Jahr, nachdem über eine Anfrage der Partei DIE LINKE an die Bundesregierung festgehalten worden war, dass "gemäß § 6 des Tierschutzgesetzes das vollständige oder teilweise Amputieren von Körperteilen (…) eines Wirbeltieres verboten" sei, sprich: das "Flugunfähigmachen von Vögeln (...) gegen das Tierschutzgesetz" verstoße,[1] regt sich was in Kreisen der deutschen Zoobetreiber. Der

Vorsitzende des Zoodirektorenverbandes (VdZ) und Direktor des Kölner Zoos, Theo Pagel, kündigte nunmehr eine auf zwei Jahre angelegte "wissenschaftliche Untersuchung" an, über die festgestellt werden soll, ob das Flugunfähigmachen von Vögeln (über Amputation oder regelmäßige Beschneidung von Flügelteilen) den Tieren Streß verursache oder nicht. Als Indikator ist laut Pagel der Level des Hormons Cortisol im Blut vorgesehen.[2]

Daraus ergeben sich drei Fragen:

1. Wie kommt Pagel darauf, dass gemessene Cortisolwerte irgendeine Aussage erlauben über den (chronischen) Streß, den ein gefangengehaltenes Tier empfindet? Oder gar das Leiden, das ein Eingriff in seine körperliche Integrität und damit in die Möglichkeit bedeutet, artgerechtes Verhalten auszuleben; bei flugfähigen Vögeln die Fähigkeit zu Fliegen?

2. Wenn es in deutschen Zoos seit je üblich ist, außerhalb von Käfigen oder Volieren gehaltene flugfähige Vögel wie Flamingos, Pelikane, Wildgänse etc. am Davonfliegen zu hindern dadurch, dass man Teile ihrer Flügel amputiert oder regelmäßig beschneidet: weshalb hat man die Auswirkung dieser Eingriffe für die betroffenen Tiere bislang nie untersucht? Und mit welchem Recht maßen die Zoos sich insofern an, zu behaupten, den flügelamputierten bzw. -beschnittenen

Marabu mit zur Häfte abgeschnittenem Flügel (Zoo Köln, 2015)

Tieren gehe es gut und sie fühlten sich im Zoo wohl? (Das gleiche gilt für in Käfigen oder Volieren gehaltene Vögel wie Geier, Adler, Kondore etc., deren Käfige zu klein sind, als dass sie darin herumfliegen könnten; auch ihnen werden Flügelteile amputiert bzw. beschnitten.)

3. Wie ist es möglich, dass in deutschen Zoos seit Jahrzehnten mit der Amputation bzw. Beschneidung von Flügeln flugfähiger Vögel gegen geltendes Tierschutzrecht verstoßen wird und niemand schreitet dagegen ein?

Der Versuch der Zoos, über die angekündigte Untersuchung Zeit zu gewinnen und ggf. einen Gutachter, der über die Bestimmung von Cortisolwerten bestätigt, dass die Tiere weder durch Amputation noch durch Beschneidung von Flügelteilen irgendwelchem Streß ausgesetzt sind, ist zurückzuweisen. Vielmehr ist dafür zu sorgen, dass die derzeit geltenden gesetzlichen Bestimmungen des Tierschutzrechtes eingehalten werden. Nach §2 (2) TierSchG darf, wer ein Tier hält, betreut oder zu betreuen hat, "die Möglichkeit des Tieres zu artgemäßer Bewegung nicht so einschränken, dass ihm Schmerzen oder vermeidbare Leiden oder Schäden zugefügt werden." Es kann *prima facie* davon ausgegangen werden, dass die Flugunfähigmachung eines flugfähigen Vogels diesem Leid zufügt dadurch, dass sie ihn in seinen artgerechten Bewegungsmöglichkeiten (=Fliegen) einschränkt. Eine Untersuchung, die ggf. anderes belegen würde, wurde seitens der Zoos offenbar nie durchgeführt; die Behauptung, die Vögel würden durch die Flugunfähigmachung nicht belastet, ist durch nichts belegt. Nochmal zur Verdeutlichung: Nach §6 (2) TierSchG ist das "vollständige oder teilweise Amputieren von Körperteilen (...) eines Wirbeltieres" ausdrücklich verboten, es sei denn, es wäre veterinärmedizinisch indiziert. [3] Die Verhinderung des Davonfliegens stellt aber keine derartige Indikation dar.

Das in deutschen Zoos und Vogelparks seit je übliche Flugunfähigmachen flugfähiger Vögel verstößt gegen geltendes Tierschutzrecht. Vielfach wird den Vögeln dabei kurz nach dem Schlüpfen mit einem Glühdraht ein Flügelknochen durchtrennt. Wahlweise wird auch das Schultergelenk der frisch geschlüpften Vögel gequetscht, so dass es später versteift. Mancherorts greift man auch zu Skalpell oder

Schere und durchtrennt Teile der Flughaut beziehungsweise Sehnen oder Nerven des Brustmuskels.

Um das von der Bundesregierung konkretisierte Verbot der dauerhaften Beschädigung oder Zerstörung knöcherner Flügelteile oder sonstigen lebenden Gewebes zu umgehen, behaupten Zoos und Vogelparks neuerdings, sie würden nur noch die Schwungfedern der Vögel herausschneiden. Für die betroffenen Tiere kommt das auf dasselbe heraus: *sie sind flugunfähig gemacht.* Die Argumentation, dass die Federn ja nachwachsen und die Vögel nach der nächsten Mauser theoretisch wieder würden fliegen können, geht fehl, da die nachwachsenden Federn sofort wieder beschnitten werden. Insofern dürfte auch die wiederkehrende Beschneidung der Schwungfedern einen Verstoß gegen das Tierschutzgesetz darstellen und müßte eigentlich von Amts wegen unterbunden werden. Dass dies flächendeckend nicht geschieht, ist als vorsätzliche Beugung des Gesetzes zu werten. ☐

[1] www.wdsf.eu/images/_wdsf_politik/linke
[2] www.ksta.de/koeln/-sote-tierschutz-im-koelner-zoo-vogelfluegel,15187530,312 39386.html
[3] www.gesetze-im-internet.de/tierschg/BJNR012770972.html#BJNR012770972 BJ NG000403377

Nachtrag: Am 30.7.2015 wurde von der Tierrechtsorganisation EndZOO zur Schaffung eines Präzendenzfalles Strafanzeige gegen den Zoo Osnabrück wegen der Flugunfähigmachung zweier Rötelpelikane erstattet. Ein Ergebnis der Anzeige lag bei Redaktionsschluß der vorliegenden Ausgabe des Zoo-Readers noch nicht vor.

Tierbefreiung 88, 10/2015

Finaler Rettungsschuß

Allein im Zeitraum Mai bis Juli 2015 brachen in drei bekanntgewordenen Fällen insgesamt sechs Schimpansen aus ihren Zookäfigen aus. Eine zufällige Häufung, wie Zoobetreiber wortreich versicherten, doch kommen derlei Ausbrüche immer wieder vor; und nicht selten enden sie für die Tiere tödlich.

Anfang Mai schafften es die beiden im „Safari-Zoo Sa Coma" auf Mallorca gefangengehaltenen Schimpansen ADÁN und EVA, aus ihrem Käfig zu entkommen. Während EVA kurzerhand erschossen wurde, gelang es ADÁN, sich unbeschadet aus dem Zoo davonzumachen. Nach drei Tagen hektischer Suche fand man ihn tot in einer Klärgrube unweit des Zoogeländes, angeblich sei er dort ertrunken. Wenig später brachen drei Schimpansen aus dem „Oasis-Zoo" auf Fuerteventura aus. Auch hier wurde sofort scharf geschossen, obwohl Zoobesucher zu keinem Zeitpunkt in Gefahr waren. Die Schimpansen KING und FELIPA waren auf der Stelle tot, Schimpansin CHEETAH überlebte schwer verletzt.

Glück hatte insofern Schimpansin BANGHI aus dem „Bergzoo Halle", die sich Anfang Juli eine Nachlässigkeit des Personals zunutze machte und ins Freie gelangte. Sie wurde „nur" mit einem Narkoseprojektil beschossen, wobei andere Möglichkeiten, sie in den Käfig zurückzulocken, offenbar gar nicht erst in Erwägung gezogen wurden. Eine derartige Betäubung stellt immer eine enorme Belastung für den Organismus dar, vor allem für ältere Tiere wie die 42jährige BANGHI. Das Hauptaugenmerk des Zoos lag offenkundig nicht auf der Unversehrtheit der Schimpansin, sondern darauf, den Vorfall schnellstmöglich in den Griff zu bekommen. Dem Vernehmen nach wurden auch scharfe Waffen bereitgehalten für den Fall, dass die Betäubung nicht wirken sollte.

Wie in Zusammenhang mit dem Ausbruch von fünf Schimpansen aus einem Außengehege des „Erlebniszoos Hannover" im Juli 2012 bekannt wurde, verfügt jeder Zoo über einen entsprechenden Notfallplan, der neben der Sicherung der Besucher (Verbringung in nächstgelegene Gehegehäuser) auch den „finalen Rettungsschuß" auf entwichene Tiere vorsieht. In jedem Revier, in dem „gefährliche Tiere" untergebracht sind - Menschenaffen, Großkatzen, Bären etc. -, lagern insofern großkalibrige Waffen samt dazugehöriger letaler Munition. Viele der Wärter und die meisten Kuratoren und Direktoren besitzen einen Jagdschein und dürfen diese Schußwaffen ganz legal einsetzen. □

Affenbunker 21

Nach endlosen Verzögerungen wurde am 14. Mai 2013 das neue „Menschenaffenhaus" im Stuttgarter Zoo „Wilhelma" eröffnet. Der baden-württembergische Finanzminister Nils Schmid (SPD) - jahrelang im Vorstand des Zoofördervereins tätig - sprach von einem „Meilenstein" in der Entwicklung des Tiergartens.

Obgleich die bisherige Unterbringung von Gorillas, Orang Utans und Bonobos in einem vorsintflutlichen Betonkasten aus den frühen 1970ern spätestens mit den Bestimmungen des bundesministeriellen Säugetiergutachtens von 1996 als nicht mehr tragbar gelten musste, sah man sich erst im Jahre 2003 bemüßigt, einen Neubau ins Auge zu fassen. 2007 wurde das auf 13 Millionen Euro veranschlagte Projekt in Angriff genommen, wortreich wurde ein Umzug der Tiere für Oktober 2009 angekündigt. Tatsächlich wurde erst 2010 mit dem Bau begonnen, dessen Fertigstellungstermin mittlerweile ebenso häufig korrigiert werden mußte wie der Kostenplan, der, noch zu Oettinger-Zeiten durchgewunken, längst die 22-Millionen-Marke überschritten hat.

Das neue Menschenaffenhaus, finanziert überwiegend aus Steuermitteln, stellt unzweifelhaft eine Verbesserung für die Tiere dar, die gezwungenermaßen ihr Leben im Stuttgarter Zoo zubringen müssen. Die Gorillas erhalten ein 500qm großes Innen- sowie zu späterem Zeitpunkt ein 2000qm großes Außengehege, die Bonobos innen 250qm und außen 1200qm. Die Orang Utans sollen im alten Menschenaffenhaus verbleiben und dort durch Gehegezusammenlegungen etwas mehr Platz bekommen; die beiden letzten Schimpansen wurden schon 2010 an einen Zoo in Ungarn abgeschoben.

Anstatt aber ein sündteueres - und selbst über erhöhte Eintrittsgelder niemals zu amortisierendes - Prestigeobjekt hinzuklotzen, hätte man im Interesse der Tiere längst eine günstigere und damit schneller zu realisierende Lösung finden können (sofern man denn glaubt, exotische Wildtiere zur Schau stellen zu müssen). Das 22-Millionen-Projekt wird die dringend notwendige Erneuerung sonstig maroder bzw. unbrauchbarer Tierhäuser im Stuttgarter Zoo auf Jahre hinaus verzögern. Die Orang Utans etwa werden lange warten müssen, bis sie ein anständiges Freigehege bekommen.

Mit Blick auf das neue Innengehege der Bonobos haben die Planer komplett versagt: zwar ist das Gehege für die gegenwärtig vorgehaltenen 13 Tieren mit 250qm deutlich größer als der Beton-bunker, in dem sie bisher zusammengepfercht waren (zwei ver-kachelte Abteile mit insgesamt weniger als 65qm), es entspricht aber nicht ansatzweise den novellierten Richtlinien des zuständigen Bun-desministeriums, die noch in dieser Legislaturperiode zur Verab-schiedung anstehen: Die neuen Bestimmungen veranschlagen für 13 erwachsene Bonobos eine Mindestfläche von 380qm im Innen-bereich. Auch wenn man Schlafboxen und das erhöhte Raumvolu-men miteinbezieht, ist das neue Gehege viel zu klein bemessen. Da drei der Bonobo-Frauen derzeit schwanger sind, wird es künftig sogar 16 Tiere auf dem beengten Raum geben, der gemäß den neuen Bestimmungen allenfalls für sechs Tiere ausreicht (und nach Auf-fassung von Tierrechtlern selbst dafür zu klein wäre). Eine klassische Fehlplanung auf Kosten der Tiere und der Steuerzahler. Da hilft es auch nichts, dass den Bonobos künftig ein eingebauter Bildschirm zur Verfügung steht, auf dem ihnen Zeichentrick- und Naturfilme vorgeführt werden. (Der als „Bonobo-Kino" bezeichnete Blödsinn wird auch noch wissenschaftlich verbrämt: Die Tiere könnten „per Knopfdruck zwischen fünf verschiedenen Filmen wählen. Dabei werden sie selbst gefilmt, um ihren Filmkonsum wissenschaftlich auszuwerten. Was wird geschaut? Wer darf entscheiden? Schauen die weiblichen Bonobos andere Filme als die männlichen? Gibt es Streit? Und wie reagieren die Tiere, wenn die ‚Flimmerkiste' plötz-lich aus ist?")

Überhaupt hat man sich in der Gestaltung der Innengehege an völlig veralteten Konzepten der 1980er orientiert. Anstatt eines natürlichen Bodenbelages - der Zoo Leipzig etwa hat den Nachweis erbracht, dass so etwas auch im Innenbereich machbar ist - gibt es in Stuttgart nackten Beton soweit das Auge reicht: nichts als überein-andergestapelte Betonblöcke mit scharfen rechtwinkligen Stufen-kanten, die für die Tiere ein enormes Verletzungsrisiko bedeuten. Lediglich in kleinen Inseln am Fuße der Betonstufen findet sich ein wenig Rindenmulch. Als Klettergerüste hat man Edelstahlrohre eingebaut, dazwischen sind ein paar Seile und Feuerwehrschläuche aufgehängt. Selbst die ansonsten ihrem Arbeitgeber gegenüber streng auf Loyalität bedachte Cheftierpflegerin des Menschenaffenreviers übt deutliche Kritik: für den Gorillanachwuchs etwa seien die Betonstufen viel zu hoch, man habe das Pflegepersonal nicht oder nicht ausreichend in die Planungen des 22-Millionen-Baus einbezogen.

Interessanterweise entspricht der Betrag, den die UN-Menschenaffenkonferenz des *Great Ape Survival Partnership* (GRASP) im Juli 2006 als sofortige Nothilfe beziffert hat, um zur Rettung der akut vom Aussterben bedrohten Großaffen Schutzgebiete in ihren natürlichen Heimaten auszuweisen, in denen die jeweiligen Populationen sich stabilisieren und ggf. wieder anwachsen könnten, mit 21 Millionen Euro ziemlich genau dem Betrag, den der Bau des neuen Menschenaffenhauses in der „Wilhelma" verschlungen hat.

Die hinter meterhohem Panzerglas zur Schau gestellten Gorillas und Bonobos werden den afrikanischen Regenwald nie zu Gesicht bekommen. □

Nachtrag: Ende 2014 starb im neuen Menschenaffenhaus ein Bonobokind an Lungenentzündung, kurze Zeit später ein zweites, ebenfalls an Pneumonie. Aber erst nachdem ein drittes Tier Symptome einer schweren Atemwegserkrankung zeigte, räumte der seit einem Jahr amtierende neue Direktor der Wilhelma, Thomas Kölpin, „Probleme mit den Lüftungsklappen" des neuen Hauses ein: aufgrund offenbar fehlkonstruierter Belüftungssysteme sei Kaltluft auf die extrem zugluftempfindlichen Tiere herabgeströmt und habe zu den Erkrankungen geführt. Auch die in den Gehegen eingebauten Kameras, wie Kölpin zugeben mußte, fielen immer wieder aus, so dass das Schließen der Schieber nicht überwacht werden könne: Tiere könnten versehentlich in die Hydraulik geraten und dabei eingeklemmt werden (wie dies kürzlich im Zoo von San Francisco passiert war, wo ein 16 Monate altes

Gorillakind zu Tode gequetscht wurde). Hinzu kommen weitere Mängel an dem 22-Mio-Neubau wie aufgebrochene Böden, abgeplatzte Fliesen und überhaupt die Verwendung völlig ungeeigneter Baumaterialien. Wer die Verantwortung für das Desaster und damit die vermutlich weitere Millionen verschlingenden Reparaturkosten trägt, ist völlig unklar. Das Architekturbüro redet sich heraus, desgleichen der vormalige Zoodirektor Dieter Jauch, unter dessen Leitung das Haus geplant und gebaut wurde; selbstredend auch Primatenkuratorin Marianne Holtkötter, die als Fachberaterin fungiert hatte. Auch der baden-württembergische Finanzminister Nils Schmidt als Bauherr weist jede Schuld von sich. Wie es aussieht, werden die Kosten zur Behebung des unfassbaren Pfuschs am Bau wieder einmal auf den Steuerzahler abgewälzt werden. Konsequenzen für Jauch, Holtkötter, Schmidt & Co mit Blick auf den Tod der beiden Bonobos? Keine. Es waren ja nur Tiere. □

Tierbefreiung 80, 9/2013

Zukunftsweisende Schritte

Ein ermutigendes Signal kam Anfang August 2013 aus der zentral-amerikanischen Republik Costa Rica: Sämtliche Zoos des Landes, darunter der traditionsreiche Simon-Bolivar-Zoo von San Jose, sollen Anfang 2014 geschlossen bzw. in Botanische Gärten ohne Tierhaltung umgewandelt werden. Umweltminister René Castro: "Wir wollen keine Tiere mehr in Käfigen sehen."

Die bislang in den Zoos vorgehaltenen Tiere sollen nach Möglichkeit ausgewildert, die nicht auswilderbaren in geeigneten Reservaten untergebracht werden. Bereits im Jahre 2002 hatte Costa Rica ein kategorisches Verbot für Zirkusse erlassen, in denen Tiere auftreten; auch Jagd als Freizeitbeschäftigung ist in dem Land (in dem es bezeichnenderweise kein Militär gibt) gesetzlich verboten. Auch in Bolivien, Brasilien, Peru, Paraguay und Kolumbien gibt es keine Zirkusse mit Tierdressuren mehr. □

Nachtrag: Auch wenn die Betreiber der costaricanischen Zoos mithilfe juristischer Winkelzüge die Schließung ihrer Einrichtungen noch ein paar Jahre hinauszögern konnten, ist der gesetzlich gefasste Beschluß der Regierung unumkehrbar: das endgültige „Aus" für die Zoos des Landes ist nur noch eine Frage der Zeit.

Tierschutz und Artenvielfalt

"Zoos passen nicht mehr in unsere Zeit" (Interview)

Zoos werben damit, dass sie uns Tiere näherbringen und die Artenvielfalt fördern. Zuletzt tötete ein Besucher ein Nilpferd im Frankfurter Zoo mit einem Tennisball, den er ihm aus Jux in den Rachen warf. Für Zookritiker Colin Goldner ist der Fall nur die Spitze des Eisbergs. Er spricht den Tierparks jeglichen Nutzen ab.

Flusspferd Maikel im Frankfurter Zoo im Juni. Der 39-jährige Bulle ist kürzlich an einem Tennisball gestorben, den ihm offenbar ein Besucher ins Maul geworfen hat.

sueddeutsche.de: Der Frankfurter Zoo sucht nach dem Besucher, der Flusspferd Maikel einen Tennisball in den Rachen geworfen und ihn dadurch getötet hat. War das ein tragischer Einzelfall?
Colin Goldner: In den Zoos sterben immer wieder Tiere, weil die Besucher ihnen irgendwelches Zeug in die Gehege werfen, halbe Bratwürste, Hamburger, Kaugummis, Zigarettenkippen, Bierdosen. In die Becken von Seelöwen, Seebären oder Krokodilen werfen die

42

Leute immer wieder Geldstücke, weil das angeblich Glück bringt. In den Mägen der Tiere entdecken die Tierärzte nach deren Tod manchmal Hunderte von Münzen. Zootiere sterben außerdem immer wieder, weil die Gehege nicht ausreichend gesichert sind.

Welche Rolle spielt die Architektur?

Von den Besucherwegen aus können Gegenstände auch unbeabsichtigt in die Gehege fallen, die Tiere verschlucken. Schnuller, Brillen, Mützen, Smartphones. Oder, wie im Eisbärengehege in der Stuttgarter Wilhelma Anfang des Jahres, eine Jacke und ein Rucksack. Der Eisbär Anton hat die Sachen gefressen und ist daran gestorben. In Affengehegen haben sich schon Tiere mit Kletterseilen erhängt. Ein besonders eklatantes Beispiel für eine gefährliche Architektur sind die Wassergräben um viele Gehege.

Die sollen Eisenstäbe und Panzerglas ersetzen, damit die Besucher den Eindruck bekommen, sie stünden selbst im natürlichen Lebensraum der Tiere. Wo ist das Problem?

Für Menschenaffen und auch für andere große Tiere sind Wassergräben schon wiederholt zur Todesfalle geworden. Im Münchner Zoo Hellabrun ist vor zwei Jahren eine Schimpansin in den Graben gerutscht und ertrunken. Im Tierpark Hagenbeck in Hamburg ist ein Orang-Utan-Mädchen auf diese Weise gestorben. Der Wassergraben in Hellabrun vor der Außenanlage der Gorillas und Schimpansen wird unter dem neuen Zoodirektor gerade zugeschüttet. Im Magdeburger Zoo dagegen hat das nagelneue Freigehege für die Schimpansen einen Wassergraben bekommen. Weil die Tiere dem Direktor zufolge niemals ins Wasser gehen.

Sie fallen nur versehentlich hinein...

Tatsächlich haben manche Schimpansen gar keine Scheu vor Wasser. Die Tiere im Safaripark Hodenhagen zum Beispiel spielen direkt am Wassergraben um ihre Insel und sogar darin. Es gibt Schimpansen - allerdings solche, die privat oder im Zirkus gehalten werden -, die können schwimmen. So eindeutig ist die Lage also nicht.

Besteht auch die Gefahr, dass die Tiere so einen Graben überwinden können?

Das ist im Zoo Hannover 2012 passiert. Fünf Schimpansen haben dort einen über den Wassergraben gestürzten Baum zur Flucht genutzt. Bei dem Ausbruch hat einer der Schimpansen ein Kind über den Haufen gerannt und unabsichtlich am Kopf verletzt. Bei einem anderen Vorfall ist ein Schimpanse in Hannover im Innengehege über einen vier Meter breiten Trockengraben mitten in den Besucherbereich gesprungen. Dort ist zwar nichts passiert. Aber wenn Schimpansen sich bedroht fühlen, stellen sie für Menschen eine tödliche Gefahr dar.

Die Risiken werden also unterschätzt?

Oder billigend in Kauf genommen. Und zwar für Tier und Mensch. Es werden ja immer wieder Tierpfleger von Zootieren, vor allem Raubkatzen, angegriffen und sogar getötet. Zuletzt ist das 2013 in Münster und 2012 in Köln passiert. In den Jahren davor wurden mehrfach Pfleger auch durch Elefanten verletzt. Im Safaripark Hodenhagen hat erst kürzlich ein Löwe einen Bus mit Besuchern attackiert und eine Seitenscheibe eingeschlagen. Nicht auszudenken, was hätte passieren können, wenn er in den Bus gelangt wäre.

Die Zoos bemühen sich doch seit Jahren darum, die Bedingungen für die Tiere zu verbessern.

Tatsächlich wird in vielen Zoos mit großem Aufwand um- und neugebaut. Allerdings geht es dabei weniger um eine Verbesserung der Haltungsbedingungen der Tiere, als darum, das Erscheinungsbild des Zoos zu verbessern. Es sind Ausnahmen, dass Zoos sich wirklich bemühen, wenigstens für einzelne Arten bessere Verhältnisse herzustellen. Ein Beispiel dafür ist der Zoo Leipzig mit seinem Pongoland, das von Max-Planck-Wissenschaftlern mitbetreut wird. Sonst entstehen aber vielerorts eher künstliche "Erlebniswelten", die sich an den Unterhaltungswünschen der breiten Masse orientieren und eher an Disneyland erinnern als an einen Zoo. Elefanten haben aber wenig davon, wenn sie jetzt in einem künstlichen Maharajapalast herumstehen, ihre Gehegefläche sich aber nicht vergrößert hat. Außerdem sollen viele Umbaumaßnahmen dem Publikum die Illusion verschaffen, im natürlichen Lebensraum der Tiere unterwegs zu sein.

Wie das?

Einige Zoos versuchen, mit einer mehr oder minder üppigen sogenannten Urwaldbepflanzung der Knastatmosphäre entgegenzuwirken, die sich gerade in den Innengehegen kaum vermeiden lässt.

Allerdings werden nicht die Gehege bepflanzt, sondern der Besucherbereich. Die Tiere selbst sitzen auf nacktem Beton, der allenfalls sand- oder erdfarben angestrichen ist, um dem Besucher Naturgelände vorzugaukeln. Dem gleichen Zweck dienen künstliche Felsbrocken, mit denen die Gehege ausgestattet sind. Oft sind auch die Seiten- und Rückwände mit künstlichen Felsen oder mit Holzplanken versehen und manchmal mit Dschungelmotiven bemalt. Die Tiere haben davon gar nichts. Nicht selten gibt es sogar noch die vollverkachelten Betonbunker aus den 60er und 70er Jahren. Hinzu kommt, dass viele der Tiere, Menschenaffen etwa, die meiste Zeit ihres Lebens in den noch sehr viel beengteren Innengehegen zubringen müssen, weil es ihnen im Freien einfach zu kalt ist. Besucher, die selbst bevorzugt an sonnigen und warmen Tagen in den Zoo kommen, sehen die Tiere nur draußen und bekommen ein völlig falsches Bild.

Ich habe gerade mit meinen Kindern den Tierpark in Berlin-Friedrichsfelde besucht und war überrascht, wie klein die Raubtiergehege sind.

Der Tierpark in Ostberlin ist tatsächlich ein Beispiel für besonders schlimme Haltungsbedingungen. Gerade was die Großkatzen im Alfred-Brehm-Haus angeht. Auch die Elefantenhaltung in Friedrichsfelde ist vorsintflutlich. Die Tiere werden im Innengehege immer noch mit Ketten an den Fußgelenken angebunden.

Das Bild stammt aus dem "Schwabenpark" in Welzheim (nahe Stuttgart), der die größte Schimpansenhaltung Europas vorhält (mit mehr als 40 Tieren). Die brennende Kippe hat ein Besucher ins Gehege geworfen.

Untergraben die Zoos mit schlechten Haltungsbedingungen nicht ihre eigenen Ansprüche? Sie wollen doch das Bewusstsein für den Umwelt- und Naturschutz fördern, indem sie den Menschen die Tiere nahe bringen.

Es ist immer wieder zu hören, die in Zoos gefangengehaltenen Tiere dienten als "Botschafter ihrer Art" dazu, die Menschen aufzurütteln und zu einem anderen Umgang mit der Natur anzuregen. Das funktioniert aber erwiesenermaßen nicht. Der Riesenhype um den Eisbären Knut im Berliner Zoo etwa hat allenfalls die Zookasse zum Klingeln gebracht und vielleicht noch die Plüschtierindustrie angekurbelt. Mit Blick auf den Schutz der Arktis und ihrer Bewohner hat er nicht das Geringste bewirkt. Ebensowenig wurde die fortschreitende Vernichtung der afrikanischen oder indonesischen Regenwälder dadurch aufgehalten, dass seit über hundert Jahren Gorillas und Orang Utans in Zoos zu besichtigen sind.

Ein weiterer Anspruch der Zoos ist, dass sie zur Bildung beitragen.

Das tun sie nicht. Studien zeigen, dass die Besucher kaum mehr über Tiere wissen als Menschen, die sich überhaupt nicht für Tiere interessieren und noch nie in einem Zoo waren. Die durchschnittliche Verweildauer der Besucher vor den einzelnen Gehegen liegt, unabhängig von der Art und Anzahl darin gehaltener Tiere, bei unter einer Minute pro Käfig. Sie liegt lediglich während der Fütterungszeiten etwas höher, oder wenn ein Jungtier zu sehen ist. Viele Besucher werfen nur im Vorübergehen einen Blick auf die Tiere; allenfalls bleiben sie kurz stehen, um ein Handyphoto zu machen. Wenn man genau hinschaut, wird also klar: Zoos bringen den Menschen die Tiere nicht näher. Im Gegenteil.

Im Gegenteil? Wieso das?

Zoobesuche mit Kindern sind ja fast ein gesellschaftliches Muss: Sobald der Nachwuchs da ist, wird in den Zoo gegangen, mit den Eltern, den Großeltern, dem Kindergarten, der Schulklasse. Und was lernen die Kinder im Zoo? Dass es okay ist, Tiere einzusperren. Respekt vor Tieren lernen sie nicht. Entsprechend verhalten sie sich auch. Da wird gegen Scheiben geklopft, gerufen, gepfiffen, in die Hände geklatscht. Nicht selten werden die Tiere mit Kieselsteinen,

Ästen oder sonstigen Gegenständen beworfen. In den Affenhäusern sieht man immer wieder Besucher - nicht nur Kinder, sondern auch Erwachsene -, die Grimassen ziehen oder sich mit Huhu-Geschrei unter den Armen kratzen. Wie wenig es darum geht, Achtung und Respekt vor den Tieren zu erlernen, belegen auch die Speisekarten der Zoorestaurants.

Weil dort auch Fleischgerichte angeboten werden?
Vegetarische oder vegane Alternativen gibt es allenfalls in Form von Beilagen. Vereinzelt stehen sogar exotische Wildtiere auf der Karte, wie man sie im Gehege ums Eck gerade noch besichtigt hat. Springbock, Gnu, Kudu oder Strauß. Im Hoyerswerdaer Zoorestaurant habe ich auf der Speisekarte eine "Massai-Krieger-Platte" gesehen. Mit "gebratenem Fleisch vom Krokodil in grüner Currysoße".

Ich staune über ein eindrucksvolles, faszinierendes Lebewesen - und dann esse ich es auf?
Ja. Auf die Idee, die Zoobesucher dazu anzuregen, einen ganz persönlich erlebbaren Beitrag zu Tier-, Natur- und Umweltschutz zu leisten und wenigstens am Tag des Zoobesuches auf Bratwurst oder Wienerschnitzel zu verzichten, kommt kein einziger der deutschen Zoos.

Viele Zoobesucher spenden doch Geld für die Tiere?
Es gibt da diese Spendentrichter, in denen Kinder gern Münzen rollen lassen. Das sind eher "Spaßgeräte" für den Nachwuchs und die Erwachsenen bekommen ein wenig das Gefühl, etwas für den Zoo - und damit vielleicht auch für den Tier-, Arten- und Naturschutz - gespendet zu haben. Viel kommt dabei aber nicht zusammen. Da rollen vor allem Fünf- bis 20-Cent-Münzen. Etwas anderes sind die symbolischen Patenschaften, die je nach Attraktivität des ausgewählten Tieres unterschiedlich teuer sind. Für einen Schimpansen kann eine Patenschaft schon mal 1000 Euro im Jahr kosten, ein Erdmännchen gibt's schon für 50 Euro. Dafür bekommen die Spender aber auch etwas: Sie werden online gewürdigt und Großspender - etwa örtliche Betriebe - werden auf den Gehegetafeln aufgeführt. Außerdem existieren Fördervereine, in denen häufig Politpromis engagiert sind. Angela Merkel beispielsweise macht sich für den Zoo Stralsund stark. Irgendwas für Tiere zu tun, macht sich immer gut.

Zoos helfen immerhin, Arten zu erhalten, die in freier Wildbahn auszusterben drohen. Sie bieten eine Zeitbrücke, über die die Tiere gerettet werden sollen, um sie in Zukunft auswildern zu können.

Als 1973 das Washingtoner Artenschutzabkommen verabschiedet wurde, kam der für die Zoos unabdingbare Nachschub an Tieren bedrohter Arten zum Erliegen. Hinter dem Abkommen, das auch als Cites bekannt ist, steckte die Erkenntnis, dass eine der Hauptursachen für das Aussterben bestimmter Tierarten der Handel mit wildgefangenen Tieren ebendieser Arten war. Es sind ja seit Mitte des 19. Jahrhunderts für europäische und amerikanische Zoos Myriaden an Wildtieren der freien Wildbahn entnommen worden. Es wurden zum Beispiel ganze Gorillafamilien ausgelöscht, um ein einziges Jungtier zu fangen. Für jedes Gorillakind, das lebend in einem Zoo ankam,

Gorilla Roututu (*1973 in Afrika) wurde als einjähriges Baby seinen Eltern und seiner Heimat entrissen. Seit 40 Jahren lebt er im Münchner Tierpark Hellabrunn. (Nachtrag: Roututu starb am 17.11.2014)

mussten bis zu 20 Gorillas ihr Leben lassen. Mitte der 80er wurde dann ein Europäisches Erhaltungszuchtprogramm begründet, über das die Zoos ihren Bedarf an Wildtieren jetzt selbst züchten. Bis heute sind allerdings nur etwa 3,5 Prozent der von Cites erfassten Arten Teil dieses Programms. Deutsche Zoos sind mit 63 Arten beteiligt. Eine Auswilderung der nachgezüchteten Tiere dieser Arten ist aber zu größten Teilen weder vorgesehen noch möglich. Sie werden ausschließlich für die Zurschaustellung gezüchtet. Die Argumentation der "Zeitbrücke" ist insofern reine Augenwischerei

Manche Tiere werden doch tatsächlich ausgewildert.

Damit machen die Zoos gerne Werbung. Tatsächlich aber gibt es ernstzunehmende Auswilderungsprojekte nur für eine kleine Handvoll der nachgezüchteten Arten. Etwa Mufflon, Alpensteinbock, Wisent, Uhu, Luchs, Weißstorch oder das vielzitierte Przewalski-Pferd. Der Zoo in Dortmund zum Beispiel weist gerne auf sein Auswilderungsprogramm hin. Allerdings hat er seit 1991 genau fünf Bartgeier zur Auswilderung zur Verfügung gestellt. Fünf Vögel in 23 Jahren.

Zoos beteiligen sich häufig an Schutzprojekten in den Ländern, wo die Tiere bedroht sind.

Einige solche Projekte werden von den Zoos tatsächlich mit Geld gefördert. Aber auch das ist vor allem Werbung. Schaut man sich die Jahresberichte der Zoos an - die allerdings kaum noch veröffentlich werden -, sieht man: Die aufgewandten Mittel liegen in aller Regel im Promillebereich der hauseigenen Werbebudgets. Im Jahr 2011 beispielsweise gab es eine auf zwölf Monate ausgelegte Kampagne zur Unterstützung verschiedener Schutzprojekte für Menschenaffen. Das war die breitestangelegte Kampagne, die es aus Zookreisen heraus jemals gab. Der Münchner Tierpark Hellabrunn hat die vergleichsweise lächerliche Summe von exakt 3797 Euro beigesteuert - bei einem Gesamtjahresumsatz im zweistelligen Millionenbereich.

Manche Zoos nehmen für sich in Anspruch, wissenschaftliche Forschung zu betreiben.

Wenn sie tatsächlich ein wissenschaftliches Forschungsinteresse haben, bezieht sich das in erster Linie auf zoospezifische, teils auch nur auf rein innerbetriebliche Belange. Vielfach forschen sie noch nicht einmal selbst. Es sind vielmehr Studenten, die gelegentlich Daten für ihre Bachelor- oder Masterarbeiten im Zoo sammeln, die diese dann als eigenen wissenschaftlichen Beitrag ausgeben. Der über den Zoo hinausreichende wissenschaftliche Wert der Arbeiten ist denkbar gering.

Können die Zoos nicht umgestaltet werden, damit sie ihren eigenen offiziellen Ansprüchen gerecht werden? Auf eine Weise, dass die Besucher tatsächlich mehr Mitgefühl für die Tiere entwickeln?

Machen wir uns nichts vor: Zoos sind Gefängnisse, in denen die Tiere lebenslang eingesperrt sind. Die Haltung von exotischen Wildtieren sollte auslaufen. Keine Nachzuchten, keine Importe mehr. Solange die gegenwärtig lebenden Tiere noch da sind und nicht ausgewildert werden können, müssen sie so gehalten werden, dass ihre Bedürfnisse und Ansprüche erfüllt sind, und nicht die der Besucher. Wo das nicht geht, müssen eigene Refugien für sie geschaffen werden. Im Übrigen müsste das Steuergeld, das in immer neue Zoogehege hierzulande gesteckt wird, besser in den Ausbau von Schutzzonen in den natürlichen Heimaten der Tiere investiert werden. Zoos passen nicht mehr in die heutige Zeit.

Und was ist mit den Menschen, die sich tatsächlich für die Tiere interessieren?

Jeder Dokumentarfilm, wie es sie heute zu jeder in Zoos gehaltenen Tierart in herausragender Qualität gibt, vermittelt mehr Kenntnis und Wissen und weckt mehr Empathie als ein Zoobesuch dies je vermag. Im Übrigen ist jeder Schmetterling am Wegesrand mehr Natur als alle Zoos der Welt zusammengenommen.

Wie reagieren die Zoos auf Ihre Vorwürfe?

Offenbar versuchen sie, die Kritik, die ich in meinem Buch "Lebenslänglich hinter Gittern" zusammengefasst habe und die öffentliche Debatte, die es entfacht hat, auszusitzen. Bislang jedenfalls hat sich nur der Direktor des Münsteraner Zoos zu Wort gemeldet. Er bezeichnet meine Kritik als "hoffnungslos mit Un- und Halbwahrheiten überfrachtet". Was genau er bemängelt, ist freilich im Dunklen geblieben.

Was soll Ihrer Meinung nach nun aus den Zoos werden?

50

Die zoologischen Gärten könnten in botanische Gärten umgewandelt werden, oder allenfalls in Wildparks mit einheimischen Tieren, wo sich gestresste Städter weiterhin erholen und entspannen könnten. Zudem könnten die Anlagen genutzt werden, um Tieren in Not zu helfen. Viele exotische Tiere - Kleinsäuger, Vögel, Reptilien, Amphibien oder Spinnen - werden beschlagnahmt oder landen in Tierheimen, weil ihre Besitzer sie nicht mehr halten können. □

Das Interview führte Markus C. Schulte von Drach

hpd 5.12.2014

Zum Bildungsauftrag von Zoos

Zoos hierzulande halten sich viel zugute auf den „Bildungsauftrag" der ihnen vom Gesetzgeber zugewiesen ist. Zum 1.1.1977 trat das sogenannte „Gesetz über Naturschutz und Landschaftspflege" in Kraft, kurz: Bundesnaturschutzgesetz oder BNatSchG, das in §42 Abs.3 Ziffer 6 vorschreibt, Zoos seien so zu errichten und zu betreiben, dass „die Aufklärung und das Bewusstsein der Öffentlichkeit in Bezug auf den Erhalt der biologischen Vielfalt gefördert wird, insbesondere durch Informationen über die zur Schau gestellten Arten und ihre natürlichen Biotope".

Eben dieser „Bildungsauftrag" ist das meistgenannte Argument, mit dem Zoos ihre Existenz rechtfertigen. Als „größte außerschulische Bildungseinrichtungen" würden sie jährlich Millionen von Menschen erreichen - die Rede ist von 65 Millionen Besuchern pro Jahr allein in deutschen Zoos (2) -, die nicht nur wertvolle Tier- und Artenkenntnisse erhielten, sondern über das sinnlich erfahrbare Begreifen der Natur für deren Schutz sensibilisiert würden.

In Wirklichkeit trifft nichts dergleichen zu. Erhielten die Besucher tatsächlich wertvolle Erkenntnis über die in den Zoos vorgehaltenen Tiere und Arten und würden dadurch für deren Schutz sensibilisiert, wäre die „Rote Liste" vom Aussterben bedrohter Arten nicht so er-

51

schreckend lang, wie sie ist. Seit Generationen werden etwa Orang Utans in Zoos zur Schau gestellt, ohne dass dies irgendeine Auswirkung auf den Schutz ihrer natürlichen Lebensräume gehabt hätte. Auch der Megahype um den im Zoo von Berlin gehaltenen Eisbären Knut hat allenfalls die Zookasse zum Klingeln gebracht, für den Schutz der Arktis und ihrer Bewohner hat er erkennbar nichts bewirkt.

Tatsächlich geht es den Zoos um „Bildung" ihrer Besucher, wenn überhaupt, zu allerletzt Für Kinder werden großflächige Spielplätze mit Kletter-, Schaukel- und Hüpfburgeinrichtungen vorgehalten, vielerorts gar Kirmesattraktionen wie Autoscooter, Riesenrad oder Parkeisenbahn. Fortlaufend werden irgendwelche „Aktionstage" veranstaltet: Am Ostersonntag etwa „hoppelt der Osterhase durch den Zoo und verteilt bunte Ostereier" (Zoo Augsburg), am Pfingstwochenende „verteilen als Maikäfer verkleidete Helfer Schoko-Maikäfer an die Besucher" (Tierpark München), und an Halloween gibt es eine „Gruselparty", bei der im „gespenstig dekorierten" Zoo „Blut- oder Geisterbowle" ausgeschenkt wird (Zoo Neunkirchen). Dazu werden regelmäßige Spiel- und Bastelnachmittage angeboten, auch Märchenlesungen, Kasperletheater, Karnevals-, St.Martins- oder sonstige Lampionumzüge; zu Schuljahresbeginn werden ABC-Schützen- (West) oder Zuckertütenfeste (Ost) ausgerichtet, in den Schulferien gibt es vielerorts die Möglichkeit zu einer „Abenteuerübernachtung" im Zoo, einschließlich Micky-Maus-Filmvorführungen und Kinderdisco.(1)

Auch für das gesetztere Publikum gibt es Sonderevents, klassische Konzerte etwa, wahlweise auch Jazz-, Dixieland- oder Tangoabende, Modenschauen, Theateraufführungen oder kulinarische 5-Gänge-Menues (bevorzugt im Aquarienhaus, in dem es nicht „riecht").Sonn-

tägliche Frühschoppen im Zoo werden mit Biergartenmusik ange-reichert, nachmittags gibt es Cafehausmusik mit Stehgeiger, spät-abends ein Feuerwerk. Betriebsfeiern werden ausgerichtet, Jubiläen, Junggesellenabschiedsfeten und Hochzeiten, letztere gerne in Elefanten- oder Großkatzenhäusern, einschließlich eindrucksvoller „Erinnerungsfotos"; selbst Gottesdienste gibt es, in denen vor den eingesperrten Tieren die „Schönheit der Schöpfung" besungen wird. Nichts ist zu abseitig - noch nicht einmal Erotik-Shootings vor tieri-scher Kulisse -, als dass nicht versucht würde, darüber zahlende Kundschaft anzuziehen: Im Zoo Dortmund beispielsweise gibt es regelmäßige „Star-Wars-Aktionstage" mit „Lichtschwertkämpfen" vor den Tiergehegen, das Elefantenhaus des Zoos Wuppertal wird samt den Elefanten zur Bühne für „Modern Dance"-Inszenierungen. Im Berliner Zoo gibt es seit 2005 im Vorfeld des alljährlichen „Christopher Street Day" eine glamouröse „Gay Night at the Zoo", bei der unter der Schirmherrschaft des Regierenden Berliner Bürger-meisters „Lesben und Schwule unter freiem Himmel zu Swingmusik tanzen" können.

Dass das alles nicht das Geringste mit dem vorgeblichen Bil-dungsauftrag des Zoos zu tun hat, kümmert niemanden, ebensowenig die Frage, welche Auswirkungen der zusätzliche Lärm und Rummel - für viele der Sonderveranstaltungen werden die Öffnungszeiten in die Abend- und Nachtstunden hinein verlängert - auf die Tiere hat. Diese dienen ohnehin nur als Staffage.

Advent im Zoo
Zoos sind Schönwettereinrichtungen. Wie trostlos sie im Grunde sind, wird umso deutlicher, je mehr das Jahr sich dem Ende zuneigt. Die meisten Tiere sitzen der Kälte wegen in extrem beengten Innen-räumen und langweilen sich buchstäblich zu Tode. Die Außengehege sind verwaist, desgleichen die Kinderspielplätze und Imbißbuden: die Lust einen Zoo zu besuchen, tendiert selbst bei ein eingefleischten Zoofreunden gegen null. Aber: nur bis zu Beginn der Weihnachts-zeit.

Pünktlich zum 1. Advent präsentiert sich etwa der Zoo Hannover mit „Open-Air-Eislaufbahn, Rodelrampen, Wintermarkt, Weih-nachtsmann, Kinderkarussell, Eisdisco und vielen tollen Veranstaltungen. (…) Über 1.000 Meter Lichterketten, 200 Leuchtgirlanden und -sterne, 250 Meter illuminierte Eiszapfenvorhänge und 27 tierische Leuchtfiguren tauchen den Winter-Zoo in ein stimmungsvolles Licht. (…) Auf dem Rodelberg locken die schwungvollen Bahnen zu rasanten Abfahrten -für die Eiszwerge gibt es natürlich wieder die beliebte Porutscher-Bahn. Gruppengaudi garantiert heißt es auf vier Bahnen beim Eisstockschießen und Curling (Reservierung erforderlich!), während das große Kinderkarussell mit über 40 Plätzen Kindheitsträume weckt. Auf dem stimmungsvollen neuen Wintermarkt mit Kunsthandwerk und kulinarischen Köstlichkeiten duftet es verführerisch. (…) In sieben urigen Holzhütten gibt es neben Glühwein, Apfelpunsch und Kakao jetzt auch traditionellen Grünkohl-Eintopf, deftige Kartoffelpuffer, die rustikale Kaminbox, knusprige Waffeln, Schmalzkuchen und leckeren Schafskäse im Fladenbrot."

Auch in anderen Zoos wird weihnachtlich aufgerüstet. Im Zoo Münster etwa ist der Nikolaus „zu Gast auf dem Zoo-Weihnachtsmarkt", auf dem „Kunsthandwerk aus der Region, Glühwein, Waffeln & Co." angeboten werden. „Um 16.30 Uhr startet der traditionelle Lichterumzug mit dem Nikolaus (…) wo alle Kinder persönlich mit dem Nikolaus sprechen können. Das wird ein tolles Nikolaus-Weihnachtsmarkt-Wochenende im Zoo!" Ähnlich geht es im Zoo Gelsenkirchen zu, wo der „Nikolaus kleine Abenteurer zwischen 0 und 12 Jahren zu einem ganz besonderen Tag" einlädt: „Der Mann mit dem weißen Rauschebart nimmt sich Zeit für jedes einzelne Kind und hat natürlich auch für jeden eine kleine Überraschung in seiner großen, roten Manteltasche dabei." Zu „besinnlichen Stunden" hingegen lädt der Zoo Schwerin ein: dabei „grillen wir Würstchen, schenken Glühwein, Feuerzangenbowle oder heißen Apfelsaft aus und laden Sie zur Kutschfahrt durch den Zoo-Wald ein. (…) Der Weihnachtsmann stattet uns um 16 Uhr einen Besuch ab." Und auf der Website des Zoos Dresden heißt es: „Es dauert noch ewig lange bis Heiligabend und ihr haltet diese Warterei kaum noch aus? Dann schaut doch beim Weihnachtsmann im Zoo vorbei! Vielleicht könnt ihr ihm dann auch noch Euren größten Herzenswunsch ins Ohr flüstern. (…) Als Zeitvertreib könnt ihr natürlich auch noch den Zootieren frohe Weihnachten wünschen."

In vielen Zoos werden in der Vorweihnachtszeit „Lebende Krippen" aufgestellt, bei denen Zoomitarbeiter, kostümiert als Maria und Joseph, sich zusammen mit ein paar Kamelen, Eseln oder Schafen die Füsse in den Bauch stehen müssen. Der Nürnberger Zoo bietet neben „Lebender Krippe" und „Weihnachtsmarkt" gar eine „Waldweihnacht mit Posaunenchor" an, die in Zusammenarbeit mit einer örtlichen Kirchengemeinde ausgerichtet wird.

Den Gipfel vorweihnachtlicher Absurdität allerdings erreicht der Zoo Augsburg, der alljährlich im Raubkatzenhaus ein Krippendioarama aufstellt, wie es in vergleichbarer Form in jeder katholischen Kirche anzutreffen ist: In der Mitte ein Stall, in dem Joseph und Maria um eine hölzerne Futterkrippe herumstehen, in dem das Jesukindlein liegt; dahinter, wie üblich, Ochs und Esel, davor die obligaten Hirten samt Schafen und Ziegen sowie die Heiligendreikönige. Darüberhinaus - letztlich ist man in einem Zoo - findet sich eine Vielzahl weiterer Tiere (unterschiedlichster Maßstäbe) wie Giraffe, Zebra, Emu, Nashorn, Elefant, Gepard, Krokodil oder Roter Panda. Über dem Stall leuchtet der „Weihnachtsstern"; rechts daneben schwebt ein Engel mit der Frohbotschaft „Gloria in excelsis Deo" auf einem Spruchband; links davon, auf gleicher Höhe, fliegt ein Tukan vorbei, gleich daneben hängt ein Gibbon im Geäst. Direkt vor der Krippe mit Maria und Joseph aber steht einsam ein Triceratops. Ja, ein Triceratops. Was der Urweltsaurier, der bekanntlich 65 Millionen Jahre vor der jungfräulichen Niederkunft Mariens schon ausgestorben ist, in der Weihnachtsszenerie verloren hat, weiß wohl nur die pädagogische Abteilung des Augsburger Zoos.

Auch wenn man geneigt ist, das alles als unfreiwillige Komik abzutun, passt es doch ins Bild der Einrichtung „Zoo", die ihrem gesetzlich vorgegebenen Bildungsauftrag fortlaufend Hohn spricht; auch und vor allem zur Weihnachtszeit. □

(1) vgl. http://hpd.de/artikel/10164
(2) vgl. http://hpd.de/artikel/10124

Nachtrag: Der Zoo Augsburg behauptete in einer offiziellen Stellungnahme, es handle sich keineswegs um einen Triceratops, der da vor der Weihnachtskrippe herumsteht, sondern um ein Dreihornchamäleon. *Sic et non.*

Yps 2,0

Das Rostocker „Darwineum"

Mit Riesenbrimborium wurde Anfang September des Jahres das sogenannte „Darwineum" eröffnet, eine 20.000 Quadratmeter umfassende Freizeitanlage auf dem Gelände des Rostocker Zoos, in der den Besuchern, wie es heißt, „die Entwicklung des Lebens auf der Erde als spannendes Abenteuer" präsentiert wird.

Sogar ein Ururenkel des Namensgebers Charles Darwin war eingeflogen worden, damit auch ja keiner auf die Idee kommen würde, hier habe ein Provinzzoodirektor namens Udo Nagel mit 23 Millionen Euro Steuergeld sein höchstpersönliches „Nageleum" hingeklotzt, ungeachtet der Frage, ob und wie sich das angeblich „modernste Edutainmentcenter entlang der Ostsee" jemals amortisieren soll. Der Nürburgring lässt grüßen.

Das „Darwineum" bietet dem Besucher für 16 Euro Eintritt eine Vielzahl an Schautafeln und musealen Staubfängervitrinen, die tatsächlich zu allem anderen taugen, als „die Geburt des Universums bestaunen, explodierende Sterne sehen und die Entstehung der Erde erleben" zu können. Das Ganze ist ungefähr so spannend und pädagogisch wertvoll wie ein Yps-Heftchen aus den 1970ern.

Selbst die Kleinterrarien, in denen Schlammspringer, Blattschneiderameisen oder Pfeilschwanzkrebse besichtigt werden können, erinnern an die „Urtierchen", die jedem zweiten Heft beigelegt waren. Ob es Yps in der DDR gab, ist nicht bekannt. Nagel jedenfalls, gebürtiger Rostocker, scheint in seiner Sicht der Dinge nicht viel darüber hinausgewachsen zu sein.

Auch die dem „Darwineum" angeschlossene Dauerausstellung zur „Kulturellen Evolution des Menschen zwischen Höhlenmalerei und Kernfusion" hat was von Yps, zumal der Besucher in einer Art „Forschungslabor" selbst kleine Experimente durchführen kann.

Kernstück des „Darwineums" ist eine sogenannte Tropenhalle, in der, folienüberdacht, auf 4.000 Quadratmetern eine Art Urwaldlandschaft nachgebaut wurde. Hier bekommt der Besucher weitere „Tiere der Evolution" zu sehen (als gäbe es andere): Faultiere, Gibbons, Flughunde sowie je zwei Gruppen Gorillas und Orang-Utans.

Tatsächlich dient das „Darwineum" in erster Linie der Aufhübschung des Rostocker Zoos, dessen Tiergehege zu großen Teilen noch aus frühen DDR-Zeiten stammen.

Gerade die Menschenaffenanlage, deren Bewohner nun in das neue „Darwineum" umziehen konnten, zählte zu den katastrophalsten ihrer Art: Die 60 Jahre alten völlig heruntergekommenen Käfige, in denen Gorillas und Orang-Utans - bis vor ein paar Jahren auch Schimpansen — dahinvegetierten, waren schon zu Zeiten der Wende völlig indiskutabel.

Anstatt jedoch die bestehenden Anlagen so weit zu modernisieren, dass sie den Tieren ein einigermaßen erträgliches Leben ermöglichen - alternativ hätte man auch sehr viel früher schon ein von den Baukosten her wesentlich günstigeres neues Affenhaus erstellen können-, wurde das prestigeträchtige Protzprojekt des „Darwineums" anvisiert, bis zu dessen Fertigstellung die Tiere auf beengtestem Raum in vorsintflutlichen Gitterkäfigen ausharren mussten. Selbstredend wurde kein Cent mehr in die alten Anlagen investiert, das Wohlergehen der Tiere war nachrangig.

Die Frage, ob es ethisch überhaupt noch vertretbar ist, Menschenaffen in Zoos gefangen zu halten, wird im „Darwineum" nicht gestellt, gleichwohl gerade die Bezugnahme auf Charles Darwin solche Fragestellung nahelegte. Während die bahnbrechenden Entdeckungen Darwins, mithin die gemeinsamer Vorfahren von Menschen und Menschenaffen, relativ schnell und so gut wie universell akzeptiert wurden, werden Letztere nach wie vor und unter ausdrücklichem Verweis auf ebendiese enge Verwandtschaft in Gitterkäfige gesteckt und zur Schau gestellt.

Der prinzipiell aufklärerische Wert des „Darwineums" wird allein dadurch in sein Gegenteil verkehrt: der Mensch wird nicht als Teil der Evolution dargestellt, sondern – wie Religionen jeder Art dies seit je verkünden - als gottgleiche „Krone der Schöpfung", befugt, mit Tieren zu verfahren, wie es ihm beliebt: „Machet sie euch untertan und herrschet ..." (1. Mose 1,28). Darwin würde sich ob dieser

Schizophrenie – und ob der Usurpation seines Namens – wohl im Grabe umdrehen.

Das Rostocker „Darwineum" hat mit evolutionsbiologischer Aufklärung und Wissensvermittlung nur wenig zu tun. Mit Blick auf die Großen Menschenaffen dient die Gesamtanlage allenfalls dazu, deren ethisch längst nicht mehr vertretbare Haltung und Zurschaustellung durch Einbindung in eine Art Evolutionsdisneyland zu kaschieren. Es passt ins Bild, dass der Besucher in kunstvoll gestalteten Dioramen und auf Schautafeln zu sehen bekommt, wie Flugsaurier in den Urwäldern der oberen Kreidezeit herumfliegen, während der real existierende Rostocker Stadtwald großflächig abgeholzt wurde, um Platz für das „Darwineum" zu schaffen. Auch eine Art Evolution. □

hpd 15.6.2014

Shitstorm gegen Zoo

Am Sonntag, 9. Februar 2014, wurde im Zoo Kopenhagen eine 18 Monate alte Giraffe per Bolzenschuß in den Kopf getötet, da sie als "nicht reinrassig" bzw. "nicht ins Zuchtprogramm des Zoos passend" kategorisiert wurde. Die Tötung, so der Direktor des Zoos, solle gewährleisten, "dass wir auch in Zukunft eine gesunde Giraffenpopulation in Europas Zoos haben werden". In den sozialen Netzwerken erhob sich ein "Shitstorm" gegen den Zoo, wie ihn Dänemark noch nicht erlebt hatte. Zigtausende von Twitter- und Facebook-Usern verurteilten die Tötung des Jungtieres, Direktor Bengt Holst erhielt, eigenen Angaben zufolge, tausende von SMS und eMails, in denen er auf's Wüsteste beschimpft wurde. Eine eigens eingerichtete Facebook-Seite "Close Copenhagen Zoo" hatte nach wenigen Stunden bereits 20.000 Fans.

Schon in den Tagen bevor der finale Bolzenschuß gesetzt wurde, hatte es im Netz eine Welle der Sympathie für den jungen Giraffenbullen gegeben: In kürzester Zeit hatten fast 30.000 Menschen rund um den Globus eine Petition unterzeichnet, ihn am Leben zu lassen und gegebenenfalls an einen anderen Zoo oder Safaripark abzutreten; zugleich wurde die Frage aufgeworfen, weshalb man das völlig gesunde Tier nicht einfach sterilisieren würde, wenn es denn "für Zuchtzwecke unbrauchbar" sei; und natürlich die Frage, weshalb man seine Eltern überhaupt "verpaart" hatte, wenn ein einfacher Blick in das "Zuchtbuch" genügt hätte, um zu sehen, dass mit dem zu gewärtigenden Nachwuchs gemäß zoointerner Richtlinien nicht "weitergezüchtet" werden könne?

Entgegen der Behauptung des Zoos, es habe keine Möglichkeit gegeben, den jungen Giraffenbullen in einen anderen Zoo zu verbringen, meldete der Zoo von Frösö im schwedischen Östersund, er sei durchaus bereit gewesen, das Tier zu übernehmen; auch der *Yorkshire Wildlife Park* in England und andere Zoos hatten sich angeboten. Eine Privatperson bot dem Zoo sogar 50.000 Euro, sollte das Jungtier am Leben bleiben dürfen.

Ungeachtet aller Proteste, Petitionen und Angebote entschied sich der Zoo für die Tötung der Giraffe, die am Sonntagvormittag demonstrativ, sprich inmitten der zufällig anwesenden Zoobesucher, vollzogen wurde. Medienberichten zufolge wurde MARIUS, so hieß der junge Giraffenbulle, mit einem Stück Brot aus seiner Herde herangelockt: während er sich herabbeugte, um das Brot aufzunehmen, wurde ihm von einem Zooangestellten ein tödlicher Bolzen in den Kopf geschossen. Das zusammengebrochene Tier wurde an Ort und Stelle aufgeschnitten, ausgeweidet und in Einzelteile zerlegt. Den unmittelbar dabeistehenden Zuschauern, darunter zahlreiche Kinder im Alter von drei bis vier Jahren, lief, wie im Internet veröffentlichte Bilder zeigen, buchstäblich das Blut über die Schuhe. Einer der hauseigenen Metzger, ausgestattet mit einem Ansteckmikrophon, erläuterte dem Publikum die jeweils entnommenen Organe und Körperteile. Nachdem der Giraffenkörper in dreistündiger Prozedur zerlegt war, wurden die Einzelteile von Helfern weggeschleift; einige der Teile wurden direkt in ein benachbartes Löwengehege geworfen, wo sie von den Großkatzen verzehrt wurden. Wie der Zoo verlautbarte, sei die Giraffe bewußt per Bolzenschuß und nicht per Giftinjektion getötet worden, um sie für eine anschließende Verfütterung an die Raubkatzen nicht unbrauchbar zu machen.

Zoodirektor Holst betonte den besonderen pädagogischen Wert der Tötungsaktion: er sei "stolz" darauf, dass die Kinder, die die Schlachtung aus nächster Nähe hätten beobachten dürfen, einen "großen Einblick in die Anatomie einer Giraffe" bekommen hätten. Gerade die öffentliche Zerlegung des Tieres habe dazu beigetragen, dass die Zoobesucher ihr Wissen über Tiere, aber auch ihr "Wissen über Leben und Tod" hätten erweitern könnten. Beigepflichtet wurde ihm vom Direktor des Nürnberger Tiergartens, Dag Encke, der über dpa kundtat, eine Giraffe zu schlachten sei im Grunde nichts anderes als ein Schwein zu keulen: "Wir Zoos sind auch da, um den Menschen zu zeigen, das ist etwas ganz Natürliches."

"Damit, dass die Proteste so weite Kreise ziehen", so der Pressesprecher des Kopenhagener Zoos, "haben wir nicht gerechnet. Schließlich machen wir so etwas 20 bis 30 Mal im Jahr." Gazellen, Nilpferde, Leoparden, Braunbären würden aus den gleichen Gründen getötet wie nun der Giraffenbulle: "Es ist ein Standardverfahren in vielen europäischen Zoos".

Populationsmanagement

In deutschen Zoos dürfen grundsätzlich keine Tiere getötet werden, mit Ausnahme eigens gezüchteter "Futtertiere" (Mäuse, Hamster, Kaninchen, Schafe, Ziegen etc., auch bestimmte Vögel). Die zahllosen Jungtiere, die alljährlich aus Gründen der Umsatzsteigerung nachgezüchtet werden – Tierbabies sind einer der wesentlichen Attraktionsfaktoren der Zoos – müssen, wenn kein ausreichender Platz für sie vorhanden ist, anderweitig entsorgt werden: sie werden zu Ramschpreisen an Tierhändler veräußert, die sie an Labore, Zirkusse, Restaurants, Metzger, auch an Jagdfarmen *(canned hunting)* in Südafrika weiterverhökern.

Der Verband Deutscher Zoodirektoren spricht sich für eine rechtliche Befugnis der Zoos aus, "überzählige" Tiere nach Bedarf und Gutdünken selbst töten zu dürfen. Da gemäß § 17 Nr 1 TierSchG das Töten von Tieren nur bei Vorliegen eines "vernünftigen Grundes" erlaubt ist, plädiert der VDZ dafür, die Notwendigkeit von "Bestandsregulierung" - in betriebswirtschaftlicher Terminologie auch "Populationsmanagement" genannt - als ebensolchen Grund für die Tötung von Zootieren nach § 42 Abs.8 Satz 3 BNatSchG anzuerkennen. Der oben erwähnte Nürnberger Zoodirektor Encke schreibt dazu: "Im Sinne einer artgemäßen Haltung der Tiere ist die Bereitschaft zur Tötung überzähliger Tiere ein den natürlichen Verhältnissen entsprechender, verantwortungsvoller und damit ethisch-moralisch einwandfreier Weg".

Getötete Tiere, so der VDZ, sollen "wenn immer möglich in den zoointernen Nahrungskreislauf" eingebracht, sprich an andere Tiere verfüttert werden dürfen (was die Tötung gewissermaßen doppelt rechtfertigen würde, da das Töten von "Futtertieren" nach dem TierSchG erlaubt ist): "Das wird in vielen europäischen Ländern so gehandhabt und ist dort gesellschaftlich akzeptiert."

Ganz im Sinne des VDZ, gleichwohl nach geltendem Recht illegal, entledigte sich im Jahr 2008 der Zoo Magdeburg dreier "unbrauchbarer" Sibirischer Tiger. Die drei Tiere - Angehörige einer akut vom Aussterben bedrohten Art - wurden getötet, da sie nicht die "genetische Variabilität einer Unterart" aufwiesen, sprich: nicht "reinrassig" und damit zuchtuntauglich waren. (Der zuständige Zoodirektor sowie drei seiner Mitarbeiter, darunter der angestellte Zootierarzt, wurden in der Folge auf Grundlage von § 17 Nr 1 TierSchG rechtskräftig verurteilt, da es bei der Tötung der Tiger an einem "vernünftigen Grund" gefehlt habe; diese sei, so das Landgericht Magdeburg, bestätigt vom OLG Naumburg, weder erforderlich noch angemessen gewesen.

Der Verband Deutscher Zoodirektoren nahm das Urteil "mit Befremden" zur Kenntnis und verwies darauf, dass der Weltzooverband WAZA sich "eindeutig hinter das Vorgehen des Magdeburger Zoos" gestellt habe. Wie das "Befremden" des VDZ über das Gerichtsurteil in Einklang zu bringen ist mit der Forderung an jedes Verbandsmitglied, also auch an den Magdeburger Zoo, sich strikt an geltendes Recht zu halten, bleibt unerfindlich. Ob die Tötung des 18 Monate alten Giraffenbullen MARIUS im Zoo von Kopenhagen nach dänischem Recht statthaft war, bedarf noch der Klärung.

Interessanterweise fand just an dem Wochenende, an dem MARIUS öffentlich geschlachtet wurde, in Dresden die alljährliche Konferenz der Zoobetreiber "ZooKunft 2014" statt, auf der eine "klarere Auslegung" des TierSchG gefordert wurde mit Blick darauf,

was als "vernünftiger Tötungs-grund" für Zootiere zu gelten habe.

Es versteht sich, dass in den europäischen Zoos jährlich zig-tausende Tiere getötet werden, nach denen, sofern es sich nicht um publikumsattraktive und in-sofern individuell bekannte Großsäuger handelt, in aller Regel "kein Hahn kräht".

Einen Zoo, so Tierhändler Harald Brinkop in unverblüm-ter Offenheit, könne man mit Fug und Recht als "modernen Schlachthof" bezeichnen. □

taz 16.12.2011

Hinter Gittern und Panzerglas

Verdammt zum Dasein als Zerrbild im Zoo

Tiere gucken gehen, die hinter Eisengittern, Elektrozäunen und Isolierglas zur Schau gestellt werden, hat viel an Reiz verloren. In einer globalisierten und medialisierten Welt wollen immer weniger Menschen exotische Wildtiere sehen, die, eingesperrt und jeder natürlichen Regung beraubt, in Betonbunkern vor sich hin vegetie-ren. Außer jene, die sich daran erfreuen, dass es anderen noch mieser geht als ihnen selbst. Doch die können sich einen Zoobesuch kaum mehr leisten, der eine Familie mit zwei Kindern schon mal 50 Euro Eintritt kostet. Zuzüglich Bockwurst und Pommes.

Um zahlungskräftiges Publikum zurückzugewinnen, setzen die Zoos seit geraumer Zeit gezielt auf Disneylandisierung ihrer Anla-

gen: Der Zoo Gelsenkirchen etwa bietet dem Besucher in einer frei-
tragenden Halle den "tropischen Regenwald", samt Orang Utans, die
darin gehalten werden; der Zoo Osnabrück baut gerade eine "Tem-
pelruine aus Angkor Wat" nach als Kulisse für eine seiner Primaten-
gruppen.

Um jeden Preis will man den Eindruck von Tiergefängnissen vermeiden, die die Zoos, trotz aller Kaschierungsversuche, schlichtweg
sind. Da helfen auch klassische Konzerte vor den Tiergehegen (Hamburg) nichts, ebensowenig Biergartenmusik (München), Theateraufführungen (Nürnberg) oder kulinarische Events (Leipzig); auch keine
Halloweenpartys (Köln), bei denen die Pfleger als Vampire oder
Hexen herumlaufen, und erst recht keine Gottesdienste (Bremerhaven), bei denen man die "Schönheit der Geschöpfe Gottes" preist.
Mit den Tieren hat das alles nichts zu tun, sie dienen nur als Staffage,
wie unlängst etwa bei Akt-Shootings im Zoo Dortmund, bei denen
sich ein Nacktmodel vor den Käfigen räkelte.

Dass die Großen Menschenaffen - Schimpansen, Gorillas und
Orang Utans - sich genetisch nur minimal vom Menschen unterscheiden, ist mittlerweile ins Allgemeinwissen eingedrungen. Was aber
wissen wir wirklich über sie? Schimpansen gelten als geborene Spaßmacher. Selbst im Zoo werden sie als solche erlebt, gleichwohl ihr
Dasein, eingesperrt hinter Gittern, alles andere als spaßig ist. Zum
Zerrbild aus Zirkus und Zoo kommt jenes, das in Kino- und TV-
Produktionen vorgeführt wird. Filmschimpansen sind immer gut
drauf, ob nun Cheetah aus den "Tarzan"-Filmen, Judy aus "Daktari"
oder "Unser Charly" aus der gleichnamigen Vorabendserie.

Fest verankert im kollektiven Gedächtnis ist auch der "Planet der
Affen", jener Science-Fiction-Film von 1968, in dem die Affen die
herrschende Spezies sind, die Menschen jagt, versklavt, nach Belieben auch tötet. Die fiktive Affengesellschaft erweist sich als streng
hierarchisch strukturierte theokratische Diktatur: Die Orang Utans
stellen den herrschenden Klerus, Gorillas das Militär, Schimpansen
das Bürgertum. Der zunächst durchaus als gesellschaftskritische
Parabel daherkommende Plot mit seiner Umkehr der Machtverhält-
nisse Mensch-Affe hält diese Linie nicht lange durch. Held ist und
bleibt der Mensch - gespielt passenderweise von US-Redneck

Charlton Heston -, der sich erfolgreich gegen die Übermacht der Affen durchsetzt. Diese erscheinen als korrupt, bigott, faschistoid - und vor allem: dem menschlichen Helden intellektuell heillos unterlegen.

Und die Gorillas? Auch sie kennt man aus dem Zoo, wo sie hinter Gittern oder Panzerglas gehalten werden. Woraus wir lernen: Gorillas sind gefährlich. Nicht umsonst werden Leibwächter von Unterweltgrößen seit je "Gorillas" genannt - in diametralem Gegensatz zur Friedfertigkeit echter Gorillas. Man kennt sie zudem aus Film und Fernsehen: vorneweg durch "King Kong" aus dem Jahr 1933, den Klassiker schlechthin des Monsterfilmgenres: Ein großer schwarzer Affe entblättert eine blonde weiße Frau, weshalb er letztlich von Flugzeugen aus erschossen wird. Wir lernen: Selbst der Größte aller Gorillas kommt nicht gegen die technische Überlegenheit des Homo sapiens an. Das cineastische Rührstück "Gorillas im Nebel" aus dem Jahr 1988 ändert an diesem Bild nichts, zumal der Spielfilm komplett absäuft in seiner eigenen Sentimentalität.

Von Orang Utans wird ein genauso verzerrtes Bild gezeichnet: In "Planet der Affen" stellen sie die korrupte und machtgeile Priester- und Politikerkaste vor. Selbst in dem harmlosen Disney-Trickfilm "Das Dschungelbuch" ist der Orang Utan hinter der Vormachtstellung im Dschungel her: King Louis, der nicht umsonst den Namen des französischen Sonnenkönigs trägt. Besonders tragisch ist das Bild, das ein Orang Utan in dem Horrorstreifen "Link, der Butler" von 1986 abgeben muss: Er bringt reihenweise Menschen um, bis er letztlich selbst getötet wird.

Auch die wiederkehrenden Schutzkampagnen des Europäischen Zoo- und Aquarienverbands EAZA haben mit den Tieren nichts zu tun, sie dienen allenfalls der Aufbesserung des Images, das die Zoos als Tierknäste haben. Sie sollen vorgaukeln, die Zoos dienten dem "Artenschutz", wodurch zum einen das Leid der real eingesperrten Tiere verdeckt wird, die man zu "Botschaftern ihrer Art" hochstilisiert, und zum anderen unter den Teppich gekehrt werden kann, dass gerade die europäischen Zoos es waren, die mit ihren ungezügelten Wildfängen bis heute viele exotische Tierarten an den Rand des Aussterbens brachten. □

Tiere der Bibel

Interessanterweise gibt es unter den Zoodirektoren hierzulande eine Vielzahl gläubiger Christen, die dem Schöpfungsgedanken im Zweifel näher stehen als der Evolutionslehre. Einer davon ist der Direktor des Dortmunder Zoos, Frank Brandstätter, Jahrgang 1966, der, obgleich veritabler Biologe, mit der Behauptung aufwartet, die biblische Schöpfungsgeschichte stimme „in ihrem groben Verlauf" mit der Evolutionstheorie überein: „sie widersprechen sich nicht, sie ergänzen sich".(1) Im Jahre 2010 hat Brandstätter, zusammen mit den Direktoren der angeblich wissenschaftlich geführten Zoos in Köln und Berlin, ein Kinderbuch herausgebracht, in dem er die Tiere, die in der Bibel vorkommen, in Wort und Bild vorstellt. Dagegen wäre nun weiter nichts einzuwenden, stünde das Projekt „Tiere der Bibel" nicht unter ausdrücklich kreationistischen Vorzeichen und damit in offenem Widerspruch zum Bildungsauftrag, den staatlich subventionierte und daher der Wissenschaft verpflichtete Zoos haben. Ziel des Buches, so Brandstätter, sei es, Kinder an die „Schönheit der Schöpfung heranzuführen", in ihnen „Sinn und Geschmack an Gottes Natur auszubilden".(2) Im Eingangskapitel wird dargestellt, wie „Gott die Menschen und Tiere erschaffen hat", im Folgekapitel, wie sehr er sie doch liebt. Groteskerweise dreht sich

Magots oder Berberaffen wurden schon im Alten Testament als „Handelsgut aus dem Reich des Phönizierkönigs Hiram" (im heutigen Libanon) bezeichnet und dienten wohl an den Fürstenhöfen Israels als Belustigungsobjekte [1. Könige 10,-22 / 2.Chronik 9,21]

dieses Kapitel um die Sintflut, in der Gott bekanntlich alle Menschen und Tiere umbringt bis auf jene - zwei von jeder Art -, die er in Noahs Arche überleben läßt. Anstatt die Vernichtung allen Lebens durch einen pathologisch strafwütigen Gott kritisch zu hinterfragen, preist Brandstätter seiner Leserschaft, sprich: den entsprechend zu unterweisenden Kindern, ein eigens für das Buch komponiertes „Noahlied" an, in dem unbedingte Botmäßigkeit ebendiesem Gott gegenüber gefordert wird: „Noah soll die Arche bauen, Noah muß auf Gott vertrauen, Noah tut, was Gott befiehlt..."(3). Das Lied ist auch auf einer begleitenden CD zu hören.

Das aufwändig gestaltete Buch, herausgegeben vom *Bonifatius-werk der deutschen Katholiken*, dient als Handreichung für Bibel-führungen, die mittlerweile in vielen Zoos stattfinden und, so Brand-stätter, sich „zunehmend großer Beliebtheit" erfreuen. Entsprechend zusatzqualifiziertes Personal führt Kindergarten- und Schulgruppen gezielt zu den Käfigen jener Tiere, die an irgendeiner Stelle in der Bibel vorkommen (angeblich 130 Tierarten): Kamele, Esel, Schafe, Leoparden, Pelikane, Eidechsen, Schlangen, Heuschrecken usw. Bei jedem Tier werden die biblischen Referenzstellen verlesen und exegetisch erläutert, dazu werden religionspädagogisch wertvolle Lieder, Gedichte, Gebete und Meditationstexte vorgetragen. Vor dem Groß-katzenkäfig beispielsweise wird die Geschichte des Propheten Daniel erzählt [6,17-25], den man „zur Strafe [=für die Anrufung seines Gottes] in eine Löwengrube den Löwen zum Fraß vorwarf. Sein Gott aber, Jahwe, sandte einen Engel, der ihn beschützte". Auch auf das Brüllen des Löwen „als Symbol für die Auferweckung der Toten durch Christus" kann hingewiesen werden.(4) Vor Aquarien hinge-gen wird aus dem 1. Buch Moses zitiert: „Gott schuf alle Arten von großen Seetieren und anderen Lebewesen, von denen das Wasser wimmelt...", dazu aus dem Markus-Evangelium: „Jesus nahm die fünf Brote und die zwei Fische, schaute zum Himmel und sprach: ,Danke lieber Gott. Du bist groß und mächtig. Du gibst allen Men-schen zu essen!'" Ausführlich wird das Fisch-Symbol erörtert, das gläubige Christen gerne auf dem Kofferraumdeckel ihrer Autos spa-zierenfahren, zudem wird ein (ebenfalls eigens für das Buch kompo-niertes) „Jonalied" gesungen: „Von dem Fisch verschluckt, was kann

jetzt noch Rettung sein?"(5) Zur Vor- und Nachbereitung des Zoobesuches gibt es verschiedene Spiel- und Quizvorschläge, dazu theo-
retische Handreichungen etwa über „Tierschutz in der Bibel" (ver-
fasst von Brandstätter selbst) sowie ein Gespräch mit dem Tierfilmer
Heinz Sielmann, der die mangelnde Ehrfurcht vor Gottes Schöpfung
beklagt, die ursächlich sei für die „immer häufigeren Erdbeben und
Überschwemmungen": Demut und eine Rückbesinnung auf christli-
che Werte tue not.(6) In einem Geleitwort räsonniert auch der frühere Umweltminister Klaus Töpfer (CDU) über den Zusammenhang
zwischen „Ökokatastrophe und einer wachsenden Distanz vieler
Menschen zur Religion", und die seinerzeitige Familien- und heutige
Bundeswehrministerin Ursula von der Leyen (CDU), Schirmherrin
des gesamten Projekts, steuert die Erkenntnis bei, Tiere seien „besonders gut geeignet, um Kindern die Schöpfung ebenso nahezubringen
wie die Bibel".(7)

Nicht zuletzt lassen verschiedene „Promis" sich zu ihrem jeweili-
gen „Lieblingstier in Gottes Schöpfung" aus, Heino etwa oder DJ
Ötzi, bekannt als Interpret grenzdebiler Mitgröhlsongs (z.B. „Burger-
dance")(8); der seinerzeitige Bundespräsident und bekennende
Katholik Christian Wulff teilte mit, sein Lieblingstier in der
Schöpfung sei der Tapir, da „diese Tierfamilie schon etwa 50 Millio-
nen Jahre auf unserer Erde durch die Wälder streift."(9) (Wulffs
Begründung ist insofern nicht ohne Witz, als nach christlichem
Schöpfungsglauben Gott die Erde erst vor weniger als 10.000 Jahren
geschaffen hat. Dass es Tapire tatsächlich erst seit dem mittleren
Miozän gibt, also seit 14 Millionen Jahren, ist da nur von nachrangi-
ger Bedeutung.)

In einem Gespräch über den „Zoo als Lernort des Glaubens" betont der langjährige Berliner Zoodirektor Bernhard Blaszkiewitz (der
auch dem o.b. Bibelbuch des *Bonifatiuswerkes* zugearbeitet hat):
„Mitgeschöpflichkeit zu erfahren, ist für Kinder sehr wichtig. Ob je-
mand von der Mannigfaltigkeit der Natur redet oder von der Mannigfaltigkeit der Schöpfung, das ist ein qualitativer Unterschied." Seit
Jahren schon werden auf seine Anweisung hin Bibelführungen in den
Berliner Zoos veranstaltet. Bezugnehmend auf sich selbst tönt Blaszkiewitz (der über Jahre hinweg in führender Funktion dem erzkatho-

lischen *Ritterorden vom Heiligen Grab zu Jerusalem* zugehörte(10)):
„Wer mit Naturwissenschaft umgeht und dabei nicht diesen im Hintergrund wirkenden Schöpfergott sieht, ist geistlich arm. Wer vielmehr die Natur betrachtet, wer in der Natur lebt, kann den Schöpfergott erkennen."(11) Folgt man den Ausführungen des Heilig-Grab-Ritters Blaszkiewitz, gibt es für derlei gottoffenbarende Naturbetrachtung kaum einen geeigneteren Ort als den Zoo. In einigen Zoos werden insofern auch ökumenische „Freiluftgottesdienste" veranstaltet (bevorzugt vor den Gehegen heimischer Hirschtiere und untermalt von Jagdhornbläsern, womit an die Hubertuslegende angeknüpft wird, derzufolge ein gewisser Pfalzgraf Hubertus von Lüttich [ca.655-727] von einem weißen Hirsch mit einem Kruzifix zwischen dem Geweih zum Christentum bekehrt worden sein soll.) In der Vorweihnachtszeit werden gerne auch „Krippen" mit lebenden Tieren (Kamele, Esel, Schafe etc.) aufgestellt, und selbstredend kommt der „Heilige Nikolaus" mit Rentieren zu Besuch.

Bezeichnenderweise setzen auch und gerade Politiker der christlich-konservativen Ecke sich bevorzugt für Zoos ein: Kanzlerin Angela Merkel beispielsweise macht sich für den Zoo Stralsund stark, Christian Wulff tat dies in seinen Zeiten als Ministerpräsident Niedersachsens für die Zoos in Osnabrück und Hannover (während er zugleich die konventionelle Hühner- und Putenqualhaltung in seinem Bundesland vorantrieb(12)). Richard von Weizsäcker engagierte sich als Bundespräsident für den „Hauptstadtzoo" in Berlin, desgleichen sein Nachfolger Horst Köhler. Auch Helmut Kohl, Norbert Blüm, Wolfgang Schäuble und zahllose andere Unionspolitiker, die ansonsten nicht das Geringste für Tiere übrig haben (außer auf dem Teller), gelten als bekennende Tiergartenfreunde; selbstredend auch Norbert Röttgen, der in seiner Zeit als Bundesumweltminister den Jubiläumsbildband zum 125jährigen Bestehen des *Verbandes Deutscher Zoodirektoren* mit einem Geleitwort schmückte: „Seit es Zoos gibt, sind die Menschen von ihnen fasziniert. Diese Faszination für wildlebende Tiere und ihre Lebensräume hat auch im Zeitalter der vermeintlich perfekten virtuellen Welten nichts von ihrer Kraft eingebüßt, im Gegenteil: Über 40 Millionen Besucher besuchen jedes Jahr die Zoologischen Gärten des VDZ."(13) (Auch wenn die Besucherzahl der dem VDZ angeschlossenen Zoos weit darunter liegt, hat Röttgen prinzipiell recht: Zoos zählen zu den meistbesuchten Freizeiteinrichtungen überhaupt(14) [wobei die angegebenen Zahlen - einschließlich der VDZ-unabhängigen Zoos ist von jährlich mehr als 60 Millionen Besuchern allein in Deutschland die Rede - irreführend sind: viele Menschen besuchen ein und denselben Zoo mehrfach pro Jahr, manche regelmäßig jede Woche oder gar täglich und/oder suchen reihum verschiedene Zoos auf, so dass die Zahl zoobesuchender Menschen tatsächlich nur einen Bruchteil der Zahl registrierter Zoobesuche ausmacht.])

Vor allem aber in der Kommunal- und Landespolitik gibt es kaum einen Mandatsträger, der sich nicht danach drängte, eine Tierpatenschaft zu übernehmen und so mit dem örtlichen Zoo assoziiert zu werden: nicht zuletzt sind die von Röttgen angesprochenen zigMillionen Besucher pro Jahr auch zigMillionen potentielle Wählerstimmen. Der tiefere Grund für das Faible gerade christlich angehauchter Politiker für den Zoo dürfte indes in ihrer christlich geprägten Sicht auf das Verhältnis Mensch-Tier zu suchen sein, die ihrerseits determiniert ist durch den biblischen Unterjochungsauftrag aus dem 1. Buch Moses, in dem Gott selbst den Menschen befiehlt, zu herrschen „über die Fische im Meer und über die Vögel unter dem Himmel und über alles Getier, das auf Erden kriecht" [1.Mose 1,26].(15) Wo sonst würde dieser Auftrag gottgefälliger ausgeführt als im Zoo, der, um hier nicht missverstanden zu werden, auf Juden, Muslime oder sonstig Gläubige, die dem Wahne verfallen sind, als Menschen „Krone der Schöpfung" zu sein, die gleiche Anziehungskraft ausübt wie auf gläubige Christen? □

(1) Brandstätter, Frank: Biblische Tierwelten: Darwin trifft Noah. Dortmund, 2010, S.11
(2) Brandstätter, Frank, et al.: Was für ein Gewimmel: Die Tiere der Bibel für Kinder. Kevelaer, 2010, S.9
(3) ebd. S.19
(4) ebd. S.74 und S.176
(5) ebd. S.128f.
(6) ebd. S.181
(7) ebd. S.5

(8) „DJ Ötzi" ist der Künstlername des österreichischen Bierzeltentertainers Gerhard Friedle (*1971), der mit Songs wie „Burgerdance" („McDonalds, McDonalds, Kentucky Fried Chicken and a Pizza-Hut...") weithin bekannt wurde.
(9) zit.in: Brandstätter, Frank, et al.: Was für ein Gewimmel: Die Tiere der Bibel für Kinder. Kevelaer, 2010
(10) www.ritterorden.de/ritterorden_xslt/investituren/Erfurt_2008/Erfurt_Bericht. php [22.4.2012] Blaszkiewitz firmierte von 2003 bis 2011 als Leiter der Berliner Komturei.
(11) www.bonifatiuswerk.de/fileadmin/user_upload/bilder/Pressefotos/Kinderhilfe-Jubilaeum/Interview_Blaszkiewitz_01.doc [2.4.2012]
(12) www.peta.de/web/tierrechtsbewegung.3423.html [20.6.2012]
(13) Röttgen, Norbert: Geleit. in: Verband deutscher Zoodirektoren (Hrsg.): Gärten für Tiere: Erlebnisse für Menschen (Geleitwort). Köln, 2012, S.7
(14) vgl. www.zoodirektoren.de/magazin/artikel.php?artikel=3883&type= 2& menuid=11&topmenu=10 [22.7.2012]
(15) www.bibel-online.net/buch/luther_1912/1_mose/9/ [15.1.2012]

Tierstudien 7, 4/2015

Nazi-Zoos

Die deutschen Tiergärten zwischen 1933 und 1945

Die 1793 eröffnete Ménagerie im *Jardin des Plantes* von Paris gilt als erster Zoo „moderner" Prägung. Bestückt mit übriggebliebenen Tieren aus der königlichen Tiersammlung im Schlosspark von Versailles diente sie als Modell für eine Vielzahl weiterer Zoogründungen in ganz Europa. Auch der Mitte des 16. Jahrhunderts schon begründete Tiergarten im Schlosspark von Schönbrunn bei Wien wurde entsprechend umgestaltet und der Öffentlichkeit zugänig gemacht; er existiert als älteste Tiersammlung der Welt bis heute.

Ab den 1820er Jahren formierte sich in England eine ganze Reihe bürgerlicher Zoogesellschaften mit dem Ziel, eigene zoologische Einrichtungen zu etablieren. Im Gegensatz zu den fürstlichen Tiersammlungen und Ménagerien des 16. bis 18. Jahrhunderts sollten diese Einrichtungen naturwissenschaftlicher Forschung und Lehre verschrieben sein. Der erste dieser Zoos wurde 1828 in London begründet, gefolgt kurz darauf von Zoos in Dublin 1831, Bristol 1835, Manchester 1837, Edinburgh 1839 und Leeds 1840.

1838 öffnete in Amsterdam der erste nicht-britische Zoo (abgesehen vom Pariser *Jardin des Plantes* und dem *Tiergarten Schönbrunn*) seine Tore, 1843 der Zoo Antwerpen und 1844 als erster bürgerlicher, wenngleich von der Gunst des preußischen Königshauses abhängiger Tiergarten Deutschlands der Zoo Berlin. Weitere Zoogründungen folgten in Frankfurt am Main 1858, Köln 1860, Dresden 1861, Hamburg 1863, Hannover 1865 und Karlsruhe 1865. Bis zur Jahrhundertwende wurden in ganz Europa - vornehmlich in Ländern, die als Kolonialmächte unbegrenzten Zugriff auf Nachschub an Wildtieren hatten (d.h. in Russland, Frankreich, Dänemark, Portugal, Spanien, den Niederlanden, ab 1871 auch im Deutschen Kaiserreich) - nicht weniger als dreißig weitere Großzoos etabliert; zu den bereits bestehenden deutschen Einrichtungen, die ihren Bestand an exotischen Tieren bis dahin über Handelsbeziehungen bzw. eine regelmäßig im Zoo Antwerpen stattfindende Tierversteigerungsbörse aufgebaut hatten, kamen vier weitere hinzu (Münster 1874, Leipzig 1878, Wuppertal 1881, Rostock 1899). Außerhalb Europas gab es nur sehr vereinzelt Zoogründungen, die meisten davon entstanden in den Kolonialländern selbst, aus denen die Wildtiere für die europäischen Zoos bezogen wurden und dienten insofern als Sammel- und Umschlagplätze (Melbourne, 1862, Djakarta 1864, Hongkong 1871, Kalkutta 1875, Kairo 1891, Pretoria 1898). Eine ähnliche Zoogründungswelle wie in Europa gab es nur in den (von europäischen Einwanderern dominierten) USA, wo zwischen 1855 und 1899 vierzehn Großzoos und ungezählte kleinere Einrichtungen entstanden. (1)

Nach der Jahrhundertwende setzten sich die Zoogründungen vor allem im Deutschen Reich nahtlos fort: allein bis zu Beginn des Ersten Weltkrieges wurden fünf weitere Großzoos eingerichtet (Halle 1901, Landau i.d. Pfalz 1904, Hamburg 1907, München 1911, Nürnberg 1912), daneben, wie auch schon im ausgehenden 19. Jahrhundert, eine Vielzahl kleinerer Tiergärten, Schaugehege und Aquarien.

Mit Ausbruch des Krieges kollabierte das bis dahin prosperierende Tiergartenwesen nachgerade schlagartig. Aufgrund der ausbleibenden Besucher gerieten viele nach kürzester Zeit an den Rand des Ruins. Hinzu kamen Versorgungsengpässe bei Fleisch und Getreide, so dass zahllose Zootiere an Mangelernährung starben; viele wurden auch geschlachtet und an andere Tiere verfüttert bzw. an Fleischhändler verkauft. Die leerstehenden Gehegehäuser wurden nicht mehr instandgehalten, die Attraktivität der Zoos sank auf den Nullpunkt.

Auch nach dem Krieg übten die mühsam wieder in Gang gesetzten Zoos nur wenig Anziehungskraft aus; ganz abgesehen davon, dass die Hyperinflation in den Anfangsjahren der Weimarer Republik den Menschen kaum die Möglichkeit gab, sich irgendwelche Freizeitvergnügungen leisten zu können.

Viele der bis zum Ersten Weltkrieg von Aktiengesellschaften oder privaten Trägervereinen betriebenen Zoos konnten nur dadurch über Wasser gehalten werden, dass sie in kommunale Trägerschaft überführt und aus öffentlichen Mitteln bezuschusst wurden; einige, wie etwa der Zoo Hannover, gingen trotzdem pleite. Auch dem Frankfurter Zoo drohte die Schließung. Obgleich die Stadt, die schon 1915 die Trägerschaft übernommen hatte, erhebliche Steuermittel in den Erhalt des Zoos pumpte und diesen mit allerlei Neuerungen versah, mithin einer eigenen Kinematographenbühne oder kostenfreiem Ausschank von Frischmilch, blieben die Besucherzahlen weit hinter den Erfordernissen für einen einigermaßen wirtschaftlichen Betrieb zurück.

Auch andernorts lief es nicht besser. Gleichwohl ab 1924, vor allem über Handelsbeziehungen der Firma *Hagenbeck*, wieder exotische Wildtiere aus dem Ausland bezogen werden konnten, gelang es nur schleppend, wenn überhaupt, die alte Attraktivität wiederherzustellen. In vielen Zoos versuchte man, über Rummelplatzattraktionen - Achterbahnen, Krinolinen, Kasperletheater oder Schießbuden - Besucher zurückzugewinnen. Auch Zirkusshows wurden veranstaltet, bei denen Seelöwen, Tiger, Elefanten und andere Wildtiere andressierte „Kunststücke" zeigen mussten.(2) Im Berliner Zoo etwa mußten Schimpansenkinder mit Tellern, Tassen und einer großen

Kaffeekanne hantieren und dabei antrainierte Slapsticks vorführen. Einer der Dresdner Schimpansen wurde in einen bayerischen Trachtenanzug gesteckt und mußte zum Vergnügen der Besucher Fahrradfahren oder auf einer Geige spielen. Trotz all solcher Anstrengungen kamen die Zoos indes nicht mehr richtig auf die Beine.

Tierhag
Erst ab 1933 ging es wieder aufwärts. Großzügig gefördert durch die neuen Machthaber konnten heruntergekommene Anlagen instandgesetzt bzw. durch Neubauten ersetzt werden. In zahlreichen Städten wurden mit finanzieller und propagandistischer Unterstützung der Nationalsozialisten neue Zoos eingerichtet, 1936 etwa - „im dritten Jahre der nationalen Erhebung unter der Führung Adolf Hitlers",(3) wie es in einer hakenkreuzverzierten Gründungsurkunde hieß - der Zoo Osnabrück, für den „Reichsjägermeister" Hermann Göring sich persönlich verwandte; auch der im Jahr darauf eröffnete Zoo Augsburg erfuhr Förderung von höchster Stelle: der seinerzeitige bayerische Ministerpräsident Ludwig Siebert (NSDAP) setzte sich nachdrücklich für den zeitgeistig als „Tierhag" bezeichneten Zoo ein. Sämtliche Zooneugründungen der 1930er – Bochum 1933, Duisburg 1934, Heidelberg 1934, Ulm 1935, Rheine 1937, Straubing 1937 oder Krefeld 1938 – wurden entweder von NS-Funktionären initiiert oder von ihnen nach Kräften unterstützt und vorangetrieben.

Am deutlichsten wird der Stellenwert, den die Nazis der Einrichtung „Zoo" zumassen, im Blick auf die Umsiedelung des seit 1912 schon bestehenden Nürnberger Tiergartens, der der geplanten Erweiterung des Reichsparteitagsgeländes weichen musste. Bezuschusst mit der damals ungeheuren Summe von 4,3 Millionen Reichsmark wurde der Zoo ab 1937 auf einem vielfach größeren Areal etwas außerhalb der Stadt neu angelegt (zum Vergleich: das Monatseinkommen eines Facharbeiters lag bei durchschnittlich 172 RM). Die Gehege-, Betriebs- und Verwaltungsbauten wurden ganz im Stil der völkischen „Heimatschutzarchitektur" errichtet, wie die Nazis sie auch für ihre Siedlungsbauten bevorzugten. Nürnbergs NSDAP-Oberbürgermeister Willy Liebel, SA-Mann der ersten Stunde und späterer Mitarbeiter Albert Speers, überwachte die Baumaßnahmen höchstpersönlich. Als Bauleiter fungierte NS-Architekt Walter Brugmann. Der Eröffnung am 5. Mai 1939 wohnte jede Menge Nazi-Prominenz bei, die sich von dem neugestalteten Zoo hellauf begeistert zeigte. Hitler, der schon ein paar Tage zuvor einen Privatrundgang unternommen hatte, soll , wie die Presse berichtete, den Zoo als „schönsten Tiergarten Deutschlands" belobigt haben.(4)

Hitler mit dem Nürnberger OB Willy Liebel beim Privatrundgang durch den Tiergarten am 2. Mai 1939

Zoodynastie Heck

Ein bezeichnendes Licht auf das Verhältnis des Nationalsozialismus zur Institution „Zoo" wirft auch die Geschichte der Zoodynastie Heck: Der seit 1931 als Direktor des Berliner Zoos firmierende Lutz Heck (1892-1983) war schon 1933 offizielles „Fördermitglied der SS" geworden, 1937 trat er der NSDAP bei. Er stand in engem freundschaftlichem Kontakt zu Göring, mit dem er seine Leidenschaft für Großwildjagd teilte. Tatsächlich ging er bei Göring ein und aus, immer wieder war er auch auf dessen Reichsjägerhof in der Rominter Heide zu Gast. Die pseudowissenschaftlichen Experimente, die er zur „Rückzüchtung" von Auerochsen und Wisenten betrieb,

74

wurden von Göring höchstpersönlich gefördert. 1938 erhielt Heck anläßlich des „Führergeburtstages" den Titel eines Professors verliehen, zwei Jahre später wurde er, zusätzlich zu seiner Tätigkeit als Zoodirektor, zum Leiter der Obersten NS-Naturschutzbehörde ernannt. Im selben Jahr erhielt er von der Preußischen Akademie der Wissenschaften die silberne Leibniz-Medaille für seine „wissenschaftliche und volksbildende" Tätigkeit zuerkannt, gefolgt von zahlreichen weiteren Ehrungen und Preisen des NS-Staates.(5)

Göring sorgte auch dafür, dass der Berliner Zoo 1935 eine reich bemessene Geländeschenkung aus preußischem Staatsbesitz erhielt, die es Heck erlaubte, angrenzend an die bestehenden Anlagen einen eigenständigen „Deutschen Zoo" einzurichten. In künstlich geschaffenen Felsgehegen wurden Bären, Wölfe und andere „deutsche" Tiere untergebracht, mithin Füchse, Wildkatzen und Luchse; dazu gab es ein Biber- und Fischotterbecken sowie Volieren für Auer- und Birkhühner. An einigen der Gehege wurden zur Verdeutlichung des Deutschtums der darin gezeigten Tiere eigens kleine Hakenkreuze angebracht. Auch in anderen Zoos wurden „Hegestätten deutscher Tierwelt" eingerichtet.(6)

Die Idee eines „Deutschen Zoos" hatte bereits Ludwig Heck (1860-1951) verfolgt, Vater von Lutz Heck, der als Amtsvorgänger seines Sohnes dreiundvierzig Jahre lang [!] den Berliner Zoo geleitet hatte. Finanziert von Wilhelm II. hatte er schon um die Jahrhundertwende eine „vaterländische Sammlung" angelegt, in der Raubtiere, Eulen und Greifvögel aus „deutschen Landen" gezeigt wurden; die „deutschen" Tiere waren allerdings über das ganze Zoogelände verteilt gewesen, erst Mitte der 1930er wurden sie in einem eigenständigen Bereich zusammengefasst. Auch Ludwig Heck war überzeugter Nazi. In seiner 1938 vorgelegten Autobiographie rühmte er sich, schon Nationalsozialist gewesen zu sein lange bevor man das Wort überhaupt erfunden habe.(7) Anlässlich seines 80. Geburtstages wurde er vom „Führer" höchstpersönlich mit der „Goethe-Medaille für Kunst und Wissenschaft", der höchsten „Kulturauszeichnung" des NS-Staates, geehrt.

Auch Ludwig Hecks zweiter Sohn Heinz (1894-1982) war Zoodirektor, und auch er war eng in das NS-Regime verstrickt. Ab 1928 leitete er den Münchner Tierpark Hellabrunn, in dem er sich, ebenso wie sein Bruder Lutz in Berlin, mit der „Rückzüchtung" von Auerochsen, Wisenten und Wildpferden befasste; auch seine pseudowissenschaftlichen Zuchtversuche wurden von „Reichsjägermeister" Göring mit großzügigen Fördermitteln ausgestattet.

Nach dem Krieg wurden Lutz und Heinz Heck aus dem *Verband Deutscher Zoodirektoren* ausgeschlossen.(8) Auf der Website des *VDZ* findet sich dafür folgende Erklärung: „Geheimrat [Ludwig] Heck und seine beiden Söhne [=Lutz und Heinz Heck] haben sich um die von ihnen geleiteten Zoos unbestreitbar große Verdienste geschaffen und deren Entwicklung nachhaltig beeinflusst. Bei ihrer Würdigung darf aber nicht verschwiegen werden, dass ihre Beziehung zu Ideologie und Führerschaft des Dritten Reiches eine Form hatte, die weit hinausging über Mitläuferschaft und bloßes deutschnationales Denken, wie es auch bei anderen Zoodirektoren aus jener Zeit festgestellt werden kann. Vielmehr stellten sich Vater und Söhne aktiv in den Dienst der nationalsozialistischen Ideologie, die Söhne als Mitglieder der NSDAP und Fördermitglieder der SS. (...) Zudem unterhielt die Familie Heck freundschaftliche Beziehungen zu Personen der obersten Führungsetage des Dritten Reiches."(9) Mit Blick auf Heinz Heck wird in einem Jubiläumsband zum 100jährigen Bestehen des Tierparks Hellabrunn im Jahre 2011 das genaue Gegenteil behauptet: „Heinz Heck war der einzige deutsche Zoodirektor, der bis zuletzt nicht Mitglied der NSDAP wurde. Es gelang ihm sogar, den Tierpark Hellabrunn weitestgehend aus Verwicklungen mit dem nationalsozialistischen Regime herauszuhalten." Und dies, obgleich die „Nationalsozialisten dem Tierpark mit größtem Interesse" begegneten, ließen sich doch „Hecks Tierzuchtprogramme wie die Rückzüchtung von Auerochsen gut mit der herrschenden Rassenideologie vereinbaren". Allenfalls seien Hecks Zuchtprogramme von den Nazis „instrumentalisiert" worden, wie sie den Münchner Tierpark insgesamt zu einer „bedeutenden Institution der neuen deutschen Wissenschaft stilisiert" hätten. Heck selbst sei, wie die weit überwiegende Mehrzahl seiner Untergebenen, in „keiner nationalsozialistischen Organisation tätig" gewesen.(10) Nachweislich jedenfalls war Heinz Heck an einem Projekt der „Forschungsgemeinschaft Deutsches

Ahnenerbe" beteiligt, einer 1935 von „Reichsführer SS" Heinrich Himmler begründeten Einrichtung, deren Gesamtzweck darin lag, die NS-Rassenideologie „wissenschaftlich" zu unterfüttern.(11)

NS-Biologie und vorgeblicher Tierschutz

Tatsächlich eigneten sich die Tiergärten hervorragend als NS-Propagandainstrumente: sie dienten als Stätten „darstellender Biologie", in denen zentrale ideologische Themen des NS-Staates wie Vererbungslehre oder Rassenkunde anschaulich gemacht werden konnten. Die Verbreitung und Festigung „biologischen Gedankenguts" galt als „Kernstück der deutschen Volksbildung".(12) Hinzu kam, dass die Gehegeabteilungen mit „deutschen" Tieren zur Stärkung vaterländischer Volksgesinnung beitragen sollten.(13) Mit „exotischen" Tieren konnte überdies Propaganda für die Wiedergewinnung der ehemaligen deutschen Kolonien gemacht werden, wozu auch eine NSDAP-geförderte „Deutsche Afrika-Schau" diente, die nach dem Vorbild der Hagenbeckschen „Völkerschauen" ab 1935 durch die Lande tourte.(14)

Auch Tierschutz spielte eine wesentliche Rolle in der verlautbarten Werteordnung des Nationalsozialismus. Mit Tierschutzpropaganda konnte man populistisch geschickt anknüpfen an eine seit dem ausgehenden 19. Jahrhundert schon sich entwickelnde und in hunderten von Vereinen organisierte Hinwendung zu Natur- und Tierschutz in breiten Teilen der Bevölkerung. Mit der Vereinnahmung der Idee

„Reichsjägermeister" und Zooförderer Hermann Göring, 1936

samt nachfolgender Gleichschaltung der zahllosen Tierschutz- und Antivivisektionsvereine konnte zudem einer schwelenden Protestbewegung der Boden entzogen werden. In der Tat fand der Tierschutzgedanke schon unmittelbar nach der sogenannten Machtergreifung Niederschlag in den ersten erlassenen NS-Gesetzen: Schon im April 1933 wurde das Schlachten warmblütiger Tiere ohne Betäubung verboten, kurze Zeit darauf wurde das Strafmaß für Tierquälerei erheblich verschärft: die Nazis rühmten sich insofern der "besten Tierschutzgesetzgebung der Welt".(15) In Wirklichkeit aber war die NS-Novellierung der Weimarer Gesetze weniger von tierethischen Motiven getragen, als vielmehr von der Absicht, damit ein Druck- und Sanktionsmittel gegen die jüdische Bevölkerung in die Hand zu bekommen: das Verbot, Schlachttiere ohne Betäubung zu töten, stellte das jüdisch-orthodoxe Schächten unter Strafe.(16)

Die NS-Prominenz gab sich betont tierfreundlich: Hitler etwa ließ sich gerne mit seinen Hunden ablichten, auch Kitschpostkarten, auf denen er Rehkitze tätschelt, waren weitverbreitet; desgleichen der Mythos, er ernähre sich rein vegetarisch. Selbst Göring als passionierter Jäger oder Himmler, der vor seiner Karriere in der SS eine Hühnermastanstalt vor den Toren Münchens betrieben hatte, stellten sich als engagierte Tierschützer dar; Göring vor allem als Gönner und Förderer zoologischer Gärten. Die Zoos in Berlin und Dresden wurden unter seiner Schirmherrschaft weitläufig ausgebaut; aber auch kleinere Zoos wurden von ihm begünstigt: dem Heimattiergarten Neunkirchen etwa schenkte er einen seiner privat gehaltenen Löwen. Auch Hitler selbst gerierte sich als Tiergartenfreund: den Münchner Tierpark Hellabrunn etwa beschenkte er mit fünfzig Mandarinenten und zwei Giraffen.

Auch nach Kriegsbeginn 1939 blieben die Zoos weiterhin gut besucht: die fortdauernde Propaganda der Nazis sorgte dafür, dass der sonntägliche Familienausflug in den Zoo zum unverzichtbaren Teil deutscher Alltagskultur wurde. In vielen Zoos, beispielsweise dem Münchner Tierpark Hellabrunn, gab es Sonderkonditionen für Wehrmachtsangehörige auf Heimaturlaub. Auch von Versorgungsengpässen wie zu Beginn des Ersten Weltkrieges blieben die Zoos weitgehend verschont.

Mit den flächendeckenden Bombardements deutscher Großstädte ab Frühjahr 1942 änderte sich das Bild schlagartig: viele der Zoos wurden schwer beschädigt, einige davon - Frankfurt, Münster, Dresden - wurden praktisch dem Erdboden gleichgemacht. Da auf Anweisung Görings der Zoobetrieb bis zuletzt hatte aufrechterhalten werden müssen - viele Zoos waren bis Ende 1944 geöffnet -, waren nur wenige Tiere ausgelagert worden: zigtausende von Zootieren kamen bei den Bombenangriffen zu Tode. Im Berliner Zoo, der zu den tier- und artenreichsten Zoos Welt gezählt hatte, überlebten nur ein paar Dutzend. Vielerorts wurden überlebende Tiere auf behördliche Anweisung hin erschossen oder fielen Plünderungen zum Opfer.

Verdrängen und Vertuschen

Eine wirkliche Aufarbeitung der Verstrickung der deutschen Zoos in den Nationalsozialismus wurde bis heute nicht vorgenommen. In den Verlautbarungen heutiger Zoos und Zooverbände wird die Geschichte zwischen 1933 und 1945 entweder komplett verschwiegen oder aber abgestritten, kaschiert, verharmlost und beschönigt. In einer bis heute für den Zoounterricht verwendeten Materialsammlung des *Verbandes deutschsprachiger Zoopädagogen e.V.* aus dem Jahr 2001 heißt es: „Während der nationalsozialistischen Herrschaft machten die deutschen Zoos keinerlei Fortschritte. (...) Die Nazis - vielleicht mit Ausnahme Hermann Görings - interessierten sich nicht für Zoos."(17)

Unter dem Titel „Gebaut unter Hitler und doch kein Nazi-Zoo" vermerkt der hauseigene Geschichtsschreiber des Nürnberger Tiergartens, es sei das „Interesse der Parteispitze [der NSDAP] am damals größten deutschen Tiergarten eher gering" gewesen.(18) Bei der Einweihung am 5. Mai 1939 habe „die oberste Führung aus Berlin durch Abwesenheit" geglänzt, wie überhaupt die „Nazis offenbar wenig Interesse an zoologischen Gärten" gehabt hätten. Belegt wird diese Auffassung mit dem Hinweis darauf, dass das Titelbild des zur Eröffnung vorgelegten „Tiergarten-Führers" einen „überlebensgroßen Orang-Utan" zeige; zudem seien „drei (exotische) Flamingos zu sehen und ein Wisent oder Bison, der auf der Wiese steht. Da im Text ausdrücklich erwähnt wird, dass der Europäische Wisent im Gegensatz zum Amerikanischen Bison ein Waldtier ist, dürfte auf dem Cover keine ‚einheimische' Tierart abgebildet sein. Auch unterbleibt in der Publikation jede sprachliche Germanisierung der mitteleuropäischen Fauna". Im Übrigen seien auf der Einladungskarte zur „Eröffnung des neuen Tiergartens (…) keine Parteisymbole" aufgedruckt gewesen.(19)

Das Verdrängen und Vertuschen hat System: Noch bis fast sechzig Jahre nach Kriegsende weigerte sich etwa der Zoo Berlin zuzugeben, dass nach der „Machtergreifung" der Nazis jüdische Zoo-Aktionäre gezwungen worden waren, ihre Anteile zu Spottpreisen zu veräußern; desgleichen, dass ab 1939 Juden der Zutritt zum Berliner Zoo verboten worden war. In einer Studie des *Zentrums für Antisemitismusforschung* der TU Berlin von 2002 wurde nachgewiesen, dass „die Zooleitung den Ausschluß der Juden in allen Bereichen mit eigenständigen Initiativen betrieben hatte und im vorauseilenden Gehorsam mit allen Maßnahmen den nationalsozialistischen Sondergesetzen zuvorgekommen war."(20) Auch andere Zoos durften von Juden nicht mehr betreten werden.

Die Direktoren und Verwaltungsräte der deutschen Großzoos standen den Nazis durchwegs höchst wohlwollend gegenüber. Soweit rekonstruierbar gehörten sie spätestens seit 1937 ausnahmslos der NSDAP und/oder sonstigen Gliederungen des NS-Staates an, viele in hochrangigen Funktionen. Im Vorstand des Aktienvereins des Berliner Zoos beispielsweise saß seit 1936 der Generalleutnant der Waffen-SS Ewald von Massow; der Heidelberger Zoo war überhaupt erst mit Geldern des NSDAP-Förderers und späteren NS-Wehrwirtschaftsführers Carl Bosch begründet worden. Auch der Dresdner Zoodirektor und Zoologieprofessor Gustav Brandes bekannte sich offensiv zu den Nationalsozialisten: wie selbstverständlich zählte er zu den Unterzeichnern des „Bekenntnis(ses) der Professoren an den deutschen Universitäten und Hochschulen zu Adolf Hitler und dem nationalsozialistischen Staat" vom 11. November 1933.(21)

Nach dem Krieg blieb die Mehrzahl der NS-belasteten Zoodirektoren unbeanstandet im Amt. Bei einigen wurde eine kurze Schamfrist eingelegt, dann wurden sie erneut in ihre alten Positionen berufen. Der Zoologe Karl Max Schneider etwa, seit 1934 Direktor des Leipziger Zoos, wurde seiner NSDAP-Mitgliedschaft wegen 1945 entlassen, im Jahr darauf aber anstandslos wieder eingestellt. 1952 erhielt er überdies eine Professur an der Leipziger Universität, zeitgleich wurde er zum Präsidenten des *Verbandes Deutscher Zoodirektoren* gewählt. Eine ähnliche Karriere legte sein langjähriger Stellvertreter Heinrich Dathe hin: 1932 bereits der NSDAP beigetreten, musste er 1945 seinen Posten im Zoo räumen, wurde aber bald darauf erneut berufen; zugleich bekam er einen Lehrauftrag, später sogar eine Professur, an der Universität Leipzig. Ab 1954 baute er im Auftrag des Staatsrates der DDR den Tierpark (Ost-)Berlin auf, den er, hochehrengeachtet, bis zu seiner Pensionierung im Jahre 1990 leitete. Bezeichnend ist auch die Karriere des Veterinärmediziners Friedrich Schmidt-Hoensdorf, der seit 1929 den Zoo Halle geleitet hatte: trotz langjähriger Mitgliedschaft in der NSDAP, im SS-Reitersturm und in anderen NS-Gliederungen erhielt er nach dem Krieg problemfrei eine Professur an der FU Berlin; von 1954 bis zu seinem Tod 1967 gehörte er unbeanstandet auch dem Aufsichtsrat des Zoologischen Gartens Berlin an.

In den Annalen der jeweiligen Zoos bleiben die NSDAP-Mitgliedschaften der seinerzeitigen Direktoren, Verwaltungsräte und Geldgeber bis auf wenige Ausnahmen unerwähnt. Bis heute sind sowohl nach Schneider als auch nach Dathe öffentliche Schulen benannt, desgleichen nach Ludwig Heck, Carl Bosch und anderen der NS-Ideologie verbundene und/oder dienstbare Persönlichkeiten. Zu Ehren Ludwig Hecks erschien 1957 eine Sonderbriefmarke, zu Ehren seines Sohnes Lutz stellte man 1984 eine Bronzebüste im Berliner Zoo auf, die heute noch dort steht. Auch innerhalb des *Verbandes Deutscher Zoodirektoren* ist die Heck-Dynastie längst wieder salonfähig: In einem Jubiläumsband zum 125jährigen Bestehen des Verbandes aus dem Jahre 2012 werden alle drei Hecks als „berühmte Tiergärtner" gewürdigt, die, obgleich eng mit dem Nationalsozialismus verbunden, doch Großes für das Zoowesen geleistet hätten.(22) Dass es dem Verband kurz nach dem Krieg opportun erschienen war, demonstrativ auf Abstand zu den Hecks zu gehen, deren persönliche Nähe zu den braunen Machthabern schlechterdings nicht zu leugnen gewesen war, erlaubt es ihm bis heute, mit Verweis auf ebendiese Distanzierung einen kritischen Umgang mit der eigenen Geschichte vorzugaukeln und damit die Verflechtung des *gesamten deutschen Zoowesens* in das NS-Regime zu verschleiern. Weitere Auseinandersetzung des *VDZ* mit seiner und der Rolle der deutschen Zoos zwischen 1933 und 1945 – über den Umstand hinaus, dass man den tümelnden Verbandsnamen im Sommer 2014 in *Verband der Zoologischen Gärten e.V.* abänderte – gibt es erkennbar nicht.(23)

Nicht unerwähnt bleiben darf an dieser Stelle der Säulenheilige aller Zoo-Zoologie, Bernhard Grzimek (1909-1987), der ab 1945 den Frankfurter Zoo leitete. Grzimek war 1933 der SA und 1937 der NSDAP beigetreten; von 1938 bis Kriegsende war er als Regierungsrat im NS-Reichsernährungsministerium tätig. Auch wenn er seine Verstrickung in den Machtapparat der Nationalsozialisten zeitlebens verschwieg bzw. abstritt, gilt diese doch als erwiesen.(24) Selbstredend wird auch er in der *VDZ*-Ehrenriege als „berühmter Tiergärtner" geführt, der, obgleich „seit 1937 NSDAP-Mitglied gewesen, sich aber nie im Sinne der Partei betätigt" habe.(25) Verdrängung und Vertuschung bis heute. □

(1) Eric Baratay/Elisabeth Hardouin-Fugier: Zoo. Von der Menagerie zum Tierpark. Berlin: Wagenbach 2000.
(2) Sebastian Gleixner: Weltkrieg und Ende auf Widerruf 1914-1923. Der Tierpark in schweren Zeiten. In: Michael Kamp/Helmut Zedelmaier (Hrsg.): Nilpferde an der Isar. Die Geschichte des Tierparks Hellabrunn in München. München: Buchendorfer Verlag 2000, S. 88-111.
(3) Andreas Budemann (Hrsg.) 75 Jahre Osnabrück. Das Geburtstagsmagazin 2011. Osnabrück: E.i.S. 2011, S.7. Die hakenkreuzverzierte „Urkunde über die Grundsteinlegung zum Heimat-Tiergarten in Osnabrück" vom 19. September 1935 ist in einer Größe von 40x48 mm nur mit Lupe zu entziffern.
(4) Hartmut Voigt: Der Tiergarten feiert am Samstag seinen Geburtstag. www.nordbayern.de/freizeit/tiergarten/der-tiergarten-feiert-am-samstag-seinen-geburtstag-1.2058720 (Zugriff am 28.10.2014).
(5) Kai Artinger: Der "Vater der Rominter Ure". Bemerkungen zum wissenschaftlichen Leiter des Berliner Zoos im Nationalsozialismus. www.diegeschichte berlins.de/geschichteberlins/persoenlichkeiten/persoenlichkeitenhn/491-heck.html?573da0f5e1c688030bddf01b36b05e41=eb10d53492a9becf671fbc09f52 27005 (Zugriff am 28.08.2014).
(6) ebd.
(7) Ludwig Heck: Heiter-ernste Lebensbeichte. Erinnerungen eines alten Tier-

gärtners. Berlin: Deutscher Verlag 1938, S.373 (Im Original heißt es: "Meine Söhne haben mir neuerdings öfter gesagt: ‚Du warst schon Nationalsozialist, du hast uns schon nationalsozialistische Weltanschauung gepredigt, lange ehe das Wort erfunden war.' Das ist richtig;...").

(8) Der Spiegel: Berliner Zoo. Urmacher unerwünscht. www.spiegel.de/spiegel/print/d-28956824.html (Zugriff am 30.11.2014).

(9) Verband Deutscher Zoodirektoren: Die Heck-Dynastie. www.hyperworx.de/zoodirektoren/staticsite/staticsite.php%3Fmenuid=131&topmenu=20&keepmenu=inactive.html (Zugriff am 10.04.2013).

(10) Helmut Zedelmaier/Michael Kamp: Hellabrunn. Geschichte und Geschichten des Münchner Tierparks. München: Bassermann-Verlag, 2011, S.80-81.

(11) Kai Artinger: Der "Vater der Rominter Ure". Bemerkungen zum wissenschaftlichen Leiter des Berliner Zoos im Nationalsozialismus. www.diegeschichte berlins.de/geschichteberlins/persoenlichkeiten/persoenlichkeitenhn/491-heck.html?573da0f5e1c688030bddf01b36b05e41=eb10d53492a9becf671fbc09f52 27005 (Zugriff am 28.08.2014).

(12) Änne Bäumer: NS-Biologie. Stuttgart: S.Hirzel Verlag, S.113-122.

(13) Kai Artinger: Der "Vater der Rominter Ure". Bemerkungen zum wissenschaftlichen Leiter des Berliner Zoos im Nationalsozialismus. www.diegeschichte berlins.de/geschichteberlins/persoenlichkeiten/persoenlichkeitenhn/491-heck.html?573da0f5e1c688030bddf01b36b05e41=eb10d53492a9becf671fbc09f52 27005 (Zugriff am 28.08.2014).

(14) Susann Lewerenz: Die Deutsche Afrika-Schau (1935-1940). Rassismus, Kolonialrevisionismus und postkoloniale Auseinandersetzungen im nationalsozialistischen Deutschland. Frankfurt am Main: Peter Lang Verlag, 2006.

(15) Michael Schimanskis: Im Dritten Reich darf es keiune Tierquälerei mehr geben. Die Entstehung des Reichstierschutzgesetzes von 1933. In: Deutsche Tierärztliche Wochenschrift 116,4 (2009) S.137-147.

(16) Der Spiegel: Nazis und Tierschutz. Tierliebe Menschenfeinde. www.spiegel.de/einestages/nazis-und-tierschutz-a-947808.html (Zugriff am 30.11.2014).

(17) Verband deutschsprachiger Zoopädagogen e.V. (Hrsg): Zoos zwischen den Fronten. Die Widersprüche von Natur- und Tierschutz. Materialien für den fächerübergreifenden Unterricht. www.vzp.de/PDFs/Frontendownload.pdf (Zugriff am 18.12.2013).

(18) Mathias Orgeldinger: Exotische Tiere in inszenierter altfränkischer Landschaft – Planung und Bau des neuen Tiergartens Nürnberg (1936-1939). www.cgl.uni-hannover.de/fileadmin/cgl/pdf/Publikationen/Broschueren/Jaegerzaun_Groessenwa hn_gesamt.pdf (Zugriff am 28.11.2014).

(19) Mathias Orgeldinger: Gebaut unter Hitler und doch kein Nazi-Zoo. Der Tiergarten am Schmausenbuck. In: Manati - Magazin des Vereins der Tiergartenfreunde Nürnberg e.V. und des Tiergartens der Stadt Nürnberg. 27. Jahrgang, Heft 2, November 2012, S.13-14.

(20) Juliane Wetzel: Die Verdrängung der jüdischen Aktionäre aus dem Berliner Zoo. www.tu-berlin.de/fileadmin/i65/Newsletter/news-02-11.pdf (Zugriff am 30.11.2013).

(21) Deutsch Nachrichten: Gustav Brandes. www.deutsch-nachrichten.de/gustav_brandes (Zugriff 18.11.2013).

(22) Verband Deutscher Zoodirektoren (Hrsg.): Gärten für Tiere: Erlebnisse für Menschen. Köln: J.P.Bachem-Verlag, 2012, S.36-38.

(23) Verband der Zoologischen Gärten e.V.: Wir über uns. www.zoodirektoren.de/index.php?option=com_k2&view=itemlist&layout=category&task=category&id=66&Itemid=123 (Zugriff am 05.01.2015).

(24) Claudia Sewig: Bernhard Grzimek. Der Mann der die Tiere liebte. Bergisch-Gladbach: Bastei-Lübbe, 2009.

(25) Verband Deutscher Zoodirektoren (Hrsg.): Gärten für Tiere: Erlebnisse für Menschen. Köln: J.P.Bachem-Verlag, 2012, S.36.

Tierbefreiung 85, 12/2014

Schmetterlingsammler und Wehrwirtschaftsführer

Mit Stolz verweist der Heidelberger Zoo auf seinen „Gründervater und Mäzen", Geheimrat Carl Bosch (1874-1940), der im Jahre 1931 den Nobelpreis für Chemie erhalten hatte. Durch großzügige Zuwendungen aus dem Vermögen einer von Bosch begründeten Stiftung konnte die Stadt Heidelberg ab 1933 auf dem Gelände eines aufgelassenen Friedhofs einen eigenen Tiergarten einrichten. In einem Jubiläumsband zum 50jährigen Bestehen des Zoos wird Bosch als „Freund alles Menschlichen" bezeichnet, dem nichts so sehr am Herzen gelegen habe, wie die „Beschäftigung mit den Wundern der Natur".

Durchgängig unterschlagen wird in den Lobreden auf Bosch der Umstand, dass dieser seit 1925 Vorstandsvorsitzender des Chemiekonzerns I.G.-Farben war. Unter seinem Vorsitz unterstützte der Konzern im Jahre 1933 den Wahlkampf der NSDAP mit 400.000 Reichsmark - die höchste Einzelspende der deutschen Wirtschaft an die Hitler-Partei - und bereitete damit den Weg zur NS-Diktatur wesentlich mit. 1935 übernahm Bosch den Vorsitz des Aufsichtsrates, 1938 wurde er zum NS-Wehrwirtschaftsführer ernannt. Die

I.G. Farben, die sich über „Arisierung" konkurrierender Unternehmen zu einem der größten Chemie- und Rüstungskonzerne der Welt aufgeschwungen hatte, war für die Nazis von höchster wehrwirtschaftlicher Bedeutung: u.a. stellte sie synthetisches Benzin oder kriegswichtigen Reifenkautschuk her. Auch anderweitig setzte Bosch sich für die Aufrüstung des NS-Regimes ein (woran weder seine persönliche Abneigung gegen Hitler noch seine nicht-antisemitische Grundhaltung ihn zu hindern vermochte): so engagierte er sich etwa in der direkt NS-Reichsminister Hermann Göring unterstehenden *Lilienthalgesellschaft für Luftfahrtforschung.*

Bosch, der seit 1923 in Heidelberg residierte, stand als ambitionierter Schmetterlingsammler und Hobbybotaniker den NS-affinen Plänen der Stadt, einen Heimattiergarten einzurichten, sehr aufgeschlossen gegenüber. Im Juli 1933 unterzeichnete er einen entsprechenden Gesellschaftervertrag, im November 1934 wurde „sein" Zoo eröffnet. Bis heute tragen Schulen und Straßen in und um Heidelberg den Namen des Zoo-„Gründervaters" und NSDAP-Förderers Carl Bosch. □

hpd 2.4.2015

Der Säulenheilige

Bernhard Grzimeks (1909–1987) Name ist eng verknüpft mit dem Frankfurter Zoo, den er von 1945 bis zu seiner Pensionierung im Jahre 1974 leitete. Tatsächlich wäre der 1858 eröffnete Tiergarten - der zweitälteste Deutschlands - ohne das unermüdliche Engagement Grzimeks längst Geschichte.

Das Gelände des Frankfurter Zoos war bei einem Bombenangriff im Frühjahr 1944 nahezu völlig zerstört worden. Noch vor dem offiziellen Ende des Krieges überredete der "aus dem Nichts" in der Stadt aufgetauchte Veterinärmediziner Grzimek die US-Behörden, ihn als Planungsdirektor für einen außerhalb der Stadt neu zu errichtenden Zoos zu berufen. Er versprach, den Besatzern würden keinerlei Kosten entstehen, woraufhin er freie Hand erhielt. Tunlichst verschwieg er den Amerikanern, dass er kurz zuvor noch als Regierungsrat im NS-Reichsernährungsministerium tätig gewesen war; selbstredend auch den Umstand, dass er 1933 der SA und 1937 der NSDAP beigetreten war.

Anstatt nun die Pläne eines Zoos außerhalb der Stadt zu verfolgen, ließ er die Bombentrichter auf dem alten Zoogelände beseitigen und ein paar der zerstörten Gehegehäuser provisorisch instand setzen, so dass er schon am 1. Juli 1945 den Zoo wiedereröffnen konnte. Bei den vorgezeigten Tieren handelte es sich um Manegentiere des Zirkus Hoppe, der in Frankfurt gestrandet war und auf dem alten Zoogelände einquartiert wurde. Grzimek organisierte Tanzveranstaltungen, Modeschauen und Revuen und erzielte damit so großen Zuspruch in der Frankfurter Bevölkerung, dass er die Zustimmung der US-Behörden zum Weiterbetrieb in der Innenstadt erhielt.

Er erweiterte sein Angebot um jede nur denkbare Rummelplatzattraktion: es gab Karussells, eine Achterbahn, dazu die Auftritte fahrender Zirkus-, Jahrmarkt- und Menagerieschausteller; selbst Boxkämpfe und Wahlveranstaltungen politischer Parteien fanden auf dem Zoogelände statt. Grzimek ließ ein Kino einrichten, und noch vor der Währungsreform entstand eine Veranstaltungshalle, in der Operetten, Ballettabende, Theatervorführungen und Konzerte stattfanden.

Zum Wiederaufbau einer attraktiven Tiersammlung wurde Tombolen und Spendenaktionen veranstaltet, die derart hohe Überschüsse erzielten, dass ab 1953 in rascher Folge eine Vielzahl neuer Gehegehäuser errichtet werden konnte. Tiere wurden in großem Stil über die Ahlener Firma Hermann Ruhe bezogen, die als seinerzeit weltgrößtes Tierhandelsunternehmen jedes gewünschte Tier aus jedem noch so entfernten oder abgelegenen Teil der Erde importierte; zugleich ging Grzimek höchstpersönlich auf "Expeditionsreisen" nach Afrika, um Wildtiere für seinen Zoo einzufangen.

Kein Platz für wilde Tiere

In seinem 1956 vorgestellten Dokumentarfilm *Kein Platz für wilde Tiere* prangerte Grzimek die akute Bedrohung des afrikanischen Wildtierbestandes durch die massive Übervölkerung des Kontinents an. Er hatte dabei keine Scheu, sich fortgesetzt und in penetrant postkolonialer Allüre betont rassistischer Begriffe und Klischees zu bedienen: immer wieder ist da von "Schwarzen" und "Urwald-negern" die Rede, die sich ungehindert ausbreiteten. Angehörige der Mbuti-Pygmäen bezeichnete er als "Waldzwerge", die in einem Übergangsfeld zwischen Mensch und Tier zu verorten seien. Selbst über "Rassenvermischung" zwischen "Negern" und "Pygmäen" machte er sich Gedanken: *"Die Urwaldneger werden allmählich hellhäutiger und kleiner, ein Volk von Bastarden, und die reinblüt-igen Pygmäen müssen immer stärker abnehmen. Sie werden ohnedies über kurz oder lang ganz verschwinden, und gerade deshalb war es für uns so reizvoll, sie noch kennen zu lernen."*(1)

Tatsächlich ging es auf der Expeditionsreise, die er Anfang der 1950er nach Belgisch Kongo unternahm und die den Hintergrund für seinen Film abgab, in erster Linie darum, Wildtiere für den Frankfurter Zoo einzufangen. Die willkürliche "Entnahme" von Tieren aus ihren natürlichen und sozialen Bezügen rechtfertigte er mit der Notwendigkeit, wissenschaftliche Erkenntnisse über sie zu gewinnen, die es erlauben würden, sie ohne große Verluste in Zoos halten bzw. nachzüchten zu können.

Der Film, ausgezeichnet mit dem Bundesfilmpreis und dem Goldenen Bären, schuf die Grundlage für die später weltweite Populari-

tät Grzimeks; zugleich diente er dazu, Besucher in die nach dem Krieg wiedereröffneten heimischen Zoos zu locken, wo die auf der Leinwand gezeigten Tiere leibhaftig zu besichtigen waren. Dem gleichen Zweck diente auch der 1959 vorgestellte Streifen *Serengeti darf nicht sterben* über die bedrohte Tierwelt Tanganyikas, für den Grzimek sogar einen "Oscar" erhielt.

Mit zwei preisgekrönten Dokumentarfilmen, mehr als zwei Dutzend in viele Sprachen übersetzten Sachbüchern, der Mitherausgabe des Monatsmagazins *Das Tier* sowie der Herausgabe einer nach ihm benannten Kompendienreihe, die mit annähernd 10.000 Seiten das mit Abstand umfangsreichste Tierlexikon der Welt darstellt, nicht zu vergessen seine Berufung als Beauftragter der Bundesregierung für Naturschutz durch Willy Brandt und zahllose sonstige Ehrenämter und Ehrungen, gilt Grzimek als einflussreichster Zoologe überhaupt.

Teil der kollektiven Erinnerung sind die Tierkinder, die er in seiner ab 1956 über 31 Jahre (!) hinweg ausgestrahlten ARD-Serie *Ein Platz für Tiere* neben sich auf dem Schreibtisch sitzen hatte, einschließlich der endlos wiederholten Szene, in der ihm ein Schimpanse aufs Jackett pinkelte. Ohne Zoos, so der mitgelieferte Subtext, bekäme man derlei "süße Tierbabies" - die Affen steckten meist in bunten Strampelanzügen - niemals zu sehen. In der Tat prägte niemand den Blick auf exotische Wildtiere so nachhaltig wie Grzimek, ungeachtet des Umstandes, dass seine Publikationen und Filme von zahllosen Irrtümern und Klischees durchzogen waren.

Grzimeks Tierleben

Die ab 1967 unter dem Titel *Grzimeks Tierleben* erscheinende 13+3-bändige Kompendienreihe unterschied sich inhaltlich und stilistisch kaum von dem erstmalig 1864 und bis in die 1980er immer wieder neu aufgelegten *Illustrirte(n) Thierleben* Alfred Brehms. Viele der Falschannahmen und Zerrbilder, wie sie sich seit Mitte des 19. Jahrhunderts über "exotische Wildtiere" festgesetzt hatten, wurden von Grzimek weitgehend unverändert fortgeschrieben, überlagert allenfalls von neuen Zerrbildern, wie sie der Beobachtung in Zoos entstammten.

Ethologische Befunde und Erkenntnisse aus Beobachtungen in freier Wildbahn, wie sie seit Anfang der 1960er Jahre etwa über das Leben Großer Menschenaffen vorlagen, über ihre enormen Intelligenzleistungen, ihre Empfindsamkeit und ihr soziales und kommunikatives Vermögen, ignorierte Grzimek fast vollständig. Mit Nachdruck und ganz in der Traditionslinie von Descartes bis Scheler betonte er die angeblich unüberbrückbaren Unterschiede zwischen Mensch und Tier. Aufgrund seines sehr viel höher entwickelten Gehirnes und der damit verbundenen Sprachfähigkeit sei der Mensch herausgehoben aus dem gesamten Tierreich, dessen er sich insofern nach Belieben und Gutdünken bedienen könne.

Lediglich die Gorillas kommen bei Grzimek besser weg als bei Brehm: sie werden nicht mehr als furchterregende Monster dargestellt, sondern als scheue und völlig unaggressive Wesen: *"Der Gorilla ist kein tückischer Waldteufel. Bei all seiner überlegenen Kraft und Mächtigkeit ist er friedlich und verträglich. Das Bild, welches Jäger von ihm verbreitet haben, ist eine Verleumdung. Vielleicht stammt es aus einem eigenen Schuldbewusstsein. Einen großen Menschenaffen zu töten, muß den Jäger innerlich bewegen, wie wenn er einen Menschen erschossen hätte. Der Gesichtsausdruck, das Benehmen, der Blick eines Gorillas sind nun einmal so unerträglich menschenähnlich."*(2)

Schuldbewusstsein, Gorillas und andere Wildtiere ihrer Freiheit zu berauben und sie auf Lebenszeit in winzigen Käfigen gefangen zu halten, hatte Grzimek gleichwohl nicht; auch der ihm bekannte Umstand, dass bei der Gefangennahme von Menschenaffenkindern in aller Regel die Mütter erschossen wurden, vielfach auch sonstige Familienangehörige, die sich schützend vor die Kinder stellten, ließ ihn unbewegt.

Während Grzimek wenigstens gegen die Verwendung von Menschenaffen in der medizinischen und pharmazeutischen Forschung Position bezog, findet sich bei ihm kein Wort der Kritik an ihrer Haltung in Zoos. Ganz im Gegenteil: Zoos werden als unverzichtbare Horte des Erkenntnisgewinnes dargestellt, ohne die es kein gesichertes Wissen über die jeweiligen Tierarten gäbe. Auch die zu Zeiten Grzimeks noch völlig unkontrollierte Praxis des Wildfanges - der Nachschub an exotischen Wildtieren für die Zoos in Europa und den USA wurde bis herauf in die 1970er überwiegend durch "Entnahme aus der freien Natur" gedeckt, was zahlreiche Arten an den Rand der Ausrottung brachte -, bleibt ohne jeden Einwand. Grzimek selbst pflegte regen Kontakt zu Wildtierhändlern aus aller Welt.

Nicht nur im Frankfurter Zoo gilt Grzimek als unantastbarer Säulenheiliger. Seine Nazi-Vergangenheit wird ebenso verdrängt wie sein unterschwelliger Rassismus und seine Verstrickung in den mörderischen Handel mit exotischen Wildtieren. □

(1) zit.in: Flitner, Michael: Bernhard Grzimek und (post)koloniale Perspektiven im Naturschutzgedanken. in: www.freiburg-postkolonial.de/Seiten/Flitner-Grizmek.htm [abgerufen 28.3.2015]
(2) Grzimek, Bernhard/Schaller, George: Der Gorilla. in: Grzimek, Bernhard (Hrsg.) Grzimeks Tierleben: Enzyklopädie des Tierreiches (Bd.10). Zürich, 1969, S. 564

hpd 2.8.2012

10 Jahre Tierschutz im Grundgesetz (Interview)

Mit Wirkung vom 1. August 2002 wurde Tierschutz als Staatsziel in das Grundgesetz der Bundesrepublik Deutschland aufgenommen. Was wurde beschlossen und hat sich seitdem etwas geändert? Ein hpd-Gespräch mit dem Tierrechtler Colin Goldner.

hpd: **Was genau wurde da vor zehn Jahren beschlossen?**
Goldner: Es handelte sich um eine über Jahre hinweg heftig umstrittene Änderung des Grundgesetzes, dem letztlich in Artikel 20a exakt drei Worte hinzugefügt wurden: „Der Staat schützt auch in Verantwortung für die künftigen Generationen die natürlichen Lebensgrundlagen und die Tiere im Rahmen der verfassungsmäßigen Ordnung". Das war alles. Obwohl als Meilenstein gerühmt, hat sich für die Tiere dadurch nicht das Mindeste gebessert.
Welchen Status haben Tiere vor dem deutschen Gesetz?
Durch das sogenannte „Gesetz zur Verbesserung der Rechtsstellung des Tieres im bürgerlichen Recht" wurde schon 1990 ein Zusatzparagraph in das Bürgerliche Gesetzbuch aufgenommen, der aussagt, dass Tiere keine Sachen mehr sind, die sie bis dahin rechtlich waren, dass sie jedoch weiterhin rechtlich wie Sachen zu behandeln seien. Man kann nach wie vor ein Tier genauso kaufen oder verkaufen wie ein Fahrrad oder ein Auto. Bei diesem Zusatzparagraphen handelt es sich um eine dem Zeitgeist geschuldete Deklamation, eine Phrase ohne rechtlichen Inhalt. De facto gelten Tiere vor dem Gesetz nach wie vor als Sachen.

Welchen Schutz genießen Tiere durch das Tierschutzgesetz?

Das deutsche Tierschutzgesetz geht auf das Reichstierschutzgesetz der Nazis von 1933 zurück, das diese als das fortschrittlichste der Welt rühmten. Tatsächlich war das Reichstierschutzgesetz ausschließlich an ökonomischen Zielen orientiert. Massentierhaltung etwa oder Jagd - das Steckenpferd von Reichsjägermeister Göring - wurden nicht angetastet. In bundesdeutsches Recht überführt hat sich daran nicht viel geändert, selbst die besagte Aufnahme von Tierschutz als Staatsziel ins Grundgesetz gewährt Tieren keinerlei Schutz um ihrer selbst willen. Der Grundsatz nach § 1 Tierschutzgesetz: „Niemand darf einem Tier ohne vernünftigen Grund Schmerzen, Leiden oder Schaden zufügen" ist insofern Farce, als ökonomische Gründe allemal als „vernünftig" gelten, Tieren also aus ökonomischen Interessen jederart Schmerzen, Leiden oder Schaden zugefügt werden dürfen. Die tierschutzgesetzlichen Vorgaben zur Haltung und Verwertung sogenannter Nutztiere, zum Gebrauch von Tieren in Tierversuchen, zu Zucht- und Handelsfragen sowie zur Tötung von Wirbeltieren - Nicht-Wirbeltiere können ohnehin von jedermann jederzeit getötet werden - sind ausschließlich an ökonomischen Interessen orientiert. Dem Tier kommt insofern nur der Rechtsschutz einer Ware zu. Das gleiche gilt für sportive oder sonstige Hobby- und Freizeitinteressen, die Tiernutzung selbst dann erlauben, wenn das Tier dabei Schaden nimmt.

Hat die Verankerung des Tierschutzes im Grundgesetz überhaupt keinen Fortschritt gebracht?

Von Seiten der Tiernutzer- und Tierausbeuterindustrie war Fortschritt nie gewollt. Insofern hat die Anhebung des Tierschutzes auf Verfassungsrang auch überhaupt nichts gebracht. Jeder noch so kleine Ansatz einer tatsächlichen Verbesserung wurde auf Bundes- und Länderebene von CDU/CSU und FDP unterlaufen. Das zentral wichtige Tierschutzverbandsklagerecht beispielsweise, gleichwohl seit Jahren als zwingende Konsequenz aus dem Staatsziel Tierschutz gefordert, gibt es immer noch nicht in allen Bundesländern: Es würde anerkannten Tierschutzverbänden erlauben, als Anwalt der Tiere tierschutzrelevante Entscheidungen von Behörden gerichtlich überprüfen zu lassen. Tierschutzorganisationen können Verstöße gegen

Tierschutzrecht bislang lediglich anzeigen. Allein die Staatsanwaltschaft entscheidet dann, ob sie Anklage erhebt oder die Ermittlung einstellt. Erfahrungsgemäß werden tierschutzrelevante Anzeigen sang- und klanglos eingestellt. Tiernutzer dagegen, z.B. industrielle Tiermäster oder Tierexperimentatoren in der Pharma- oder Kosmetikindustrie, können durch alle Instanzen gegen behördliche Tierschutzauflagen klagen. Aber niemand kann bei Gericht klagen, wenn die Behörden Tierschutzvorschriften nicht in vollem Umfang durchsetzen. Ein flächendeckendes Tierschutzverbandsklagerecht könnte diese rechtliche Schieflage korrigieren.

Wie sieht die Realität von Tieren in Deutschland heute aus?

Der Ge- und Verbrauch von Tieren gilt nach wie vor als völlig „normal": die meisten Menschen betrachten Tiere ausschließlich als Mittel zum Zweck. Es gilt als unhintergehbare Selbstverständlichkeit, dass Tiere für menschliche Nahrung und Kleidung unterdrückt, ausgebeutet, gequält und getötet werden, dass sie für die Erforschung und Testung von Medikamenten oder Kosmetika vergiftet, verbrüht, verbrannt, vergast oder ertränkt werden, dass ihnen Augen, Magen und Haut verätzt, ihre Stimmbänder durchtrennt, ihre Knochen zertrümmert, zersägt, ihre Schädel zerschmettert werden, dass sie von Jägern gehetzt, erschlagen oder erschossen werden, sie zum Gaudium des Menschen in Zoos ausgestellt und in Zirkussen vorgeführt werden, dressiert und zu widernatürlichstem Verhalten genötigt, dass sie zu Sport und Freizeitvergnügen jedweder Sorte herhalten müssen. Nach wie vor gilt das biblische Diktum aus dem 1. Buch Moses, in dem Gott selbst dem Menschen mit Nachdruck befiehlt, sich die Erde untertan zu machen. Wörtlich heißt es da: „Furcht und Schrecken vor euch über alle Tiere auf Erden und über alle Vögel unter dem Himmel, über alles, was auf dem Erdboden kriecht, und über alle Fische im Meer; in eure Hände seien sie gegeben." Solange dieses Diktum, das den Menschen zur „Krone der Schöpfung" macht, nicht aus den Köpfen verschwunden ist, kann im Grundgesetz stehen was will: Der Mensch wird immer Furcht und Schrecken unter den Tieren verbreiten. □

Die Fragen stellte Daniela Wakonigg.

Jonny, Gana, Sakina …

Bezeichnend für die Gefangenhaltung Großer Menschenaffen in Zoos ist die Tragödie um Orang Utan JONNY, der, geboren 1972 im Zoo von Köln, im Alter von 14 Jahren in den Allwetterzoo Münster gekommen war. Er lebte vierzehn Jahre lang unter beengtesten Verhältnissen in einem als „Menschenaffenhaus" bezeichneten Betonbunker, bis er im Jahre 2000 in die neugebaute „ZoORANGerie" umziehen konnte. Zu diesem Zeitpunkt hatte er bereits - vermutlich aufgrund falscher Ernährung - zehn Backenzähne verloren. Zudem hatte er sich eine chronische Lungenentzündung und einen massiven Nierenschaden zugezogen. Unter großen Schmerzen vegetierte JONNY noch weitere neun Jahre vor sich hin. Bei einer erneuten OP im Mai 2009, bei der ihm weitere vier Zähne gezogen wurden, verstarb er noch in der Narkose. Die Obduktion im Primatenzentrum Göttingen zeigte, dass nicht nur sein Gebiß sondern auch sein linker Lungenhauptlappen stark vereitert waren. In einer Mitteilung des Zoos hieß es ebenso lapidar wie zynisch, JONNY „wurde in den letzten Jahren zunehmend lethargischer, fraß nicht mehr gut und bewegte sich zeitweise schwerfällig. Ihm fehlte wohl die Luft."

Eine endlose Leidensgeschichte ist auch die Haltung von Gorillas im Zoo Münster: bis 2010 lebte hier Gorilladame GANA; sie nahm, nicht selten in Zoogefangenschaften, ihr erstes Kind MARY ZWO nicht an, das man deshalb zur Aufzucht in den Zoo Stuttgart verbrachte. Ihr zweites Kind CLAUDIO starb an einer mysteriösen Darmentzündung, tagelang trug sie das tote Baby mit sich herum. Sie brachte ein drittes Kind zur Welt, CLAUDIA, starb aber aus ungeklärtem Grunde selbst ein halbes Jahr später; auch dieses Kind kam zur Aufzucht nach Stuttgart. Nach dem Tod GANAS bemühte man sich um ein „neues zuchtfähiges Gorilla-Weibchen" und holte letztlich die im Durell Zoo auf der Kanalinsel Jersey geborene SAKINA nach Münster. Nach massiven Problemen mit dem Silberrücken N'KWANGO wurde sie isoliert und ein Jahr später an den holländischen Zoo Kerkrade verschubt. wo sie kurz darauf starb. Der Zoo

Münster holte sich als Ersatz Gorilladame SHASHA aus dem Hawletts Zoo in England, mit der fröhlich „weitergezüchtet" wurde... □

Tierbefreiung 85, 12/2014

Alltagszynismus

Am 15. Oktober 2014 wurde der 57jährige Orang Utan-Patriarch CHARLY im Zoo Frankfurt „eingeschläfert".

Der 1962 als Kleinkind seinen Eltern und seiner Heimat auf Sumatra entrissene CHARLY - seine Eltern wurden bei seiner Gefangennahme mit größter Wahrscheinlichkeit erschossen - kam über dubiose Tierhändler erst in den Zoo Stuttgart und von da 1978 nach Frankfurt. Sechsunddreissig Jahre verbrachte er in der dortigen Zoogefangenschaft. Bis zum Bau des neuen Menschenaffenhauses im Jahre 2008, sprich: dreissig lange Jahre, musste er unter indiskutablen Bedingungen in einem viel zu kleinen und viel zu niedrigen Betonbunker auf nacktem Betonboden zubringen. Ein Außengehege gab es nicht für ihn.

Wie die Obduktion ergeben habe, so Zoodirektor Manfred Niekisch, seien „Charlys Gelenke völlig abgenutzt" gewesen, so dass er „ohne Medikamente sehr große Schmerzen gehabt haben musste". Ja, was erwartet man denn, wenn ein Baumbewohner gezwungen wird, jahrzehntelang auf nacktem Betonboden herumzuhocken??? Und weiter geht der schreiende Zynismus der Zooleitung: „Die inneren Organe waren für sein Alter allerdings in sehr gutem Zustand, was einen Rückschluss auf optimale Haltungsbedingungen erlaubt. Charly hat ein langes, erfülltes Leben hinter sich". Geht's noch, Herr Niekisch??? □

„African Village"

Im Jahre 2005 geriet dem Zoo Augsburg eine seiner Sonderveranstaltungen zum totalen Desaster: Zoodirektorin Barbara Jantschke, seit Kurzem erst im Amt (in Nachfolge eines gewissen Dr. Gorgas, der immer wieder in die Zookasse gegriffen hatte), war auf die Idee gekommen, als Besuchermagnet ein „Afrikanisches Dorf" (African Village) in ihrem Zoo entstehen zu lassen. Vier Tage lang sollten schwarzafrikanische „Silberschmiede, Korbflechter und Zöpfchenflechter" ihre Handwerkskünste präsentieren und zusammen mit „Informationen über die vielfältige afrikanische Kultur und Natur" die Reiselust der Besucher wecken (als Mitveranstalter firmierte ein örtliches Reisebüro).

Allein schon die Ankündigung zeitigte enorme Resonanz, es hagelte Kritik von allen Seiten. Selbst dem Zoo wohlgesonnene Medienvertreter drängten Jantschke, die Veranstaltung abzusagen, die unweigerlich Assoziationen hervorrufe mit jenen finstersten Zeiten, in denen in deutschen Zoos sogenannte „Völkerschauen" veranstaltet wurden. Bekanntlich hatte der Hamburger Tierhändler und Impresario Carl Hagenbeck seit 1874 „wilde Menschen" zur Schau gestellt, auch in seinem 1907 eröffneten Tierpark in Stellingen fanden regelmäßig entsprechende Vorführungen statt, bei denen „originale" Nubier, Somalier oder auch „Buschmänner aus Deutsch-Ostafrika" präsentiert wurden. Bald hatte es derartige „Völkerschauen" - im Volksmund „Neger-" oder „Hottentottenschauen" genannt - auch in den Zoos von Dresden, Leipzig, Frankfurt, Hannover, Köln und Münster gegeben.

Die *Initiative Schwarze Menschen in Deutschland* (ISD) wandte sich in einem Schreiben an Jantschke entschieden gegen die „Reproduktion kolonialer Blickverhältnisse, in denen schwarze Menschen als exotische Objekte" dargestellt werden. Massive Kritik kam auch vom *Nord-Süd-Forum*, von *Ecoterra International* und zahlreichen anderen Menschenrechtsorganisationen. Wissenschaftler und Kulturschaffende aus aller Welt überfluteten den Zoo nachgerade mit Protestmails. Auch die südafrikanische Literaturnobelpreisträgerin Nadine Gordimer drückte ihre tiefe Sorge aus.

Zoodirektorin Jantschke hingegen zeigte sich von der anbrandenden Kritik gänzlich unbeeindruckt: „Man muss doch mal sagen, gut, das ist passiert vor 80 Jahren, aber jetzt kann man so etwas wieder völlig unbedarft anbieten." Schließlich sei das keine Völkerschau, wie damals bei Hagenbeck: „Da kommen Afrikaner, die können mit den Kindern ganz normal reden." Die Veranstaltung abzusagen komme überhaupt nicht in Frage.

Das „African Village" fand ungeachtet aller Proteste und wie geplant statt. Auch wenn es sich letztlich in nichts von all den Afrikamärkten und Afrikafestivals unterschied, die ständig irgendwo im Lande stattfinden, blieb es doch, wenngleich auf anderer Ebene als befürchtet, Skandal: in der Tat muß die bornierte Ignoranz einer Zoodirektorin als nichts weniger denn skandalös gewertet werden, mit der sie notorisch die Assoziationen übersah oder nicht sehen wollte, die solches Projekt bei jedem halbwegs kritischen Menschen freisetzen musste, ebenso wie die blasierte (und zoodirektorentypische) Unbelehrbarkeit, mit der sie sich über jeden kritischen Einwand hinwegsetzte. □

„Völkerschau" bei Hagenbeck, 1912

Keine Ehrung für rassistischen Zoodirektor

Fast siebzig Jahre nach dem Ende der Nazi-Diktatur tragen immer noch zahlreiche Straßen, Plätze, Kasernen, Schulen und sonstige öffentliche Einrichtungen die Namen damaliger Größen. Geplante Namensänderungen ändern daran manchmal nichts. Im Gegenteil.

In Münster etwa ist eine Real-Schule mit mehr als 500 Schülerinnen und Schülern bis heute nach dem westfälischen Volksschullehrer und „Heimatdichter" Karl Wagenfeld (1869-1959) benannt, der die Machtübernahme durch die Nazis ausdrücklich begrüßt hatte. In seinem Heimatschrifttum zog er u. a. über „Neger, Kaffern und Hottentotten" her, die seiner Ansicht nach „Halbtiere" waren; mit seiner Auffassung der „Minderwertigkeit" von Menschen in „Krüppel- und Idiotenanstalten" leistete er den Nürnberger Gesetzen vom 16.9.1935 zum Mord („Euthanasie") an geistig und psychisch Kranken Vorschub. Die Nazis benannten ihm zu Ehren den „Westfälischen Heimatpflegepreis" 1940 in „Karl-Wagenfeld-Preis" um. Bis heute tragen mehrere Straßen und Schulen in Westfalen seinen Namen.

Die Karl-Wagenfeld-Realschule erwog nun Anfang des laufenden Schuljahres, den Namen zu ändern. Ergebnis einer Namensfindungskommission war der Vorschlag, die Schule nach dem Begründer des Münsterschen Zoos, Gustav Landois (1835-1905) zu benennen, der in Münster bis heute als „Original" verehrt wird. In der Elternschaft war man, ebenso wie im Zoo selbst, von der Idee ausgesprochen angetan. Alternative Vorschläge, die Schule nach dem Polarforscher Alfred Wegener oder nach der jüdischen Holocaust-Überlebenden und Zeitzeugin Erna de Vries umzubenennen, wurden verworfen.

Kurz vor Verabschiedung der Namensänderung wurden jedoch Zweifel laut, ob Landois wirklich die richtige Wahl sei. Zookritiker, Colin Goldner, der sich mit der Geschichte des Münsterschen Zoos befasst hatte, wies darauf hin, dass Landois verantwortlich war für die ab 1879 im Zoo veranstalteten sogenannten „Völkerschauen". In einem offenen Brief an die Schulleitung ebenso wie an die Münstersche Presse schrieb er:

Offener Brief an die Karl-Wagenfeld-Realschule (Auszug)

Während es grundsätzlich begrüßenswert ist, den Namen eines Nazi-nahen Dichters zu ersetzen - wenngleich man das durchaus schon früher hätte tun können -, wäre eine Benennung nach Hermann Landois nicht eben glücklich. Der „Westfälische Zoologische Garten zu Münster", initiiert durch den Theologen und Heimatdichter Landois, wurde im Juni 1875 eröffnet. Landois, der sich selbst zum ersten Direktor des neuen Zoos bestellte - er hatte sich neben und nach seinem Theologiestudium auch mit ornithologischen und entomologischen Studien befasst -, wurde kurze Zeit später vom Priesteramt suspendiert (allerdings nicht seines naturwissenschaftlichen Interesses wegen, sondern weil er dem Vernehmen nach ein Alkoholproblem hatte). Seine deutschtümelnde Idee, ausschließlich Tiere der heimischen Fauna zu präsentieren, musste er schon im ersten Betriebsjahr des Zoos aufgeben: das Interesse der Besucher war zu gering.

Schon ab 1879 gab es unter seiner Regie sogenannte „Völkerschauen" - im Volksmund „Negerschauen" genannt -, bei denen Nubier, Sudanesen, Samoaner, auch australische Koori oder „Buschmänner aus Deutsch-Ostafrika" vorgeführt wurden. Auch wenn derlei kulturchauvinistische und größtenteils unverhohlen rassistische „Völkerschauen" in vielen Zoos veranstaltet wurden, so doch nicht in allen. Landois zeichnete dafür verantwortlich, dass die „Völkerschauen" auch nach Münster kamen, von denen nicht wenige Teilnehmer ihre Heimaten nie mehr sahen: sie fielen Infektionskrankheiten zum Opfer, gegen die sie keine Abwehrkräfte hatten. Die Völkerschauen im Zoo Münster wurden erst Ende der 1920er eingestellt. Es wäre ratsam, wenn Sie Ihre Pläne noch einmal überdächten: Sie täten sich und der Stadt Münster vermutlich keinen Gefallen, mit der Umbenennung Ihrer Schule einen Mann zu ehren, der rassistische „Völkerschauen" nach Münster brachte.

Das Schreiben zeitigte Erfolg (auch wenn es nie beantwortet wurde). Die Schulkonferenz stimmte letztlich gegen Landois (9 dagegen, 5 dafür, 2 enthalten). Die Direktorin, erkennbar genervt, wäre gerne bei der Umbenennung in „Gustav-Landois- Schule" geblieben. □

Offener Brief von Wolfram Kastner und Colin Goldner an den Aufsichts-ratsvorsitzenden der Zoo Berlin AG, den Regierenden Bürgermeister sowie den Innensenator Berlins sowie die Senatsfraktionen von SPD, CDU, Grüne, Piraten und Linke vom 22.7.2015

„Juden ist der Zutritt zum Zoo verboten"

Auf dem Gelände des Zoos Berlin steht seit 1984 und bis heute eine Bronzebüste zu Ehren des ehemaligen Direktors des Zoos, Prof. Dr. Lutz Heck (1892-1983), der dem Zoo von 1932 bis 1945 vorstand.

Wie Ihnen sicher bekannt ist, war Lutz Heck seit 1933 offizielles Fördermitglied der SS und seit 1937 Mitglied der NSDAP. Er stand in engem freundschaftlichem Kontakt zu Göring, mit dem er seine Leidenschaft für Großwildjagd teilte. Die pseudowissenschaftlichen Experimente, die er zur „Rückzüchtung" von Auerochsen und Wisenten betrieb, wurden von Göring höchstpersönlich gefördert. Göring sorgte auch dafür, dass der Berliner Zoo 1935 eine reich be-messene Geländeschenkung aus preußischem Staatsbesitz erhielt, die es Heck erlaubte, angrenzend an die bestehenden Anlagen einen eigenständigen „Deutschen Zoo" einzurichten. In künstlich geschaf-fenen Felsgehegen wurden Bären, Wölfe und andere „deutsche"Tiere untergebracht, mithin Füchse, Wildkatzen und Luchse. An einigen Gehegen wurden zur Verdeutlichung des "Deutschtums" der darin gezeigten Tiere eigens kleine Hakenkreuze angebracht.

1938 erhielt Lutz Heck anlässlich des „Führergeburtstages" den Titel eines Pro-fessors verliehen, zwei Jahre später wur-de er, zusätzlich zu seiner Tätigkeit als Zoodirektor, zum Leiter der Obersten NS- Naturschutzbehörde ernannt. Darü-ber hinaus wurden ihm zahlreiche weitere Ehrungen und Preise des NS-Staates zu-teil. Unter seiner Ägide wurden jüdische Aktionäre des Zoos gezwungen, ihre An-teile zu Spottpreisen zu verkaufen. Ab

1939 wurde Juden der Zutritt zum Zoo verboten.

Selbst der "Verband der Zoologischen Gärten" (VdZ), ein Zusammenschluss der Direktoren wissenschaftlich geführter Zoos distanziert sich von der Zoodirektorendynastie Heck (Vater Ludwig Heck hatte vor Sohn Lutz 43 Jahre lang den Berliner Zoo geleitet, Bruder Heinz Heck war Direktor des Zoos München). Auf der website des VdZ steht zu lesen, es dürfe bei der Würdigung der Hecks als bedeutende Tiergärtner "nicht verschwiegen werden, dass ihre Beziehung zu Ideologie und Führerschaft des Dritten Reiches eine Form hatte, die weit hinausging über Mitläuferschaft und bloßes deutschnationales Denken, wie es auch bei anderen Zoodirektoren aus jener Zeit festgestellt werden kann. Vielmehr stellten sich Vater und Söhne aktiv in den Dienst der nationalsozialistischen Ideologie (...). Zudem unterhielt die Familie Heck freundschaftliche Beziehungen zu Personen der obersten Führungsetage des Dritten Reiches."

Jeden Tag gehen tausende von Besuchern an der Büste des Nazi-Zoodirektors Lutz Heck vorbei. Wir halten es für skandalös, dass dieser bis heute derartige öffentliche Ehrung erfährt. (Die Büste wurde 1984, gleich zu Beginn der Amtszeit von Eberhard Diepgen [CDU] als Regierender Bürgermeister Berlins aufgestellt. Diepgen hat seit 2010 den Vorsitz einer Förderstiftung des Zoos inne.)

Wir fordern, dass die Büste mit einer Hinweistafel versehen wird, aus der klar ersichtlich wird, dass Lutz Heck seit 1933 Fördermitglied der SS, seit 1937 Mitglied der NSDAP und seit 1940 führender Funktionär des NS-Staates (Leiter der obersten NS-Naturschutzbehörde) war und unter seiner Ägide als Zoodirektor jüdische Aktionäre gezwungen wurden, ihre Anteile zu Spottpreisen zu verkaufen und ab 1939 Juden der Zutritt zum Zoo verboten wurde. Desgleichen fordern wir, dass der mit öffentlichen Mitteln geförderte Zoo Berlin sich von den Verflechtungen seines ehemaligen Direktors in das verbrecherische Nazi-Regime distanziert. □

Nachtrag: Am 7.12.2015 wurde die Büste Hecks mit einer Hinweistafel versehen, auf der dessen Verbindungen zum NS-Staat benannt werden. Zugleich wurde angekündigt, eine Dauerausstellung zur Geschichte des Zoos einrichten zu wollen, in der auch die Zeit zwischen 1933 und 1945 beleuchtet werde. Entschädigungszahlungen an Nachkommen zwangsenteigneter jüdischer Aktionäre lehnte der Zoo ab.

Delfin-Lagune

Betonierter Irrsinn im Nürnberger Tiergarten

Die Haltung von Delfinen in Zoos und Freizeitparks wird von Tierschützern seit je heftig kritisiert: Die hochsensiblen Tiere werden in viel zu kleinen Betonbecken zusammengepfercht, sie leiden der qualvollen Enge, des Lärms von Umwälzpumpen, des Trubels bei Showvorführungen vor johlendem Publikum wegen unter enormem Stress. Die Folge sind haltungsbedingte Funktionsstörungen, psychische und körperliche Erkrankungen. Vor allem der Nürnberger Tiergarten steht insofern in massiver Kritik: Seit der Eröffnung des zooeigenen "Delfinariums" im Jahr 1971 starben von 23 in freier Wildbahn gefangenen Delfinen 15 vorzeitig, von 21 "Nachzüchtungen" kamen 17 noch im Mutterleib oder kurz nach der Geburt zu Tode.

Zahlreiche Zoos deutschland- und europaweit haben in den vergangenen Jahren angesichts der Unmöglichkeit, Delfine in Gefangenschaft auch nur einigermaßen artgerecht zu halten, ihre Delfinarien geschlossen. In einigen Ländern wie England gilt inzwischen sogar ein generelles Haltungsverbot für Delfine.

Anstatt diesem Beispiel zu folgen und das - auch wirtschaftlich unrentable - Delfinarium aufzulösen, ging der Nürnberger Tiergarten in die entgegengesetzte Richtung: Man plante ein größeres und publikumsfreundlicheres Betonbecken, bezeichnete es schönfärberisch als "Lagune" und setzte es gegen jedes noch so zwingende Argument seitens der mit Delfinen befassten Fachwissenschaft durch. Einwände von Tierschützern blieben ohnehin unbeachtet.

Die neue Freiluft-"Lagune", gleichwohl mit 1.650 Quadratmetern Wasserfläche etwa dreimal so groß wie das bisherige Becken, bietet den Delfinen keine substanzielle Verbesserung, zumal der Tierbestand von bislang zwei auf vierzehn aufgestockt werden soll. Nach wie vor werden die Delfine in einem - gemessen an ihren Bedürfnissen - lachhaft kleinen und mit künstlich hergestelltem "Meerwasser" befüllten Betonbecken gehalten, das zudem stark fäkalienbelastet ist und insofern massiv gechlort werden muss: Entzündungen von Haut und Augen sind die unausbleibliche Folge.

Ein wesentliches Argument des Nürnberger Tiergartens für die Errichtung der 24 Millionen Euro teuren "Delfin-Lagune" war die vorgebliche Möglichkeit, künftig in größerem Maßstab "Delfintherapie" für behinderte oder entwicklungsverzögerte Kinder anbieten zu können. Einwände aus der Fachwissenschaft, die die "Delfintherapie" als völlig unsinniges Pseudotherapieverfahren auswiesen, das nicht nur keinerlei Hilfe für die betroffenen Kinder bringt, sondern diese ungeahntem Risiko beispielsweise durch das fäkalienbelastete Wasser aussetzt, wurden zur Seite gewischt. Tatsächlich ist längst erwiesen, dass der kurze Kontakt zu Delfinen bei Kindern mit Autismus, Downsyndrom oder geistiger Behinderung über den momentanen Erlebniswert hinaus *gar nichts* bewirkt. Tiere können therapeutisch durchaus hilfreich sein, allerdings nur, wenn der Kontakt zu ihnen als tragfähige persönliche Beziehung angelegt ist. Therapeutisch kaschierte Delfinshows sind dazu völlig ungeeignet. Führende Behindertenverbände haben sich insofern entschieden gegen Delfintherapie ausgesprochen, die den Eltern für viel Geld nichts als unerfüllbare Hoffnungen verkauft. Die Befürworter der "Lagune", von Nürnbergs Oberbürgermeister Ulrich Maly über Markus Söder, Günther Beckstein und Renate Schmidt hin zu Ex-Torwart Andreas Köpke, haben von wissenschaftlicher Cetologie (Wal- und Delfinforschung) vermutlich genausoviel Ahnung wie von Behindertenpädagogik.

Die "Delfin-Lagune" des Nürnberger Tiergartens ist nun fertiggestellt. Zum Nachteil behinderter Kinder, die mit einer unsinnigen Therapiemethode malträtiert werden, die obendrein Geld verschlingt, das für sinnvolle Hilfe aufgewandt werden könnte; und zum Nachteil der eingesperrten Delfine, die ein unwürdiges und leidvolles Leben in einem trostlosen Betonbecken zu fristen genötigt werden.

Im Übrigen hat der Tiergarten bis heute nicht erklärt, was mit den bis zu vierzehn in die Lagune eingesetzten Delfinen in der kalten Jahreszeit geschehen soll, in der sie nicht unter freiem Himmel gehalten werden können. Nürnberg liegt bekanntlich nicht in der Karibik. Werden sie dann quer durch halb Europa gekarrt und irgendwo ausgelagert, um im Frühjahr wieder nach Nürnberg zurückgeholt zu werden? Oder sollen sie im Winter im "alten Delfinarium" zwischen-gelagert werden, das für die bisher gehaltenen zwei Delfine schon viel zu klein war?

Artgerecht ist nur die Freiheit! □

Nachtrag (5/2015): Nach jahrelangem juristischem Tauziehen erwirkte die international tätige *Whale and Dolphin Conservation* (WDCS) Einsicht in die Medikamentenbücher des Nürnberger Tiergartens. Es stellte sich heraus, dass entgegen anderslautender Behauptungen der Tiergartenleitung mehrere der mittlerweile zehn vorgehaltenen Delfine über längere Zeiträume mit Psychopharmaka (Diazepam) und Antidepressiva (Serenin) behandelt worden  waren. Zudem waren ihnen fortlaufend Antibiotika, Antimykotika, Hormonpräparate, Immunstimulantia, Präparate gegen Magen-/Darmgeschwüre, Schmerzmittel und unzählige andere Medikamente verabfolgt worden, was darauf hindeutet, dass die Tiere trotz aller „Haltungsverbesserungen" in der neuen „Delfin-Lagune" psychisch und körperlich schwer krank sind.

Psychologie heute 4/2010

„Doc Dolphin"

Pseudotherapie mit behinderten Kindern im Zoo

Im Mythos der alten Griechen waren Delfine stete Begleiter der Götter. Apoll nahm gar selbst die Gestalt eines Delfins an, sein danach benanntes Heiligtum in Delphi galt als Mittelpunkt der antiken Welt.

Die späten 1960er stilisierten Delfine zu Bannerträgern der amerikanischen New Age-Bewegung, Joan McIntyres *Mind in the Waters*, das ihnen höheres, ja kosmisches Bewusstsein zusprach und sie zu „Sendboten eines neuen Zeitalters" erhob, wurde zum Kultbuch einer ganzen Generation. Als „geistiger Vater" dieser mystischen Neuverklärung gilt der Bewusstseinsforscher John C. Lilly (1915-2001), der jahrelang Laborversuche mit Meeressäugern durchgeführt hatte. Auf einem LSD-trip Ende 1967 wurde ihm schlagartig das Unrecht bewußt, diese in einem Labor-"KZ" einzusperren. Umgehend beendete er seine Versuche und setzte sich hinfort für umfassenden Schutz von Delfinen und anderen Meerestieren ein.

Inspiriert von Lillys Schriften entwickelte der Psychologe David E. Nathanson Ende der 1970er eine neuartige „Therapie", die die „Weisheit der Delfine" zur Arbeit mit behinderten Kindern zu nutzen suchte. In einem eigens begründeten Therapiezentrum in Florida setzte er Kinder unterschiedlichster Krankheits- oder Störungsbilder zu Delfinen ins Wasser, in der Annahme, allein die Begegnung mit den „sanften Riesen der Meere" wirke sich irgendwie heilfördernd aus. Auf wissenschaftliche Validierung wurde in den Anfangsjahren großzügig verzichtet, der kommerzielle Erfolg, den Nathanson mit seiner „Dolphin Human Therapy" (DHT) erzielte, wurde - und wird bis heute - als untrüglicher Gradmesser für deren Wirksamkeit angesehen.

1998 wurde das Konzept Nathansons in einer wissenschaftlichen Studie in sämtliche Einzelteile zerlegt. Die Neuropsychologen Lori Marino und Scott Lilienfeld von der *Emory University* in Atlanta wiesen unter anderem nach, daß „Dr.Dave", wie Nathanson sich von Kindern, Eltern und Mitarbeitern nennen ließ, niemals auch nur den Versuch unternommen hatte, die Aufmerksamkeitsspannen der an seinem Institut behandelten Kinder, auf die er in seinen theoretischen Mutmaßungen zentral abstellte, vor und nach der Therapie vergleichend zu überprüfen. Sein Datenmaterial, gewonnen aus angeblich mehr als 50.000 Therapiesitzungen könne, ebenso wie seine Folgerungen daraus, „bestenfalls als nicht überzeugend" bezeichnet werden.

Unbeirrt von der vernichtenden Kritik seitens der Wissenschaft, einschließlich massiver Einwände aus der meeresbiologischen und cetologischen Forschung, hielt Nathanson an seinem Konzept fest. Auf Jahre hinweg ausgebuchte Termine wogen schwerer als jedes Argument: letztlich brachte jedes Kind bis zu 7.000 US-Dollar in die Kasse. Kein Wunder, daß das Konzept Schule machte: Rund um den

Globus schossen ab Ende der 1990er zahllose Delfintherapiezentren aus dem Boden, an denen unter dem Signet „Dolphin Assisted Therapy" (DAT) Nathansons Erfolgsrezept nachgeahmt wurde. Weltweit gibt es mittlerweile mehr als hundert Delfinarien, an denen DAT betrieben wird. Die Indikationspalette reicht von Autismus, Downsyndrom und geistiger Behinderung über Sprach- und Entwicklungsstörungen jeder Art hin zu Leukämie, Polio und Zerebralparese; selbst bei Kindern im Wachkoma seien erstaunliche Erfolge erzielt worden.

Das in der Regel 10-tägige Therapieprogramm ist jenseits aller Propaganda, über die die einzelnen Einrichtungen sich voneinander abzuheben suchen, überall das gleiche: die Kinder werden, ungeachtet der Art und des Schweregrades ihrer Behinderung oder Störung, täglich einer etwa eineinhalbstündigen „Behandlung" unterzogen: nach 30minütiger Vorbereitung wird das Kind zur „eigentlichen", ebenfalls 30 Minuten dauernden Therapie auf einen schwimmenden Ponton am Beckenrand verbracht, von wo aus es „seinen" Delfin beobachten kann. Ein Therapeut führt nun allerlei physio- oder sprachtherapeutische Übungen mit dem Kind durch, in die der Delfin als „Motivator" und „Verstärker" miteingebunden wird. Zu diesem Zwecke befindet sich ein Delfintrainer am Beckenrand, der dem Tier über Handzeichen Anweisungen erteilt: hat das Kind eine Übung absolviert - unabhängig davon, ob irgendeine Reaktion ersichtlich war -, führt der Delfin zur „Belohnung", sprich: auf Kommando des Trainers, irgendeine Kapriole vor. Letztlich darf das Kind zusammen mit dem Therapeuten für kurze Zeit ins Wasser und den Delfin streicheln, ihm einen Ball oder Reifen zuwerfen oder sich von ihm quer durchs Becken ziehen lassen. In den verbleibenden 30 Minuten wird das Kind geduscht und umgezogen; zeitgleich findet ein Nachgespräch mit den Eltern statt, die das Geschehen auf dem Ponton beziehungsweise im Wasser aus einiger Entfernung beobachten konnten.

Über die „direkte" Therapiearbeit hinaus wird den Kindern ein mehr oder minder abwechslungsreiches Beschäftigungsangebot unterbreitet, bei dem sie in Einzelbetreuung oder in einer Gruppe singen, malen oder basteln dürfen. Sie erhalten Akupressur oder

Craniosakraltherapie, selbst „energetisches Heilen" (Reiki) findet sich unter den „begleitenden Fördermaßnahmen". Für die Eltern oder sonstigen Begleitpersonen gibt es verschiedene Urlaubs- und Freizeitaktivitäten.

Nahezu durchgängig wird behauptet, der heilende Effekt einer Begegnung mit Delfinen sei bedingt durch die Ultraschallfrequenzen der Klicklaute, die sie zur Echoortung abgeben. Belege dafür gibt es nicht, die Wahrscheinlichkeit einer Wirkung ist angesichts der kurzen Zeitspanne, in der die Patienten den Ultraschallwellen ausgesetzt sind, äußerst gering. Gleichwohl ist allenthalben die Rede von besonderen „Glückshormonen", die der Ultraschall freisetze: sogenannten „Endolphinen"; auch davon, daß sich im Ultraschallfeld der Meeressäuger die „Gehirnwellen" der davon erfaßten Personen aus den Frequenzbereichen des Wachzustandes unmittelbar in einen Bereich tiefer Meditation verlagerten; letztlich träten sogar Tiefschlafwellen mit Aktivierung von Selbstheilungskräften auf. Noch weiter in die Gefilde von Pseudowissenschaft und Esoterik begeben sich Autoren wie Michael Hyson vom *Sirius Institute* auf Hawaii, der behauptet, Delfine seien über ihr Sonar in der Lage, Menschen in Sekundenschnelle diagnostisch abzutasten und dabei jedwedes psychische oder körperliche Defizit, einschließlich genetischer Defekte, zu erkennen und über gezielte Klicklautbeschallung zu reparieren. Immer wieder ist von den hellseherischen und telepathischen Fähigkeiten der Delfine die Rede, Horace Dobbs, Autor des Szenebestsellers *Dolphin Healing*, behauptet gar, Delfine könnten über ihr Sonar „kosmische Lebensenergie" (Ki) übertragen und seien damit „wahre Reiki-Meister".

Jenseits des geballten Esoterikunsinns, der die Szene durchzieht, werden gelegentlich auch nachvollziehbare Faktoren wie Wasser, Licht, Luft, Bewegung angeführt, die, verstärkt durch das Urlaubsambiente in exotischer Umgebung, zu einem Gelingen der DAT beitrügen. Der entscheidende Wirkfaktor freilich liege immer in den magischen Heilkräften von „Doc Dolphin".

Tatsächlich ist *nichts* von alledem tragfähig belegt. Für die Eltern behinderter oder kranker Kinder freilich spielt das keine Rolle, sie wollen verständlicherweise jede nur denkbare Möglichkeit ausschöpfen, ihrem Kinde zu helfen. Sie lassen sich dabei weder von wissenschaftlichen Befunden abhalten, noch von den immensen Kosten; noch nicht einmal von den gesundheitlichen Risiken für ihr Kind: Delfine können, entgegen ihrem Image, Menschen gegenüber ausgesprochen aggressiv werden, mehrfach schon kam es zu nicht unerheblichen Bissverletzungen; hinzu kommt das enorme Infektionsrisiko durch das in hohem Maße fäkalienbelastete Wasser.

Für viele Eltern bedeuten die Kosten einer DAT, die sich mit Flug und Unterkunft leicht auf 15.000 Euro summieren, eine ungeheuere Belastung, zumal die Kassen sich an den Kosten nicht beteiligen. Einschlägige Hilfsorganisationen vermitteln daher nicht nur Therapieplätze sondern leisten auch finanzielle Unterstützung. Zu deren bekanntesten zählt der 1995 von Kirsten Kuhnert, Mutter eines behinderten Kindes, begründete *dolphin aid e.V.*, der unter der Schirmherrschaft des Autorennfahrers Prinz Leopold von Bayern und mit Werbeträgern wie Barbara Becker oder Howard Carpendale in großem Umfang Spendengelder sammelt. Alljährlich findet eine glamouröse „Dolphin's Night"-Gala statt, bei der Großspender und Sponsoren umworben werden. Seit 2004 betreibt *dolphin aid* auf der Karibikinsel Curaçao ein eigenes Therapiezentrum, vermittelt also Kinder und ihre Familien sozusagen an sich selber. Eine zweiwöchige Therapie beläuft sich auf 7.350 US Dollar zuzüglich Nebenkosten, bei bis zu 400 Familien pro Jahr ein einträgliches Geschäft. Ein anderer Hilfsverein, der 2001 begründete „*dolphin kids e.V.*" meldete im Zuge staatsanwaltlicher Ermittlungen wegen Veruntreuung von Spendengeldern Ende 2005 Insolvenz an. Viele Eltern verloren viel Geld, das sie auf dem Vereinskonto für eine DAT angespart hatten. Für den Verein hatte mithin der nordrhein-westfälische Ministerpräsident Jürgen Rüttgers geworben.

Die DAT unterliegt keinerlei öffentlicher oder fachlicher Kontrolle, die Anbieter können in einem rechtlichen Grauraum betreiben, was immer sie gutdünkt. Eltern werden genötigt, Haftungsausschlußerklärungen zu unterzeichnen, kassiert wird vorab. Es existieren auch keine Vorgaben zur Qualifikation der Therapeuten, in den meisten DAT-Zentren bringen sie allenfalls Vorerfahrungen aus einem Heilhilfsberuf mit.

Bei einem im Sommer 2007 im deutschen Bundestag veranstalteten Symposium sprachen sich führende Behindertenverbände entschieden gegen DAT aus. Maria Kaminski, Präsidentin des *Bundesverbandes Autismus Deutschland* betonte, es gebe „nach wie vor keine wissenschaftlichen Beweise dafür, daß eine Delfintherapie autistischen Kindern zu Förderung und Heilung verhilft." Ein flächendeckendes Netzwerk von Therapieangeboten und Beratungsstellen sei für betroffene Familien und Angehörige weitaus hilfreicher. Die *Deutsche Kinderhilfe Direkt* stellte fest, die grundlegenden Anforderungen an eine Therapiemethode würden bei DAT in keiner Weise erfüllt. Wie die Bundesregierung auf Anfrage mitteilte, gelte Delfintherapie nicht als anerkannte Heilmethode, es sei daher nicht beabsichtigt, entsprechende Zentren in Deutschland zu unterstützen.

Tatsächlich konnte *keine* der im Laufe der Jahre vorgelegten Arbeiten überzeugen. Eine 2003 vorgestellte Metastudie entdeckte durchwegs eklatante methodische Fehler und kam zu dem Schluß, daß die Behauptungen zur Wirksamkeit von DAT durch die vorhandenen Forschungsergebnisse nicht abgesichert sind. Daran konnte auch ein im gleichen Jahr an der *Ludwig-Maximilian-Universität* München veranstaltetes Symposium nichts ändern, bei dem ausschließlich Befürworter und Betreiber kommerzieller DAT-Zentren zu Wort kamen. Auch die Überprüfung von Arbeiten neueren Datums fiel alles andere als positiv aus, die bereits erwähnten Neuropsychologen Marino und Lilienfeld schrieben: „Ungeachtet dessen, daß DAT der breiten Öffentlichkeit ausgiebig angepriesen wird, sind die Hinweise, daß sie eine dauerhafte Verbesserung der Kernsymptome psychischer Störungen bewirke, gleich null".

Mit Spannung wurden insofern die Ergebnisse eines Forschungsprojekts der Universität Würzburg erwartet, das im **Delfinarium des Nürnberger Tiergartens** durchgeführt wurde. Aufgeteilt in vier Gruppen wurden 93 schwerstbehinderte Kinder im Alter zwischen fünf und zehn Jahren untersucht: Die Experimentalgruppe (26 Kinder) wohnte mit Eltern eine Woche unter sozialpädagogischer Betreuung in einem Hotel und nahm jeden Tag an DAT teil; die zweite Gruppe (25 Kinder) nahm nur ambulant und ohne Betreuung daran teil; die dritte Gruppe (13 Kinder) absolvierte eine vergleichbare

Therapie mit sogenannten Nutztieren auf einem Bauernhof; eine Kontrollgruppe (29 Kinder) bekam keinerlei Behandlung. Vier Wochen vor der Therapiephase und vier Wochen sowie sechs Monate danach wurde mit Hilfe eines Fragebogens die Wahrnehmung von Eltern und Betreuern zu möglichen Verhaltensänderungen der Kinder erfasst; die Eltern wurden zudem interviewt. Überdies wurden die Interaktionen zwischen Eltern und Kindern per Video dokumentiert. Die zu klärenden Fragen waren, ob DAT zu einer Verbesserung der Kommunikationsfähigkeit und/oder des sozial-emotionalen Verhaltens der Kinder führe; ob sich die Eltern-Kind-Interaktion verbessere; ob es unterschiedliche Resultate gebe abhängig davon, ob DAT mit Betreuung und Urlaubsatmosphäre durchgeführt werde oder ohne; und ob die möglichen Wirkungen auch durch andere tiergestützte Therapien zu erzielen seien.

Der nach sechsjähriger Projektarbeit vorgestellte Abschlußbericht kam zu dem Schluß, DAT könne nunmehr als wirkbewiesen angesehen werden und empfahl, DAT als kommerzielles Angebot im Tiergarten Nürnberg fortzuführen. Bei Lichte besehen besagt die Studie freilich ganz anderes: Ein geringfügig signifikanter Wirkbeleg für DAT konte nur mit *einem* der vier Messinstrumente, nämlich dem Elternfragebogen, erbracht werden. Das Elterninterview führte zu keiner weiteren Erkenntnis, auch in der Beurteilung durch die Betreuer sowie der Videoanalyse konnte kein Beleg gefunden werden. Tatsächlich haben also *nur die Eltern angegeben, einen Effekt bei ihren Kindern wahrgenommen zu haben*, was sich auch ganz anders erklären lässt, als daß es solchen wirklich gegeben hätte: bei so viel investierter Zeit, Mühe und Hoffnung *muß* sich ganz einfach eine Wirkung zeigen, auch wenn es diese objektiv nicht gibt. Erkenntnisse zum Einfluß von Betreuung und Urlaubsatmosphäre waren insofern hinfällig; desgleichen die Klärung der Frage, ob die angegebenen Effekte nicht auch über Therapie mit domestizierten Tieren (Pferde, Hunde, Katzen) zu erzielen gewesen wären.

Die über Boulevardmedien und TV-Magazine vielkolportierte Behauptung, die Würzburger Studie habe die Wirksamkeit von DAT nachgewiesen, kann bestenfalls als heillose Überinterpretation des vorliegenden Datenmaterials gewertet werden. Tatsächlich konnte die Studie *keinerlei* messbare „Verbesserungen" feststellen, alle vermeintlichen Effekte und Besserungen fanden ausschließlich in der subjektiven Wahrnehmung der Eltern statt.

Bleibt als Fazit: Kontakt zu Tieren *kann* eine Therapie unterstützen, allerdings nur, wenn er über einen längeren Zeitraum hinweg und als persönliche *Beziehung* angelegt ist. Kurzzeitige Begegnungen zwischen Kind und Tier wie bei DAT bewirken über den momentanen Erlebniswert hinaus gar nichts. □

Der 2006 vom Institut für Sonderpädagogik der Universität Würzburg vorgelegte Abschlußbericht „Delfintherapie" diente dem Tiergarten Nürnberg, der selbst und mit kommerziellem Interesse an der „Studie" beteiligt war, als wesentliches Argument in der Durchsetzung des seit Ende der 1990er in Planung stehenden millionenschweren Ausbau seines heillos veralteten Delfinariums. Gegenstimmen, die seit Jahren auf Schließung der Anlage drangen, konnten mit dem Hinweis mundtot gemacht werden, die Verhinderung eines Ausbaus würde behinderten Kindern mögliche Hilfe vorenthalten.

Nachtrag (5/2015): Die Nürnberger „Delfin-Lagune", die entgegen aller Finanzplanung letztlich 31 Mio Euro verschlang, hat sich, vorhersehbar, als zigMillionengrab herausgestellt: Nicht nur blieben die Besucherzahlen weit hinter den viel zu optimistisch dargestellten Prognosen zurück, vielmehr sanken aufgrund der gestiegenen Eintrittspreise sogar die Gesamtbesucherzahlen des Tiergartens. Darüberhinaus zeigten sich massive Konstruktions- bzw. Baumängel an der „Lagune", deren eklatantester darin besteht, dass das Betonbecken leckt: in großer Menge austretendes Salzwasser hat bereits einen angrenzenden und unter Naturschutz stehenden Wald dauerhaft zerstört. Die notwendige Reparatur des Beckens, zu der die vorgehaltenen Delfine voraussichtlich in andere Delfinarien ausgeflogen werden müssen, wird weitere Millionen an Steuergeldern verschlingen. Zudem versagte offenbar die Wasseraufbereitung, so dass die vorgehaltenen Delfine aufgrund erhöhter Keimbelastung des Wassers schwer erkrankten und über längere Zeit antibiotisch behandelt werden mussten. Überdies wurde ein Mitarbeiter im Jahre 2012 bei einem Ozon-Unfall schwer verletzt.

Interessanterweise war nach der Eröffnung der „Delfin-Lagune" plötzlich mit keinem Wort mehr die Rede von „Delfintherapie", die zuvor als wesentliches Argument für den Bau der Anlage herangezogen worden war. In den ersten vier Betriebsjahren der „Lagune" fand *keine einzige* „delfintherapeutische" Behandlungsstunde statt, allerdings nicht aus Einsicht des Tiergartens in die Unsinnigkeit des Verfahrens, sondern schlicht deshalb, weil keine Kinder dafür angemeldet wurden.

Erbärmliches Leben in deutschen Zoos

23 von 38 deutschen Zoos, in denen Große Menschenaffen gehalten werden, erfüllen die Vorgaben des sogenannten Säugetiergutachtens nicht. Das dokumentiert das vor Kurzem erschienene Buch „Lebenslänglich hinter Gittern" von Colin Goldner. Der Psychologe und Tierrechtler hat über ein Jahr lang recherchiert und katastrophale Verhältnisse vorgefunden.

In den meisten Zoos sind die Verhältnisse schlichtweg indiskutabel. Die Tiere leiden unter der Beengtheit der Gehege, unter fehlenden Rückzugsmöglichkeiten und dem eklatanten Mangel an Beschäftigungsanreizen. In praktisch jedem der Zoos habe ich Tiere vorgefunden, die, in mehr oder minder ausgeprägter Form, die gesamte Bandbreite zootypischer Stresssymptome und Verhaltensstörungen aufwiesen: Bewegungsstereotypien, Agitiertheiten, Hyperaggressivität, Selbstverletzungen, aber auch völlige Apathie. In einem der Zoos habe ich eine Schimpansin angetroffen, die sich mit spitzen Fingern jedes einzelne Haar vom Körper rupft; sie ist mittlerweile fast völlig nackt. Es kann kein ernsthafter Zweifel daran bestehen, dass die Gefangenhaltung in Zoos die Tiere psychisch krank macht.

Das Elend der meist auf engstem Raume zusammengepferchten Tiere hat mich gleichermaßen erschüttert wie die offenkundige Indif-

ferenz der Zoobesucher ebendiesem Elend gegenüber. Die Frage, weshalb Zoobesucher das schreiende Unrecht, Menschenaffen oder andere Tiere hinter Eisengittern und Isolierglasscheiben zur Schau zu stellen, so notorisch verdrängen oder verleugnen, sie gar Vergnügen empfinden können angesichts eingesperrter, jedweder Selbstbestimmung und Würde beraubter Tiere, hat sich mir, trotz aller Verständnishilfen aus Tiefen- und Sozialpsychologie, nicht wirklich beantwortet; ebensowenig die Frage, wie Tierpfleger und sonstig angestelltes Personal das Elend der gefangengehaltenen Tiere so konsequent ignorieren, Zoos gar zu Einrichtungen angewandten Tierschutzes hochloben können.

Bis heute gibt es Zoos, die den Menschenaffen noch nicht einmal ein Außengehege zur Verfügung stellen. In mehr als der Hälfte der Zoos werden die bundesministeriellen Vorgaben zur Haltung von Säugetieren, wie sie Anfang Mai 2014 in überarbeiteter Form vorgestellt wurden, nicht erfüllt. In jahrelanger zäher Auseinandersetzung mit unabhängigen Gutachtern und Vertretern von Tierrechtsverbänden hatte der *Verband deutscher Zoodirektoren* jede noch so kleine Verbesserung zu verhindern versucht. Einer vierköpfigen Gorillagruppe etwa wollte man im Innengehege statt wie bisher 45qm gerade einmal 80qm zugestehen; die neuen Vorgaben verlangen - immer noch völlig unzureichend - 200qm.

Immer wieder werde ich gefragt, weshalb ich mich denn so besonders für die Großen Menschenaffen einsetze. Bekämen sie die geforderten Rechte, die es erlauben würden, sie aus schlechter Haltung herauszuklagen und in ein geschütztes Reservat zu verbringen, wie es mir als Utopie vorschwebt, wäre für all die anderen gefangengehaltenen und ausgebeuteten Tiere doch überhaupt nichts gewonnen. Die Antwort ist eine rein pragmatische: irgendwo muß man schließlich anfangen. Zudem, und das ist das Entscheidende, stellen die Menschenaffen den Dreh- und Angelpunkt dar des Verhältnisses Mensch-Natur, sie definieren wie nichts und niemand sonst die sakrosankte Grenzlinie zwischen Mensch und Tier: sind sie festgeschrieben „auf der anderen Seite", sind das alle anderen Tiere mit ihnen. Würde die Grenze durchlässig, könnte das eine Art „Türöffner" sein, der letztlich allen Tieren zugute käme. □

Düstere Zeiten

Die letzten Sonnenstrahlen sind passé: für die rund 450 in deutschen Zoos gehaltenen Schimpansen, Orang Utans, Gorillas und Bonobos beginnt nun die düsterste Zeit des Jahres. Sie werden bis zum kommenden Frühjahr in den sogenannten „Innengehegen" ihrer Anlagen verbringen, zusammengepfercht auf wenige Quadratmeter hinter Eisengittern und Isolierglasscheiben.

Auch wenn die Raummaße der „Innengehege" mittlerweile in den meisten Zoos den Vorgaben des bundesministeriellen Säugetiergutachtens von 1996 entsprechen, das für zwei Tiere je 12,5qm und ab dem dritten je weitere 10qm vorsieht - für fünf ausgewachsene Gorillas also 55qm -, gibt es für die Haltung von Menschenaffen in diesen tristen Betonbunkern keinen anderen Begriff als Folter. Die zum Vergnügen der Besucher zur Schau gestellten Tiere überleben diese Qual nur durch massive Gabe von Tranquilizern und Betablockern. Wer einmal in die abgrundtief deprimierten Augen eines gefangengehaltenen Orang Utan geblickt hat, weiß, wovon die Rede ist.

Selbst die seit Jahren von Tierschützern geforderte Überarbeitung des besagten Säugetiergutachtens - eine Neufassung ist für Ende 2012 geplant - mit allfälliger Verschärfung der entsprechenden Vorgaben, sprich: einer Erweiterung der jedem Tier zugestandenen Gehegegrundfläche, würde nur eine kosmetische und keine substantielle Verbesserung bringen. Abgesehen davon weisen die Vorgaben des Gutachtens keine Rechtsverbindlichkeit auf, einzelne Zoos könnten sich also, nicht zuletzt mit Verweis auf Bestandsschutz, auf Jahre und Jahrzehnte hinaus ihrer Umsetzung entziehen. Im Übrigen sind auch von einem novellierten Säugetiergutachten keine Vorgaben zu erwarten, die über die der EU hinausreichten, die ihrerseits als völlig ungenügend zu bewerten sind.

Schande für Wuppertal

Eine besonders eklatante Qualhaltung großer Menschenaffen findet, unbeachtet von der Öffentlichkeit, seit Jahrzehnten im Zoo Wuppertal statt. Der mittlerweile dreiundvierzigjährige Schimpansenmann Epulu lebt dort seit seiner Geburt eingesperrt in einem weniger als 40qm großen Bunker aus Beton und Panzerglas. Ein Außengehege gibt es nicht, er hat den Bunker zeit seines Lebens noch nie verlassen. Dass ihm keinerlei Spiel- oder Beschäftigungsmaterial zur Verfügung steht, fügt sich ins Bild; desgleichen, dass es weder Stroh noch Holzwolle für ihn gibt - von Gras oder Blättern ganz zu schweigen -, um sich ein Nest zu bauen. Auf engstem Raume und nacktem Betonboden fristet er ein elendes Leben, selbst dem Laien fallen die massiven Symptome von Hospitalismus ins Auge, die Epulu zeigt. Groteskerweise wurde der Zoo Wuppertal bei einem Ranking der Wochenzeitschrift *Stern* im Frühjahr 2008 als drittbester deutscher Großzoo eingestuft.

2006 bekam Epulu die damals 23j-ährige Schimpansin Kitoto dazugesetzt, die bis dahin in einem größeren Verband im Zoo von Münster gelebt hatte. Sie hatte dort Zugang zu einer relativ großen Außenanlage. Auch sie, die weiß, wie sich Gras unter den Füßen anfühlt, hat den Wuppertaler Betonkasten seither nicht mehr verlassen. Eine Zufallsbefragung von Zoobesuchern Ende August dieses Jahres ergab, dass die meisten vom Fehlen eines Außengeheges für die Schimpansen nichts wussten und dies auch gar nicht glauben wollten. Ein befragter Pfleger gab an, sie dürften nicht ins Freie, da sie sich dort erkälten könnten. Um es zu wiederholen: Es gibt im Wuppertaler Zoo überhaupt kein Freigehege für die Schimpansen.

Der renommierte Primatologe Volker Sommer, Beirat der *Giordano Bruno Stiftung*, sprach schon im Frühsommer 2011 von einer „Schande für eine Stadt wie Wuppertal": „Den Wuppertaler Schimpansen geht es schlecht. Erstens sind sie zu zweit eingesperrt. Gruppen wilder Schimpansen setzen sich hingegen aus vielen Dutzend Mitgliedern unterschiedlichsten Alters und Geschlechts zusammen. ‚Pärchen' gibt es nicht bei Schimpansen – ihre Gesellschaft ist freizügig und damit voller sozialer Raffinesse. Zweitens drehen sich die Wuppertaler Schimpansen auf engstem Raum im Kreise - in einem Gehege, das selbst Minimalanforderungen nicht erfüllt. Ihrer Zelle von 35 Quadratmetern stehen in der Wildnis leicht 35 Quadratkilometer gegenüber. Drittens bietet ihr Gehege viel zu wenig Abwechslung. Wilde Schimpansen sind mental gefordert, weil ihre komplexe

Umwelt sie beständig herausfordert, sei es physikalisch (Sonne, Wind und Regen), physisch (Boden, Baumkronen und Wasserläufe), physiologisch (Pflanzen- und Tiernahrung) oder psychologisch (Freunde, Feinde, Allianzen). - Was gilt es zu ändern? Die Schimpansen sollten in einer größeren Gruppe leben, sie müssen Zugang zu einer Außenanlage erlangen, und ihre Umgebung muss angereichert werden. Wenn der Zoo Wuppertal das nicht leisten kann, müssen die Schimpansen andernorts eine erträglichere Unterbringung erhalten. Wenn nichts geschieht, werden diese hochsensiblen und hochintelligenten Lebewesen noch Jahre oder gar Jahrzehnte vor sich hinsiechen - wenn nicht physisch, dann psychologisch. Denn Schimpansen, ähnlich wie Menschen, haben einen weiten Zeithorizont, der Vergangenheit, Gegenwart und Zukunft einschließt. Deshalb dürften diese Tiere die Ausweglosigkeit ihrer Situation verstehen und das empfinden, was wir ,Verzweiflung' nennen. Die gegenwärtige Haltung ist jedenfalls grausam."

Was hat sich seither geändert? Gar nichts. Eine im Juli 2011 von *PeTA* erhobene Forderung, die Lebensbedingungen für Epulu und Kitoto unverzüglich zu verbessern oder die Menschenaffen in eine tiergerechtere Umgebung zu überführen, verlief im Sande. Tatsache ist: Die Isolationshaltung der beiden Schimpansen im Wuppertaler Zoo verstößt nicht nur gegen bundesministerielle Vorgaben, selbst elementarste zooverbandsinterne Richtlinien werden missachtet (was in vielen anderen deutschen Zoos nicht viel anders ist). Die Qualhaltung von Epulu und Kitoto ist als eindeutiger Verstoß gegen das Tierschutzgesetz zu werten und damit strafbar. Sollten sich die Haltungsbedingungen für Epulu und Kitoto nicht zeitnah substantiell verbessern - Mindestvoraussetzungen wären ein jederzeit zugängiges Außengehege sowie die Ausstattung des Innengeheges mit Beschäftigungs- und Nestbaumaterial, dazu Rindenmulch auf dem Boden - wird Strafanzeige gegen die Verantwortlichen der Stadt Wuppertal erstattet, in deren Trägerschaft der Zoo steht. □

Nachtrag (6/2014): Da die Kritik an der Haltung der Schimpansen nicht abebbte und eine Strafanzeige im Raume stand, gab die Zooleitung eine „Gutachterliche Stellungnahme" in Auftrag: als "Gutachter" firmierte der frühere Tierarzt des Wilhelma-Zoos Stuttgart, Dr. Wolfram Rietschel, der nach einer Begehung des Wuppertaler Menschaffenhauses am 12.12.2012 feststellte, die beiden Schimpansen Epulu und Kitoto befänden sich "unter Berücksichtigung ihres Alters in einem ausgezeichneten Ernährungs- und Pflegezustand". Es seien "keinerlei frische oder abgeheilte Verletzungen zu erkennen". Im Übrigen seien "keine Auffälligkeiten im Verhalten der beiden Schimpansen zu beobachten", insbesondere seien "keine Aggressionen zwischen den beiden Tieren erkennbar", Das Fehlen einer Außenanlage werde durch "die geräumige, gut möblierte Innenanlage z.T. kompensiert, da sich das Dach öffnen läßt und den Tieren die gesamte Fläche Tag und Nacht und zu jeder Jahreszeit zur Verfügung steht". Das offensichtlich als reines Gefälligkeitsgutachten von Zootierarzt zu Zootierarzt erstellte Papier - Rietschel stellte seine Beobachtungen während *eines einzigen* Besuchstages an - wurde umgehend vom Zoo verbreitet, brachte die Kritik aber nicht zum Verstummen.

Endlich, im Sommer 2014, wurde ein neues Freigehege geschaffen, allerdings nur für die vorgehaltenen Bonobos. Epulu und Kitoto, mit deren Tod man die Schimpansenhaltung in Wuppertal auslaufen lassen will, dürfen diese Anlage stundenweise - abwechselnd mit den Bonobos - mitbenutzen. Trotz des nunmehr formal verfüglichen Freigeheges für die beiden Schimpansen verstößt der Zoo nach wie vor gegen die Richtlinien des mittlerweile in überarbeiteter Form vorliegenden Säugetiergutachtens. Und das nicht nur mit Blick auf die Schimpansen und Bonobos, auch zahlreiche sonstige Gehege entsprechen den neuen Vorgaben nicht.

Tierbefreiung 84, 9/2014

Bockwurst mit Pommes

Im Zoo von Münster findet sich - ausgerechnet in dem Betonbunker, in dem die Gorillas untergebracht sind - eine Plakatwand mit der Aufforderung an die Besucher, im Interesse der Tiere doch einmal die eigene Ernährung zu überdenken: „Achten Sie beim Kauf von Fleisch auf die Herkunft! Fragen Sie beim Metzger in Ihrer Nähe nach der Herkunft des Fleisches. Kaufen Sie Fleisch aus der Region". Und als Gipfel der Groteske: „Verzichten Sie weitgehend auf Sojaprodukte!", die, so der mitgelieferte Subtext, schuld seien an der Zerstörung des Regenwaldes und damit dem Aussterben der Großen Menschenaffen.

Es versteht sich, dass die Speisenangebote des Münsteraner Zoo-Restaurants, wie das in sämtlichen Zoos der Republik der Fall ist, extrem fleisch- und wurstlastig sind. Vegetarische oder gar vegane Alternativen? Fehlanzeige. □

Nana und Wubbo

Trauerspiel um Magdeburger Menschenaffenhaltung

Mit großem Brimborium wurde am 18. Juli 2014 im Magdeburger Zoo eine neue Schimpansenanlage eröffnet. Anlaß genug, die Menschenaffenhaltung in Magdeburg als Geschichte eines auf Dauer gestellten Debakels einer näheren Betrachtung zu unterziehen.

1962 wurden die ersten beiden Schimpansen für den Magdeburger Zoo erworben, CHARLIE und CONCHITA, für die es bei ihrer Ankunft überhaupt kein Gehege gab: sie wurden zwei Jahre lang "hinter den Kulissen" des Zoos in einem winzigen Abstellraum des Wirtschaftshofes verwahrt. Erst 1964 wurde ein provisorisches "Schimpansenhaus" für sie erstellt, in dem sie nunmehr auch für das Publikum zu sehen waren.

Ein im gleichen Jahr vom Rat der Stadt verabschiedeter Entwicklungsplan sah für den Zoo verschiedene Baumaßnahmen vor, darunter auch die Errichtung eines ordentlichen Menschenaffenhauses. Tatsächlich wurde der Bau dieses Haus erst im Jahre 1998 in Angriff genommen, vierunddreissig Jahre nach Verabschiedung des sozialistischen Perspektivplans. Bis zur Eröffnung des Hauses im Jahr 2000 lebten die Magdeburger Schimpansen in dem völlig unzureichenden Provisorium aus dem Jahr 1964.

Die beiden 1962 erworbenen Schimpansen hatten fünf gemeinsame Kinder. Zwei davon starben im Alter weniger Wochen, die anderen drei, ROBI GANDO und DEMU, wuchsen als Handaufzuchten, sprich: ohne Kontakt zu ihren Eltern heran. 1970 wurden die beiden Elterntiere abgeschoben und die drei Jungtiere bezogen das für zwei Tiere schon viel zu kleine Schimpansenhaus. Mit dem Heranwachsen der drei wurde der beengte Raum immer noch beengter, was zu enormen Spannungen zwischen den Schimpansenbrüdern führte. Da sie auch ihren Pflegern gegenüber unkontrollierbar aggressiv wurden, entschied man sich im Jahre 1986, die mittlerweile 16, 18 und 20 Jahre alten Tiere an einen Zoo in Rumänien zu verhökern.

Da die Schimpansen aber zu den absoluten "Publikumsrennern" des Zoos gehört hatten, wurde das für die Unterbringung von Menschenaffen völlig ungeeignete Provisorium (aus dem die Tiere mehrfach auch entkommen waren) im Jahr darauf erneut besetzt: mit einem eineinhalbjährigen, in einem holländischen Zoo handaufgezogenen Schimpansenmädchen namens NANA, dem nach zweijähriger Alleinhaltung(!) Ende 1989 der damals vierjährige WUBBO dazugesetzt wurde Auch diese beiden Tiere verbrachten 13 bzw. 11 Jahre - NANA ihre gesamte Kindheit und Jugend - in dem wenige Quadratmeter umfassenden Provisorium, bis sie in ein zeitgemäßeres Menschenaffenhaus umziehen konnten.

1994 startete der Zoo mit Hilfe einer lokalen Tageszeitung eine großangelegte Spendensammelkampagne mit dem Ziel, Geld für ein neues Menschenaffenhaus zu akquirieren. Hintergrund der Aktion war das für 1996 angekündigte bundesministerielle Säugetiergutachten, das Mindestanforderungen für die Haltung von Wildtieren - mithin also von Menschenaffen - in Zoos festlegen würde, denen das Provisorium von 1964 unter

WUBBO

keinen Umständen würde entsprechen können; da man insofern Sorge um die Verlängerung der Haltungserlaubnis für Große Menschenaffen hatte, wurden unter dem Motto "Unser Zoo braucht Hilfe" auf jede nur erdenkliche Weise Spendengelder zusammengekratzt. In relativ kurzer Zeit kamen 1,3 Millionen DM zusammen, die den Grundstock bildeten für das letztlich fast 8 Millionen DM teure Projekt (das insofern zu fast 85 Prozent über Aufbau-Ost- bzw. Steuermittel finanziert wurde). 1998 wurde mit dem Bau begonnen, im Frühjahr 2000 war die neue Anlage bezugsfertig; allerdings nur das Haus selbst: auf die Erstellung einer Außenanlage hatte man großzügig verzichtet (entweder weil man sie vergessen hatte oder weil sie nicht ins Bild des hochmodernen Designerobjekts passte, das man ich

118

- angeblich ein "Meilenstein der Zoo-Architektur" - genehmigt hatte; an zur Neige gegangenen Mitteln konnte es nicht gelegen haben, da der Zoo parallel dazu eine Vielzahl weiterer Prestigeprojekte in Angriff nahm. Die Bedürfnisse der Affen spielten ohnehin keine Rolle.)

Auch ohne Außengehege wurde das mit zwei separaten Innengehegen ausgestattete Haus in Betrieb genommen: in eines der Gehege zogen NANA und WUBBO ein, das andere wurde mit drei neu angeschafften Orang Utans (aus den Zoos Heidelberg bzw. Dortmund) besetzt.

Schon kurz nach der Eröffnung des 8-Millionen-Baus traten erhebliche Probleme auf: bedingt durch eklatante Fehler in der Dachkonstruktion stagnierte der Luftaustausch, so dass es zu massivem Schimmelpilzbefall kam. Im Juli 2001 starb das 7jährige Orang Utan-Mädchen SA-PULOH an einer Lungenentzündung. Gleichwohl auch bei den beiden anderen Orang Utans Lungenschädigungen festgestellt wurden und die behandelnden Ärzte die Luftbedingungen in dem neuen Haus heftig kritisierten, passierte nichts. Der seinerzeitige Zoodirektor Michael Schröpel wiegelte ab, im Regenwald sei es nun mal stickig.

Im Januar 2003 starb der 10jährige Orang Utan BATAK während einer Zahnbehandlung. Die Autopsie ergab, dass auch er schwer lungenkrank war. Erneut wies die Zooleitung jeden möglichen Zusammenhang mit den stickigen Haltungsbedingungen zurück. Auch die 14jährige Orang Utan-Frau PUAN zeigte Symptome einer schweren chronischen Lungenentzündung; aber erst Monate später - und nachdem die Tierrechtsorganisation "Pro Wildlife" Strafanzeige gegen den Zoo erstattet hatte - wurde sie aus dem verseuchten Haus ausgelagert. Auch NANA und WUBBO wurden anderweitig untergebracht. Ende Juni 2003 wurde das Haus geschlossen und einer mehr als zwei Jahre dauernden Sanierung unterzogen. Erst im Oktober 2005 konnte es wiedereröffnet werden, erneut besetzt mit NANA und WUBBO (die aufgrund der Mängel an dem neuen Haus weitere zwei Jahre ihres Lebens unter völlig ungeeigneten Bedingungen hatten zubringen müssen). Das Orang Utan-Gehege blieb zunächst leer: PUAN war 2004 nach Heidelberg zurückverbracht worden, und neue

Orang Utans erhielt Magdeburg nicht. Das Orang Utan-Gehege wurde insofern mit Meerkatzen besetzt.

Dem Vernehmen nach hat der Zoo mittlerweile Abstand von wieterer Orang Utan-Haltung genommen. Stattdessen wurde die Ausweitung der Schimpansenhaltung beschlossen: Das erst vor wenigen Jahren mit Millionenaufwand sanierte Menschenaffenhaus (das nach wie vor bestehender Baumängel wegen Ende 2011 erneut für längere Zeit gesperrt werden musste), soll zu einem reinen Meerkatzenhaus umgebaut werden. Parallel dazu wurde direkt nebenan ein neues Schimpansenhaus erstellt, in dem auf knapp 500qm Innenfläche bis zu 15 Tiere gehalten werden sollen. Zudem wurde ein Außengehege eingerichtet, das es für NANA und WUBBO, die seit nunmehr weit über zwanzig Jahren im Magdeburger Zoo sitzen, noch nie gab. Baukosten, großenteils finanziert aus Steuergeldern, 3,1 Mio Euro.

Nach Fertigstellung der Anlage Anfang Juli 2014 wurden acht Schimpansen aus dem Zoo Münster übernommen, der in Konflikt mit den Anfang Mai des Jahres vorgestellten neuen Vorgaben geraten war, das Säugetierhaltung in Zoos regelt. Schon im Vorfeld der Verabschiedung des Vorgabenkataloges war den Zoos klargeworden, dass trotz des vehementen Widerstandes der an der Überarbeitung beteiligten Zoodirektoren

NANA

die für die Haltung von Menschenaffen vorgegebenen Gehegemaße erheblich erweitert werden würden. (Während Menschenaffen bislang ein Innen- sowie ein Außengehege mit einer Grundfläche von je 25qm für bis zu zwei Tiere plus zusätzliche 10 qm für jedes weitere Tier zugestanden worden war - d.h. für eine vierköpfige Schimpansengruppe ein Innenraum von gerade einmal 45qm -, sehen die neuen Vorgaben Innen- und Außengehege von je 200qm für eine vierköpfige Gruppe plus 25qm für jedes weitere Tier vor. Die Zoovertreter hatten für eine dreiköpfige Schimpansengruppe im Innen- und

Außenbereich je 70qm plus 10qm für jedes weitere Tier, sprich: 80qm für vierköpfige Gruppen gefordert.) Für den Zoo Münster bedeuteten die Vorgaben des neuen Säugetiergutachten ein unlösbares Problem, da an den viel zu kleinen Innengehegen des Betonbunkers, in dem die Tiere bislang untergebracht waren, keine baulichen Erweiterungen möglich waren. Man entschied sich letztlich dafür, die Schimpansenhaltung komplett aufzugeben und die acht vorgehaltenen Tiere an den Zoo Magdeburg zu überstellen, der aus nämlichem Grunde wir der Zoo Münster in Konflikt mit den neuen Vorgaben geraten war. Die bisherige Haltung von NANA und WUBBO in einem hierfür völlig ungeeigneten Gebäude ohne Außenanlage wäre nicht länger hinnehmbar gewesen. Der freiwerdende Platz im Münsteraner Zoo soll, um die bundesministeriellen Vorgaben zu erfüllen, den derzeit sieben dort vorgehaltenen Gorillas zugeschlagen werden. (Andere Zoos hinken hier massiv hinterher: In mehr als der Hälfte der 38 deutschen Zoos, in denen große Menschenaffen zur Schau gestellt werden, wird, teils massiv, gegen die neuen Vorgaben verstoßen).

Todesfalle Wassergraben

Während es grundsätzlich zu begrüßen ist, dass der Zoo Magdeburg nun endlich eine neue Anlage erstellt hat – wenn schon eine Beendigung der Haltung von Menschenaffen nicht in Frage kam -, ist insbesondere die neue Außenanlage erheblicher konzeptioneller Mängel wegen scharf zu kritisieren: Als Sicherung gegen ein Entweichen der darauf gehaltenen Schimpansen ist das gut 1200qm große Gelände mit einem Wassergraben umgeben. Wie Zoodirektor Dr. Kai Perret, promovierter Biologe und eigenen Angaben zufolge primatologischer Fachmann, öffentlich betonte, gingen Schimpansen "niemals freiwillig ins Wasser", weswegen sie sich, so der Subtext seiner Ausführungen, aus eigenem Antrieb von dem begrenzenden Wassergraben fernhielten. Diese Aussage des Dr. Perret ist fachlich falsch: tatsächlich gibt es Schimpansen, die ausgesprochen gerne mit Wasser in Kontakt kommen und gerne im Wasser spielen. Es ist insofern nicht ausgeschlossen, dass die neu aus dem Zoo Münster übernommenen Schimpansen ebenso wie die bisher gehaltenen Schimpansen NANA und WUBBO sich dem Wassergraben mit Interesse nähern.

Da der Graben augenscheinlich nicht weiter gesichert ist, können die Tiere auf der abschüssigen Böschung in tieferes Wasser geraten und dort ertrinken, wie dies vor zwei Jahren im Tierpark Hellabrunn in München geschah: die Schimpansin PÜPPI überwand den elektrisch geladenen Drahtzaun, der den dortigen Wassergraben auf Seiten der Tiergeländes umgibt, geriet in tiefes Wasser und ertrank.

In der Tat sind bereits mehrfach Große Menschenaffen in deutschen Zoos in derartigen Begrenzungsgräben ertrunken. Es könnte solcher Unglücksfall jederzeit auch im Zoo Magdeburg passieren, wofür Zoodirektor Perret die Verantwortung trüge: Schimpansen ohne ausreichende Sicherung in ein von einem zwei Meter tiefen Wassergraben umgebenes Freigelände zu lassen, muss als eklatanter Verstoß gegen die EU-Richtlinie über die Haltung von Wildtieren in Zoos (1999/22/EC) gewertet werden. Auch Unterlassenstäterschaft nach § 17 Nr. 1 Tierschutzgesetz mit Blick darauf, dass die für die Annahme eines strafrechtlich relevanten Unterlassens entscheidende Garantenstellung (§ 13 StGB) seitens Dr. Perrets gegeben ist, könnte diesem bei einem Unglücksfall zum Vorwurf gemacht werden, da er als Zoodirektor und Primatenexperte um die potentielle Gefährdung der Tiere durch den Wassergraben wissen und dieser abhelfen muss.

Längst wird international bei Neubauten von Außengehegen für Große Menschenaffen auf Wassergräben verzichtet, zumal diese, wie nicht zuletzt der Ausbruch einer Gruppe von fünf Schimpansen aus dem Außengehege des Zoos Hannover im Juli 2012 zeigte - die Tiere entkamen über einen umlaufenden Wassergraben - keinen ausreichenden Schutz der Besucher bieten. Bei dem Ausbruch wurde ein kleines Mädchen nicht unerheblich verletzt. □

Nachtrag 1: Erwartungsgemäß konnten NANA und WUBBO vom Neubau der Anlage kaum profitieren: das neue Innengehege, in dem sie, getrennt von den aus Münster übernommenen Schimpansen untergebracht waren, brachte für sie nur wenig Besserung; und das neu geschaffene Außengehege stand ihnen allenfalls dann zur Verfügung, wenn es nicht gerade von der insofern bevorzugten großen Gruppe genutzt wurde. NANA und WUBBO waren wieder einmal die Verlierer.

Nachtrag 2: Wie der Zoo Magdeburg am 13.7.2015 mitteilte, sei WUBBO tags zuvor „aus unerklärlichem Grunde" gestorben. Ein todtrauriges Schimpansenleben war zu Ende gegangen. Wie es mit NANA weitergehen soll, ist völlig ungeklärt.

Disneyland auf Abraumhalde

Der Zoo Ost-Berlin soll mit fast 100 Mio modernisiert werden

Der seit einem guten Jahr in Berlin amtierende Zoodirektor Andreas Knieriem (49) hat Großes vor mit den beiden unter seiner Regie stehenden Hauptstadtzoos. Während sein Vorgänger Bernhard Blaszkiewitz sich über Jahre und Jahrzehnte gegen jede Neuerung gesperrt hatte, will Knieriem nun alles umkrempeln. Und dabei klotzen statt kleckern.

92,36 Millionen Euro hat er eben beim Senat beantragt, um vor allem den Ostberliner Tierpark Friedrichsfelde auf Vordermann zu bringen. Von Verbesserungen in der Tierhaltung ist allerdings nur wenig die Rede. Obgleich etwa die Unterbringung der Elefanten im vorsintflutlichen "Dickhäuterhaus" zum Himmel stinkt, desgleichen die der Großkatzen in den verkachelten 60er-Jahre-Betonbunkern des "Alfred-Brehm-Hauses", und insofern dringlichster Handlungsbedarf bestünde, schwebt Knieriem ganz anderes vor: nämlich eine konsequente Disneylandisierung des Tierparks, wie er sie schon als stellvertretender Direktor des Zoos Hannover umgesetzt hatte, in dessen Umgestaltung zum "Erlebniszoo" er seit Mitte der 1990er satte 112 Millionen Euro versenkte. Bis zum Ende des laufenden Jahrzehnts sollen weitere 72 Mio verbaut werden.

Auch wenn die Irrsinnsinvestitionen in Hannover sich trotz erheblich gestiegener Eintrittspreise niemals amortisieren werden - der Zoo wies, ungeachtet aller Amusementparkattraktionen im letzten Jahr fast 20 Prozent weniger Besucher auf als noch 2010 - will Knieriem in Berlin erneut zig Millionen Euro an Steuergeldern in den Sand setzen. Apropos: Die von Blaszkiewitz hinterlassenen 30.000 Tonnen an quecksilber- und bleiverseuchtem Sand - manche sprechen gar von 100.000 Tonnen -, für deren sachgemäße Entsorgung vor Kurzem noch Kosten von bis zu 2,4 Mio Euro im Raume standen, werden von Knieriem einfach in sein Disneyland-Konzept integriert: die auf dem Wirtschaftshof des Zoos lagernden gigantischen

Giftsandberge sollen umgestaltet werden zum "Erlebnisraum Himalaya", einschließlich einer Gondelbahn, die die Besucher auf die Blaszkiewitzschen Abraumhalden hinaufbefördern soll. Auch ein Erlebniscafé im Friedrichsfeldener Schloß ist vorgesehen, dazu eine Bimmelbahn, ein Abenteuerspielplatz und vieles mehr. Die Pläne hingegen, ein Spaßbad auf dem Zoogelände zu errichten, wurden vorläufig auf Eis gelegt.

Dubiose Berechnungen

Zeitgleich mit seiner 92,36-Mio-Forderung an den Senat legte Knieriem den Geschäftsbericht 2014 für den Westberliner Zoo vor, der eindrucksvoll unterstreichen sollte, welch enorme gesellschaftliche Bedeutung denn einem Zoo - oder wie in Berlin gar zwei davon - zukommt. Wortreich ist die Rede von 3,25 Millionen Besuchern, die der Zoo samt dazugehörigem Aquarium im letzten Jahr habe begrüßen dürfen, sogar steigende Besucherzahlen seien zu verzeichnen gewesen.

Bei genauerer Hinsicht allerdings stellen sich merkwürdige Widersprüche heraus: Laut Geschäftsbericht sei "die Hälfte der Gäste mit Kindern unterwegs", zugleich aber sollen "50 Prozent der Zoobesucher einen (Fach-)Hochschulabschluss, 21 Prozent ein Abitur und 23 Prozent einen Realschulabschluss" besitzen, sprich: 94 Prozent (!!!) der Besucher sollen Erwachsene und zudem höhergebildet sein.

Zudem soll das Durchschnittsalter der Zoo-Besucher bei 44 Jahren liegen, was angesichts des Umstandes, dass ja "die Hälfte der Gäste mit Kindern unterwegs" sei, reichlich grotesk anmutet. Aber jetzt kommt's: Wie, so fragt man sich, sollen bei 1,27 Millionen Gästen, die laut Bericht im letzten Jahr ein Tagesticket für den Zoo und 545.000 eines für das Aquarium lösten sowie exakt 38.179 verkauften Jahreskarten, deren Besitzer im Laufe des Jahres jeweils angenommene 20mal einen Zoo- bzw. Aquariumsbesuch abgestattet haben, insgesamt 3,25 Mio Besucher zustande gekommen sein, wie der Zoo angibt? Nach Adam Riese sind das allenfalls 2,58 Mio Besuche und aufgrund der Jahreskarten allenfalls 1,82 Mio BesucheR. Geht man davon aus, dass Zoo und Aquarium vielfach "in einem Aufwasch" besucht werden, verringert sich die Zahl der BesucheR nochmals ganz erheblich und wird auch nicht ausgeglichen durch

Familienkarten, über die mehrere Personen auf einem Ticket eingelassen werden.

Tatsächlich hat das vorsätzliche Nach-oben-Fälschen von Besucherzahlen in den Zoos System. Wie der Verband der Zoologischen Gärten e.V. (VdZ) fortgesetzt behauptet, zögen allein die deutschen Zoos Jahr für Jahr rund 65 Millionen Besucher an. Die VdZ-Berechnungen aber haben einen geflissentlich übersehenen Haken: viele Menschen besuchen ein und denselben Zoo per Dauerkarte mehrfach pro Jahr, manche kommen regelmäßig jede Woche (oder gar täglich!) und/oder suchen reihum verschiedene Zoos auf, so dass die Zahl zoobesuchender Menschen tatsächlich nur einen Bruchteil der Zahl registrierter Zoobesuche ausmacht: Statten von den behaupteten 65 Millionen Besuchern pro Jahr nur fünf Prozent monatlich einen Zoobesuch ab - eine konservative Schätzung -, verringert sich die Zahl der Menschen, die jährlich Zoos besuchen, schlagartig um mehr als die Hälfte.

Dass die Besucherzahlen der einzelnen Zoos gnadenlos nach oben manipuliert werden, stellte Knieriems Ex-Zoo Hannover schon vor Jahren - unfreiwillig - unter Beweis. Im Jahresbericht für 2010 wurde das neueingerichtete elektronische Zugangssystem hervorgehoben, das die Zahl der Zoobesucher exakt zu erfassen erlaubt. Bis dahin waren die Zahlen aus den verkauften Tages- und Jahrestickets über einen vom VdZ vorgegebenen Multiplikationsfaktor hochgerechnet worden. Nach dieser dubiosen, seit Jahren aber in VdZ-Zoos üblichen Berechnung hätte der Zoo Hannover im Geschäftsjahr 2010 genau 3.486.612 Besucher ausgewiesen, was in ebendieser Höhe in die VdZ-Statistik eingeflossen wäre. Tatsächlich aber zählte das elektronische Zugangssystem nur 1.602.257 Besucher, weit weniger als die Hälfte der hochgerechneten Zahl. Der VdZ, der bis heute an dem untauglichen Hochrechnungssystem festhält, hat allein für den Zoo Hannover für das Jahr 2010 mehr als 1,8 Millionen Jahreskartenbesucher dazuhalluziniert. Ganz so wie Knieriem das aktuell und unter ausdrücklicher Berufung auf die VdZ-Hochrechnungsvorgaben für den Berliner Zoo machte.

Obgleich Zoos auch aus tourismuspolitischer Sicht keinen Sinn machen, werden sie mit zigMillionen aus Steuergeldern gefördert. □

Petermann, geh' du voran!

Unangefochtener Star des Kölner Karnevals war einst ein kleiner Schimpanse, der 1949, zusammen mit seiner Mutter, irgendwo in Afrika eingefangen und nach Europa verschifft worden war. Während die Mutter noch vor der Ankunft starb, wurde der Kleine, zunächst Pittermännchen und später Petermann genannt, im Kölner Zoo vom damaligen Direktor Werner Zahn „von Hand" aufgezogen. Bald schon musste er andressierte Kunststücke vorführen oder stundenlang im Kassenhäuschen sitzen und Eintrittskarten ausgeben. Im Jahr 1952 trat er, ausstaffiert mit Frack und Zylinder, erstmalig im Fernsehen auf.

Über Jahre hinweg steckte man ihn zur Karnevalszeit in eine bunte Gardeuniform und reichte ihn von einer Prunksitzung zur nächsten; gelegentlich musste er zum Gaudium der Jecken auch eine Livree oder ein rosa Tutu tragen. Wie er den Trubel, die Blitzlichter,

Schimpanse Petermann im
Karnevalskostüm, Köln 1958

das Herumgezerre an ihm verkraftete, kümmerte niemanden. Als er im Alter von etwa zehn Jahren immer aggressiver und unkontrollierbarer wurde, mussten seine öffentlichen Auftritte im Jahre 1958 eingestellt werden.

Er wurde in einen zehn Quadratmeter großen, rundum verfliesten Einzelkäfig gesperrt, wo er in tiefe Depression verfiel, unterbrochen nur von wiederkehrenden Tobsuchtsanfällen. Das Eisengitter vor seinem Käfig wurde durch eine Panzerglasscheibe ersetzt, da er Besucher bespuckte und mit Exkrementen bewarf. Mit einer ihm zeitweise zugesellten Schimpansin namens Susi wusste er nichts anzufangen.

Die folgenden 27 Jahre vegetierte Petermann in seinem winzigen Fliesenbunker vor sich hin, ohne Beschäftigung, ohne Sozialkontakt, ohne Möglichkeit, sich wenigstens zeitweise in einem Außengehege aufzuhalten, da solches für ihn nicht vorgesehen war. Am 10. Oktober 1985 machte er zum letzten Mal Schlagzeilen. Er schaffte es, die Tür seines Käfigs zu öffnen, und flüchtete zusammen mit Susi. Zunächst schlug er einen Wärter nieder, dann fiel er über den zufällig des Weges kommenden Zoodirektor Gunther Nogge her, dem er lebensgefährliche Verletzungen im Gesicht zufügte und ihm obendrein ein Ohr und zwei Finger abbiss. Die Polizei rückte mit Scharfschützen an und erschoss Petermann noch auf dem Zoogelände; vor den tödlichen Schüssen soll er kämpferisch die linke Faust in den Kölner Abendhimmel gereckt haben. Susi wurde in der Innenstadt gestellt und ebenfalls erschossen. Nogge überlebte nur dank einer Notoperation.

Nach seinem Tod wurde Petermann zur Symbolfigur der anarchistischen und linksalternativen Szene Kölns, sein Angriff auf Nogge wurde zum „Kampf der geknechteten Kreatur gegen Unterdrückung und Ausbeutung" stilisiert. An Hauswänden fand man Graffitis wie „Petermann lebt!" oder „Petermann, geh du voran!", eine Fußballmannschaft der „Bunten Liga" wurde mit und in seinem Namen „Deutscher Alternativmeister". Selbst in bürgerlichen Kreisen erinnert man sich bis heute mit einiger Schadenfreude an Petermanns Attacke, zumal Gunther Nogge seiner autoritären Amtsführung wegen noch nie sonderlich beliebt war. □

"Inakzeptable Verhältnisse" (Interview)

Große Menschenaffen sind die Attraktion von 38 deutschen Zoos. Der Psychologe und Tierrechtler Colin Goldner hat sie besucht - und war entsetzt. Er will nicht nur bessere Haltungsbedingungen für die Tiere. Sondern Grundrechte.

Schimpansen sind intelligente, sozial lebende Tiere. Sie unterscheiden sich im Erbgut nur minimal von Menschen. Dürfen wir sie gegen Geld zur Schau stellen? Photo: Indiskutable Schimpansenhaltung im Zoo Gettorf (© Colin Goldner, 2013).

GEO: Herr Goldner, Sie haben in den vergangenen zwei Jahren alle 38 deutschen Zoos besucht, in denen Große Menschenaffen, also Bonobos, Schimpansen, Gorillas und Orang-Utans, zu bestaunen sind. Zu welchem Ergebnis sind Sie gekommen?

Colin Goldner: Eines der zentralen Probleme besteht darin, dass die Tiere die meiste Zeit ihres Lebens in extrem beengten Innenräumen zusammengepfercht leben. In der Regel dürfen sie nur an wenigen Tagen des Jahres für ein paar Stunden in eine Freianlage, sofern es eine solche überhaupt gibt. Diese Beengtheit schafft enorme soziale Spannungen und ständigen Stress. Zudem leiden die Tiere unter dem Mangel an Rückzugsmöglichkeiten. Die Besucher zahlen ja dafür, dass sie die Tiere sehen können. Darum gibt es keine oder keine ausreichenden Sichtblenden oder Rückzugsräume. So sind Sie den ganzen Tag einer lärmenden Masse von Menschen ausgesetzt, die sich an den Gehegen vorüberwälzt. Ein weiteres großes Problem ist der Mangel an Beschäftigung. Die kognitive Unterforderung, der Dauerstress der viel zu engen Käfige und die ständige Konfrontation mit den Besuchern machen die Tiere krank. In allen Zoos waren teils massive Verhaltensstörungen zu beobachten - von zootypischen Bewegungsstereotypien, wie Kopf- oder Oberkörperwackeln, über Selbstverletzungen jeder Art, hin zu völliger Apathie. Es gibt keinen Zweifel, dass die Tiere in der Zoogefangenschaft leiden.

Konnten Sie Unterschiede bei den Zoos feststellen?

Besonders schlimme Zustände in der Unterbringung von Menschenaffen herrschen in den kleinen Privatzoos, etwa in Bad Pyrmont, Delbrück, Gettorf, Schwaigern und Welzheim. Aber auch in den angeblich wissenschaftlich geführten Großzoos von Duisburg, Dresden, Wuppertal und an vielen anderen Orten sind die Verhältnisse völlig inakzeptabel.

Warum ist es eigentlich so schwierig, Forderungen nach besseren Haltungsbedingungen, beziehungsweise ein Verbot der Haltung von Affen und anderen Tieren in Zoos durchzusetzen?

Weil die zuständigen Politiker immer noch der Mär aufsitzen, Zoos seien wichtige Attraktionsfaktoren für eine Stadt oder Region, die massive Subventionierung rechtfertigten. Sie sitzen insofern auch der Zoopropaganda auf, nur über die Präsentation exotischer Wildtiere könne diese Attraktivität aufrechterhalten werden. Anstatt die Haltung bestimmter Wildtiere zu verbieten, die schon aus klimatischen Gründen hierzulande nicht ihren Bedürfnissen entsprechend gehalten werden können, werden mit zig Millionen an Steuergeldern immer neue Warmhäuser gebaut. Zooverbände haben erheblichen Lobby-einfluss.

Sie gehen über die Kritik an Haltungsbedingungen hinaus und fordern im Rahmen des Great Ape Project Grundrechte für Große Menschenaffen ...

Die Forderung nach elementarer Gleichstellung der Menschenaffen setzt einen Entwicklungsverlauf fort, der allgemein in der Mensch-heitsgeschichte erkennbar ist: Anfangs bezogen sich ethische Empfindungen fast ausschließlich auf die eigene Sippe, danach auf gesellschaftliche Teilgruppen, später auf die Mitglieder einer Gesell-schaft, schließlich mit der UN-Menschenrechtserklärung auf alle Menschen. Warum sollten wir hier haltmachen und die Interessen leidens- und freudefähiger Primaten ignorieren, bloß weil sie keine Menschen sind? Der historische Moment ist gekommen, um nach Nationalismus, Rassismus und Sexismus auch die Schranke des "Speziesismus" zu überwinden, der die Diskriminierung von Lebe-wesen nur aufgrund ihrer Artzugehörigkeit rechtfertigt.

Affen wissen nichts von Persönlichkeitsrechten, und man wird ihnen das Konzept auch nicht verständlich machen können ...

Wie im Falle "unmündiger" Menschen, also Kleinkindern, fortge-schritten Demenzkranken und so weiter, die nicht für sich selbst sprechen und ihre Rechte nicht selbst formulieren können, sollten Rechtsansprüche von Menschenaffen durch menschliche Sachwalter vertreten - und gegebenenfalls auch eingeklagt - werden können.

Wenn Sie mit Ihrer Forderung Erfolg haben sollten, hätten die Tiere weit reichenden Schutz - nicht nur davor, in Zoos ausge-stellt zu werden. Aber verschieben Sie damit nicht nur die Grenze zwischen rechtlich geschützten und faktisch rechtlosen Lebewesen? Anderen Tieren wäre mit Ihrer Forderung ja nicht gedient, etwa den 50 Millionen Schweinen, die jedes Jahr in Deutschland geschlachtet werden ...

Diese Frage wird mir immer wieder gestellt. Ich bin pragmatisch und sage: Irgendwo muss man anfangen. Zudem - und das ist das Ent-scheidende - stellen Menschenaffen den Dreh- und Angelpunkt des Verhältnisses von Mensch und Natur dar. Sie definieren wie nichts und niemand sonst die scheinbar unantastbare Grenzlinie zwischen

Mensch und Tier. Dabei wissen wir, dass sie über kognitive, soziale und kommunikative Fähigkeiten verfügen, die sich von denen des Menschen allenfalls graduell unterscheiden. Naturwissenschaftlich besehen ist es längst nicht mehr haltbar, überhaupt noch zwischen Menschen und Menschenaffen zu unterscheiden. Die Erbgutunterschiede, etwa zwischen Mensch und Schimpanse, bewegen sich im Promillebereich. Es gibt gerade bei den Menschenaffen kein vernünftiges Argument, ihnen die geforderten Grundrechte vorzuenthalten. Würde die Grenze zwischen Mensch und Tier durchlässig, könnte das eine Art "Türöffner" sein, der letztlich allen Tieren zugute käme. Im besten Fall könnte es zu eben jenem Dammbruch führen, den die Vertreter der "alten Ordnung" so sehr befürchten: zu einem radikalen Wandel des gesellschaftlichen Konsenses über das Mensch-Tier-Verhältnis.

Es gibt in den Medien ein gewachsenes Interesse an Themen wie Veganismus und Tierrechte. Spiegelt sich darin ein Bewusstseinswandel in der Gesellschaft?

Mit Blick auf Veganismus als Mode- und Lifestyleerscheinung bin ich noch etwas vorsichtig. Trotzdem glaube ich, dass sich ein Bewusstseinswandel abzeichnet. Immer mehr Menschen, gerade auch der jüngeren Generation, interessieren sich für einen ethisch verträglicheren Umgang mit Tieren.

Mit welcher Folge für die Zoos?

Die Besucherzahlen gehen seit Jahren massiv zurück. Immer weniger Menschen scheinen Gefallen daran zu finden, hinter Panzerglas und Elektrozäunen eingesperrte Wildtiere zu besichtigen, die allenfalls noch traurige Karikaturen ihrer wildlebenden Artgenossen darstellen. □

Das Interview führte Peter Carstens

Nachtrag (6/2015) Die katastrophale Haltung von Schimpansen im Zoo von Bad Pyrmont ist mittlerweile beendet: nach dem Tod von Schimpanse KARLCHEN Ende 2014 wurde der allein verbliebene CHARLIE im Juni 2015 an das *Wales Ape and Monkey Sanctuary* in Nordengland abgegeben; allerdings nicht freiwillig, sondern aufgrund massiven öffentlichen Drucks auf das zuständige Veterinäramt. Somit reduziert sich die Zahl von Zoos in Deutschland, die Große Menschenaffen zur Schau stellen, auf 37.

Zootiere an Gourmetrestaurants verkauft

Nicht gerne erinnert man sich im nordrhein-westfälischen Bad Pyrmont an den sogenannten „Krams-Skandal", der vor einigen Jahren über den örtlichen Zoo und die Stadt hereingebrochen war.

Der seinerzeit völlig abgewirtschaftete Zoo war 1981 von einem gewissen Horst Krams übernommen worden, der zuvor als Hilfsarbeiter in einem Zirkus, dann als Aushilfskraft bei einem Tierhändler tätig gewesen war. Er bekam den Pachtvertrag, ohne dass er eine fachliche Qualifikation hätte vorweisen können, und obgleich bekannt war, dass er kurze Zeit zuvor wegen Zollhinterziehung - er hatte im Kofferraum seines Autos drei Affen über die holländisch-deutsche Grenze zu schmuggeln versucht - rechtskräftig verurteilt worden war.

Sofort nach Amtsantritt begann Krams, aus dem Zoo heraus einen schwunghaften Handel mit teils streng artengeschützten Wildtieren aufzuziehen, die er an andere Tierhändler, aber auch an Präparatoren und Gourmetrestaurants verkaufte. Dem Vernehmen nach brachte er einige der Tiere im Futterschuppen des Zoos eigenhändig um.

Obgleich sich die Anzeigen gegen Krams häuften, passierte zunächst überhaupt nichts, Stadtverwaltung, Kreisveterinäramt und Untere Naturschutzbehörde schoben einander die Verantwortung im Kreise herum zu. Erst als die lokale *Deister- und Weserzeitung* einen großaufgemachten Artikel über die kriminellen Machenschaften im Bad Pyrmonter Zoo veröffentlichte, wurde Krams festgenommen, der, wie es in einem Folgeartikel hieß, als Zoodirektor völlig unangefochten „schachern und schächten, quälen und verstümmeln" konnte. Krams wurde letztlich zu einer moderaten Geldstrafe verurteilt und bekam Berufsverbot auferlegt. Der seinerzeitige Eigner des Zoos, der diesen an Krams verpachtet hatte, wollte nichts von dessen kriminellen Aktivitäten gewusst und mitbekommen haben, obgleich er zusammen mit ihm auf dem Zoogelände im selben Haus wohnte.

Eine wirkliche Aufarbeitung des Bad Pyrmonter Zooskandals gab es bis heute nicht. □

Gebratenes Krokodil in Currysauce

Zoos scheinen an sonnigen Tagen vielfach nur von Muttis mit Kinderwägen frequentiert. Kaum sind sie niedergekommen, zieht es sie samt ihrem Nachwuchs zwanghaft in den örtlichen Tiergarten. Aber weshalb, fragt man sich einigermaßen irritiert? Das Blag kriegt von den eingesperrten Affen, Elefanten und Tigern doch noch gar nichts mit. Stimmt, trotzdem wirkt offenbar tiefverwurzelte Prägung. All die Muttis, die heute ihre Kinderwägen durch den Zoo schieben, wurden schon von ihren eigenen Müttern als Babies durch den Zoo geschoben, und die von den ihren. Denn: Zoos sind primäre Konditionierungseinrichtungen. Sie dienen als Anschauungs- und Lernorte einer als unverzichtbar definierten Grenzziehung zwischen Tier und Mensch - „wir" diesseits der Gitter und Panzerglasscheiben, „die anderen" jenseits -, die es dem Menschen erlaubt, alles, was nicht unter die eigene Spezies zu subsumieren ist, nach Gutdünken zu vereinnahmen, zu nutzen und auszubeuten. Ganz im Sinne des biblischen Unterjochungsauftrages aus dem 1. Buch Mose: „Machet sie euch untertan und herrschet...Furcht und Schrecken vor euch über alle Tiere". Bis zum Eintritt in die Kita, in der Ausflüge in den Zoo zur regelmäßigen Übung werden, war der Sproß schon dutzendemale dort, mit Mutti, Omi, Patentante oder sonstwem, der oder die mit seiner Erziehung befasst ist.

Zoos konditionieren Menschen schon in einem Alter vor dem Spracherwerb darauf, dass es in Ordnung ist, Tiere einzusperren, zu begaffen und – wohlgemerkt – auch zu verzehren. Zoobesucher werden nicht etwa angeregt, einen auf ganz persönlicher Ebene erlebbaren Beitrag zu Tier-, Natur- und Umweltschutz zu leisten und wenigstens am Tag des Zoobesuches auf den Verzehr getöteter Tiere oder aus Tierprodukten hergestellter Nahrungsmittel zu verzichten. Ganz im Gegenteil: das Speisenangebot in den Zoorestaurants entspricht in seiner extremen Fleischlastigkeit dem einer unterdurchschnittlichen Werkskantine. Vegetarische Alternativen finden sich allenfalls als Beilagenteller, ausdrücklich vegane Gerichte gibt es nirgendwo. Neben den üblichen „Currywürsten" und „Wiener-schnitzeln" fürs Massenpublikum stehen für das gehobene Porte-monnaie aber auch Wildtiergerichte wie „Rehmedaillon" oder „Hirschsteak" auf der Karte. Im Zoo Gelsenkirchen finden sich gar Wildtierexoten auf dem Teller, wie sie im Gehege ums Eck besich-tigt werden können: "Rückenfilet vom afrikanischen Springbock" etwa, mit Fenchelsamenkrokantkruste und Traubenragout. Die Portion zu 26,90 Euro. Das Restaurant des Zoos Hoyersverda bot noch kürzlich neben Gerichten aus Straußen- und Antilopenfleisch eine „Massai-Krieger-Platte" an, mit „gebratenem Fleisch vom Krokodil in grüner Currysauce".

Dass es im Zoo um alles andere geht als um Bewusstseinswandel im Interesse von Tier, Natur und Umwelt, wird nirgends deutlicher, als auf der Speisekarte eines Zoorestaurants. Die Botschaft an die Zoobesucher: Tiere können im Zoo ebenso bedenkenlos begafft wie im dazugehörigen Restaurant verzehrt werden: es sind ja nur Tiere, die zu ebendiesem Zwecke da sind. □

Tierbefreiung 88, 10/2015

Mysteriöse Todesfälle

Immer wieder sind in den Zoos merkwürdige Todesfälle zu verzeich-nen Im Zoo Karlsruhe beispielsweise waren vor geraumer Zeit vier Braunbären aus ihrem Gehege ausgebrochen; drei konnten wieder eingefangen werden, der vierte wurde von der Polizei erschossen. Wenig später brachen vier Wölfe aus, einer davon starb an einer Überdosis des zum Einfangen benutzten Narkosemittels. Und auch die Skandalgeschichte um die vier Eisbären, die während des Um-baus der Karlsruher Eisbärenanlage im Jahre 2000 in den Zoo Nürn-berg ausgelagert worden waren, fällt auf Karlsruhe zurück: die vier Eisbären waren nachts aus ihrem provisorischen Gehege in Nürnberg ausgebrochen und wurden - ohne jede Notwendigkeit, da sich keine Besucher im Zoo befanden - alle vier von mit großkalibrigen Gewehr-ren bewaffnetem Zoopersonal erschossen. Einer der Bären, der sich,

134

angeschossen und schwer verletzt, in das Gehege zurückgeschleppt hatte, wurde dort per gezieltem Kopfschuß getötet. Eine Betäubung der Tiere, so die Nürnberger Zooleitung, sei nicht möglich gewesen, da die Betäubungspfeile das dichte Winterfell und die Winterspeckschicht nicht hätten durchdringen können. Um vom eigenen Fehlverhalten abzulenken wurde das völlig haltlose Gerücht gestreut, die Sicherheitsschlösser vor dem Eisbärengehege seien von militanten Tierschützern aufgebrochen worden. Noch nicht einmal die CSU im bayerischen Landtag, der sich - letztlich ergebnislos - mit der Sache befasste, mochte dem Gerücht Glauben schenken. Dem Karlsruher Zoo selbst kam der Tod der Eisbären nicht ungelegen, da die neue Anlage ohnehin mit einer jüngeren Zuchtgruppe besetzt werden sollte.

Auch andere Karlsruher Todesfälle sind ausgesprochen mysteriös. So wurde bis heute ein Vorfall nicht richtig aufgeklärt, bei dem drei Flusspferde einen tödlichen Kreislaufkollaps erlitten, nachdem Heißwasser in ihr Becken eingeleitet worden war; ein Elefant, so hieß es seitens des Zoos lapidar, habe wohl unbeabsichtigt den Zuflußhahn geöffnet. Auch der Fall eines Seehundjungen, das in ein ungesichertes Abflussrohr gesaugt worden war und dort qualvoll zu Tode kam, wurde nie richtig aufgeklärt. Im November 2010 brach aus ungeklärtem Grunde im „Streichelzoo" Feuer aus: 26 Tiere verbrannten bei lebendigem Leib. Das Großfeuer griff auch auf das benachbarte Elefanten- und Flusspferdhaus über und fügte den dort untergebrachten Tieren schwerste Brandverletzungen zu. Konsequenzen für die Verantwortlichen des Zoos? Keine. Auch der Brandschutz wurde nicht verbessert: da man die genaue Brandursache nicht habe ermitteln können, so eine Zoosprecherin, habe man insofern auch keine Konsequenzen ziehen können. Anfang 2012 wurde der erst zweijährige Giraffenbulle YERA eingeschläfert, da er sich bei einer „Rangelei mit anderen Giraffen", einen Kieferbruch zugezogen haben soll. Weshalb er deshalb gleich getötet werden mußte, wurde nie geklärt. Tatsache ist, dass männlicher Giraffennachwuchs in Zoos unerwünscht ist, man sucht ihn - wie im Falle des Jungbullen MARIUS im Zoo Kopenhagen - spätestens mit Eintritt in die Pubertät loszuwerden.

Vermutlich an inzuchtbedingten Defekten und damit schuldhaft verursacht durch fehlerhafte Zuchtplanung des Zoos starben im August 2014 drei Schneeleopardenjunge; befriedigende Auskunft über die Obduktionsergebnisse gab es weder hier noch bei den sonstigen merkwürdigen Todesfällen, die im Karlsruher Zoo zu verzeichnen waren. □

Tierbefreiung 89, 1/2016

Orang Utan im Zoo hinterrücks erschossen

Am Montag, 31.8.2015 gegen 18:30 Uhr wurde im Zoo von Münster der 26jährige Orang Utan Nieas im Zuge eines angeblichen Ausbruchsversuches von Zoopersonal erschossen. Wie Medienberichten zu entnehmen war, konnte Nieas aufgrund eines nicht ordnungsgemäß verschlossenen Schiebers aus seinem Käfig im „Äquatorium" entweichen und über eine Dachluke ins Freie gelangen. Er irrte dem Vernehmen nach zunächst orientierungslos umher und begab sich letztlich an den unweit des „Äquatoriums" liegenden Außenzaun des Zoogeländes. Beim Versuch, den Zaun zu überklettern, wurde er erschossen.

Die Behauptung des Zoos, es habe ein den Todesschuß rechtfertigender Notfall vorgelegen, da Nieas nach Übersteigen des Begrenzungszaunes in das Stadtgebiet Duisburg hätte gelangen und dort Menschenleben gefährden können, entbehrt jeder Sinnhaftigkeit. Hinter dem Begrenzungszaun liegt eine wenig befahrene und anliegerfreie Einbahn-/Nebenstraße. Wäre der Orang Utan mittels eines Teleinjektionsgerätes immobolisiert worden - wie dies bei einem zweiten Orang Utan, der zeitgleich mit Nieas aus dem Innengehege entwichen war, problemlos bewerkstelligt werden konnte -, hätte er nach Übersteigen des Zauns nicht mehr weit laufen können, zumal Orang Utans am Boden sehr schwerfällig sind. Mit modernen Teleinjektionsgeräten („Narkosegewehr"), wie Zoos sie üblicherweise vorhalten, kann auf bis zu 60 Meter Distanz sehr zielgenau geschossen werden, insofern wäre eine Immobilisierung des Tieres gefahrlos möglich gewesen. Selbst mit einem simplen Teledart („Narkoseblasrohr"), das auf Distanzen bis zu 20 Meter eingesetzt werden kann, wäre das machbar gewesen; zumindest hätte man es versuchen können und müssen. Eine Betäubung bzw. Immobilisierung mit Xylarin/Ketamin, wie es in vergleichbaren Fällen eingesetzt wird, tritt nach wenigen Minuten ein.

Offenbar verstrich zwischen dem Entdecken des „Ausbruches" und der Tötung des Tieres erhebliche Zeit, in der ein entsprechendes Teleinjektionsgerät hätte beschafft (bzw. nach der Immobilisierung des zweiten Orang Utan nachgeladen) werden können. Es verstrich sogar soviel Zeit, dass ein Großaufgebot an Polizeikräften und Feuerwehr an den Zoo beordert werden konnte, von dem besagte Einbahn- bzw. Nebenstraße problemfrei hätte abgesperrt werden können (was im Übrigen ein einzelner Zoomitarbeiter hätte machen können).

Besucher waren zu keinem Zeitpunkt gefährdet, da der „Ausbruch" sich nach Schließung des Zoos ereignete. Und selbst wenn ein akuter Notfall vorgelegen hätte und der Einsatz einer scharfen Waffe tatsächlich „alternativlos" gewesen wäre, wie Zoodirektor Achim Winkler behauptet, hätte man den Orang Utan ins Bein schießen können, um ihn am Weiterlaufen zu hindern. Die Tötung des Tieres war völlig unbegründet und stellt insofern einen strafbaren Verstoß gegen das Tierschutzgesetz dar. Bei der Staatsanwaltschaft Duisburg wurde daher Strafanzeige gegen den verantwortlichen Leiter des Tiergartens erstattet, auch gegen die zuständigen Zootierärzte sowie den Angestellten des Zoos, der den tödlichen Schuß abgegeben hat. Das macht Nieas zwar nicht wieder lebendig, wird aber der speziesistischen Allüre der Zoobetreiber, die sich zu Herren aufspielen über Leben und Tod, vielleicht ihre Grenzen aufzeigen. Presseberichten zufolge plant der Zoo, Nieas selbst über den Tod hinaus zu verwerten: er soll ausgestopft und in einem Showroom ausgestellt werden. □

Nachtrag: Ein angestrengtes Ermittlungsverfahren gegen die Verantwortlichen des Zoos wurde von der Staatsanwaltschaft Duisburg sang- und klanglos eingestellt. Das Ergebnis einer dagegen eingelegten formalen Rechtsbeschwerde lag bei Redaktionsschluß der vorliegenden Ausgabe des Readers noch nicht vor (Stand 9/2016).

hpd 5.10.2015

Wer ist Otti Otter?

Der Zoo als „außerschulische Bildungseinrichtung"

Mit einem eigenen Festakt feierte der Frankfurter Zoo Ende September 2015 den 55. Jahrestag der Begründung seiner „Zooschule". Auf Anregung des seinerzeitigen Direktors Bernhard Grzimek, der insofern eine in US-Zoos bereits seit den 1930ern etablierte Einrichtung kopierte, wurde 1960 die europaweit erste zoopädagogische Abteilung ins Leben gerufen. Deren Ziel war und ist, wie der aktuelle Direktor Manfred Niekisch es formuliert, „Tiere achten zu lernen und ihre Lebensräume zu schützen". Allein von Januar bis September 2015 hätten nicht weniger als 12.000 Menschen, darunter 567 Schulgruppen, von der pädagogischen Arbeit des Frankfurter Zoos profitiert: Anlaß genug, einmal genauer hinzusehen, was in den sogenannten „Zooschulen", die es, subventioniert mit öffentlichen Mitteln, längst in jedem größeren Zoo gibt, eigentlich betrieben wird.

Das von Zoos meistgenannte Argument zur Rechtfertigung ihrer Existenz ist die Behauptung, sie trügen zur Bildung der Besucher bei. Gemäß § 42 Absatz 3 Ziffer 6 Bundesnaturschutzgesetz (BNatSchG) vom 29.7.2009 sind sie auch ausdrücklich verpflichtet, „die Aufklärung und das Bewusstsein der Öffentlichkeit in Bezug auf den Erhalt der biologischen Vielfalt" zu fördern, „insbesondere durch Informationen über die zur Schau gestellten Arten und ihre natürlichen Biotope". Wie sie das machen, ist ihnen selbst überlassen. Es gibt weder Rahmenrichtlinien noch eine Effizienzkontrolle der jeweiligen Bemühungen.

ROLIGALS und NOBOBOS

Das Hauptaugenmerk der „Zooschulen" liegt auf der Arbeit mit Kindern zwischen vier und vierzehn Jahren. Zu vorab vereinbarten Terminen kommen die Kindergarten- oder Schulgruppen zusammen mit ihren ErzieherInnen oder LehrerInnen in den Zoo und werden dort für die Dauer von ein- bis eineinhalb Stunden (gelegentlich auch länger) von eigens dazu abgestellten ZoopädagogInnen betreut. Der Ablauf ist überall der gleiche: nach einer Einführung in die Verhaltensregeln im Zoo werden die Kinder durch die Anlage geführt und erhalten Informationen über die jeweils aufgesuchten Tiere; meist darf auch ein Blick „hinter die Kulissen" (Aufzuchtstation, Betriebshof, Futterküche o.ä.) geworfen werden. Ältere Kinder werden mit zu bewältigenden Erkundungs- oder Beobachtungsaufgaben betraut und in eigenständigen Kleingruppen durch den Zoo geschickt.

Ein in den meisten Zoos vorgehaltener eigener Zooschulraum erlaubt didaktische Vor- und Nachbereitung, in der Regel stehen dort auch Mikroskope, präparierte Tierteile etc. zur Verfügung. Kleinere Kinder können hier malen oder basteln, größere erhalten Arbeitsblätter, auf denen zoologische Fragen behandelt werden wie „Was fressen Zootiere?", „Wer ist Otti Otter?" oder „Warum haben Pinguine einen Frack an?". Ethische Fragestellungen kommen nicht vor. Arbeitsmaterialien und zoopädagogische Betreuung sind über einen Aufschlag auf das reguläre Eintrittsgeld zu bezahlen, mancherorts sind sie auch kostenfrei.

Aufschlussreich ist ein Blick in den „Kinderzooführer", den die Wuppertaler Zooschule für Kinder ab 8 Jahren bereithält. In dem 44-seitigen Geheft werden den Kindern bestimmte Aufgaben gestellt, die sie eigenständig lösen müssen. Im Menschenaffenhaus etwa sollen sie die Artennamen der vorzufindenden Tiere „enthexen": ROLIGALS, NOBOBOS, GARON-NATUS, MEINSCHNAPS. Die vermittelten zoologischen Informationen bewegen sich auf ähnlichem Niveau, vielfach sind sie auch schlichtweg falsch („Schimpansen und Bonobos sind schwer voneinander zu unterscheiden. Erst 1992 bemerkten Forscher, dass es unterschiedliche Tiere sind". Tatsächlich wurden Bonobos schon in den 1920ern als eigenständige Art mit erheblichen Unterschieden zu den Schimpansen beschrieben.)

139

Das Ziel der aufwändig beworbenen Zooschulprogramme liegt angeblich darin, Kindern ein „tieferes Naturverständnis" vermitteln zu wollen. Die Zooschule Bremerhaven beispielsweise steht unter dem Motto: „Der Natur im Zoo begegnen - in der Zooschule die Natur verstehen lernen." Tatsächlich begegnen die Kinder im Zoo gerade nicht der Natur, der wirklichen Tierwelt schon gar nicht. Jeder Dokumentarfilm, wie es sie heute zu jeder in Zoos gehaltenen Tierart in herausragender HD-Qualität gibt, vermittelt mehr Kenntnis und Wissen und weckt mehr Empathie, als ein Zoobesuch dies je vermag. Noch nicht einmal das Argument, im Zoo könnten die Kinder den Tieren „mit allen Sinnen" begegnen, sie also nicht nur sehen und hören wie im Film, sondern auch riechen und anfassen, ist tragfähig. Tiere riechen in ihrer natürlichen Umgebung keineswegs so wie sie im Zoo riechen, wo sie Kot und Urin in ihren beengten Käfigen absetzen und sich direkt daneben aufhalten müssen: Zoos vermitteln insofern ein völlig falsches Geruchsbild (ganz abgesehen davon, dass viele Tiere hinter Panzerglas zur Schau gestellt werden, durch das keinerlei Geruch dringt). Auch die Möglichkeit Tiere zu berühren ist sehr limitiert: sie beschränkt sich in der Regel auf die Streichelzooabteilung, in der Schafe, Zwergziegen, Minischweine usw. angefasst und gestreichelt werden dürfen. (Dass dies für die Tiere oftmals enormen Streß bedeutet, wird den Kindern nicht erklärt.)

Gezielte Manipulation

Freilich geht es der sogenannten Zoopädagogik auch gar nicht um die Vermittlung von Naturverständnis, vielmehr geht es ihr in erster Linie darum, die Kinder möglichst frühzeitig auf die Gegebenheiten des Zoos zu konditionieren, darauf, dass sie es als normal und richtig empfinden, dass Tiere zum Vergnügen des Menschen hinter Isolierglasscheiben, Eisengittern und stromführenden Zäunen eingesperrt sind. Das in Kindern vielfach (noch) vorhandene Mitgefühl mit den in teils absurd winzigen Käfigen zusammengepferchten und *offenkundig leidenden* Tieren wird ihnen in den Zooschulen systematisch ausgetrieben. Lernziel: Tiere haben es gut im Zoo! Zugleich wird den Kindern vermittelt, dass es völlig normal und richtig ist, Tiere zu nutzen und zu verwerten. Lernziel: Tiere sind für den Menschen da! Und nicht zuletzt wird den Kindern die Begründung und Rechtferti-

gung für die Existenz von Zoos eingetrichtert. Lernziel: Zoos dienen dem Erhalt der Tierwelt!

Zooschulpädagogik ist gezielte Manipulation von Kindern im Interesse der Zoobetreiber (und einer Warengesellschaft, für die Zoos als „Bildungseinrichtungen" unverzichtbar sind, um Tiere als zu verwertende Objekte in den Köpfen junger Menschen zu verankern). Es geht gerade nicht darum, die Natur verstehen und achten zu lernen, sondern ganz im Gegenteil darum, die groteske Verzerrung und Zurichtung der Natur, wie Zoos sie darbieten, als „Natur" zu begreifen; vor allem aber darum, immun zu werden gegen das Leid der Tiere, die, eingesperrt auf Lebenszeit und jeder Regung ihrer Natur beraubt, zu bejammernswerten Karikaturen ihrer selbst verkommen. Im erfolgreichsten Falle lernen die Kinder: Zoobesuch macht Spaß!, wozu auch die großangelegten Kinderspielplätze sowie die zoopädagogisch betreuten Freizeitaktivitäten (Geburtstagsfeiern, Nachtführungen, Malkurse etc.) und Sonderveranstaltungen (an Ostern, Halloween, Nikolaus etc.) im Zoo beitragen. Nicht zuletzt gibt es für jede Altersstufe eine Unzahl zooaffirmativer Bilder- und Vorlesebücher, dazu Spiel-, Bastel- und Malvorlagen jedweder Sorte, seit Geraumem sogar online-Spiele (myfreezoo oder ZooMumba) bzw. einen „Tierparksimulator" für Windows oder „Zoo Tycoon" für Xbox One.

Im Klartext: es geht den Zooschulen darum, Besuchernachwuchs für die Zoos heranzuziehen. Alles andere ist Farce beziehungsweise diesem Ziel nachgeordnet. Insofern steht auch die Frage nach der pädagogischen Qualifikation der „ZoopädagogInnen" nicht im Vordergrund. Während vereinzelt LehramtsstudentInnen herangezogen werden, wird die Arbeit in den „Zooschulen" mehrheitlich von Mitgliedern der jeweiligen Zoofördervereine oder von pensionierten

Tierpflegern wahrgenommen. Nur in den wenigsten Fällen kann dabei von ernstzunehmender pädagogischer Qualifikation die Rede sein. Entscheidend ist ohnehin und ausschließlich, dass die ZoopädagogInnen die Interessen der „Institution Zoo" vertreten: Und die liegen, um es zu wiederholen, in erster Linie darin, Besuchernachwuchs zu rekrutieren (wobei einzelne ZoopädagogInnen auf persönlicher Ebene durchaus überzeugt sein mögen von der tier- und vor allem: artenschützerischen Mission ihres Tuns).

Groteske Widersprüche

Die didaktische Vorgehensweise ist in allen Zoos die gleiche: eingebunden in mehr oder minder unterhaltsam vorgetragene Tiergeschichten, Tiermärchen und Tieranekdoten erhalten die Kinder ein paar grundlegende Schulbuchinformationen zu Wesen und Verhalten der jeweils beobachteten Tiere. Da diese Informationen, wie sie in kondensierter Form auch auf den Gehegebeschilderungen zu finden sind, in der Regel Wesen und Verhalten wildlebender Tiere beschreiben, stehen sie in teils groteskem Widerspruch zu den tatsächlich hinter Gittern und Panzerglasscheiben vorfindlichen „Exponaten", die allenfalls noch ein Zerrbild ihrer freilebenden Verwandten darstellen. Die Kinder darauf zu konditionieren, derlei Widersprüche konsequent auszublenden, ist oberste Aufgabe aller Zoopädagogik. O-Ton einer Zoopädagogin vor Kindern einer 2. Grundschulklasse - hier: vor dem Gitter eines Orang Utan-Käfigs, auf dessen nacktem Betonboden zwei ausgewachsene Orang Utans herumhocken -: „Orang Utans leben im tropischen Regenwald in Indonesien. Die leben da praktisch nur in den Bäumen. Da bauen sie sich auch ihre Schlafnester. Auf den Boden kommen die so gut wie nie runter". Selbst ansich korrekte Informationen zu Anatomie und Physiologie der Tiere werden zur schieren Groteske: „Die Arme ausgewachsener Orang Utan-Männchen haben eine Spannweite von mehr als zwei Metern. Damit können sie gut von einem Baum zum anderen schwingen." Dass es in dem knapp vier Meter hohen Käfig nichts zum Schwingen gibt, einen Baum schon gar nicht, bleibt unbeachtet (womit die Zoopädagoginnen sich gleichwohl im Einklang mit den Forderungen des Bundesnaturschutzgesetzes befinden, die vorsehen, dass von wissenschaftlich geführten Zoos „Informationen

über die zur Schau gestellten Arten und ihre natürlichen Biotope"
vorzuhalten seien; von „Informationen über die zur Schau gestellten
Individuen und ihre tatsächlichen Lebensumstände im Zoo" ist
nirgendwo die Rede.)

Zoopädagogischer Unterricht, um es zu wiederholen, dient nicht
der Bildung und Aufklärung - bedenkenlos wird auch zoologisch
Grundfalsches erzählt -, vielmehr dient er als Vehikel, über das die
wirtschaftlichen Interessen des jeweiligen Zoos verfolgt werden: die
nämlich, dass die Kinder gerne und oft wiederkommen, auch als
spätere Erwachsene mit ihren eigenen Kindern, und diese eines
Tages mit den ihren. Zooschulen sind dazu da, generationenübergrei-
fende Publikumsbindungen zu schaffen.

Zu den Aufgaben der Zooschulen zählt neben der schul- und
freizeitpädagogischen Arbeit mit Kindergruppen auch und vor allem
die Erstellung didaktischer Materialien (Zooführer, Zooquiz, Ge-
hegebeschilderung, Entwicklung audiovisueller bzw. interaktiver
Medien usw.). Hinzu kommt als wesentlicher Aufgabenbereich die
gezielte Öffentlichkeitsarbeit (Pressemeldungen, Infostände, Publikationen etc.; auch die Konzertierung von Leserbriefkampagnen,
Foren- und Facebook-Einträgen, sollte irgendwo ein unliebsamer
Artikel oder Fernsehbericht erschienen sein.). In vielen Zoos liegt die
Außendarstellung komplett in den Händen der jeweiligen Zooschule.

Vielfach sind die zoopädagogischen Mitarbeiter auch für Konzep-
tion und Durchführung umsatzfördernder Sonderveranstaltungen
zuständig, die den Zoo allenfalls als Kulisse nutzen. Vor allem für
Kinder, für die ohnehin großflächige Spielplätze mit Kletter-,
Schaukel- und Hüpfburgeinrichtungen vorgehalten werden, vielerorts
gar Fahrgeschäfte wie auf der Kirmes (Autoscooter, Karusselle,
Parkeisenbahn etc.), werden fortlaufend irgendwelche „Aktionstage"
durchgeführt: neben den bereits erwähnten Oster- und Nikolaus-
Events, bei denen Schokoeier gesucht bzw. Weihnachtslieder gesungen werden, gibt es Karnevals- oder St.Martinsumzüge, auch
Halloween-Parties, bei denen die Kinder zu „Gruselmonstern" ge-
schminkt werden. Im Winter werden Eislaufflächen und Rodel-
bahnen angelegt, im Sommer gibt es Micky-Maus-Filmvorführungen
und Kinderdisco. Ein wesentlicher Faktor zur Verankerung des Zoos

im Bewusstsein der Kinder als Hort von Spiel, Spaß und Vergnügen ist die Ausrichtung von Kindergeburtstagen, die mittlerweile in sämtlichen Zoos zum Standardangebot zählt.

Dixieland und Gottesdienst

Auch für das gesetztere Publikum gibt es Sonderevents, klassische Konzerte etwa, wahlweise auch Jazz-, Dixieland- oder Tangoabende, Modenschauen, Theateraufführungen oder kulinarische 5-Gänge-Menues (bevorzugt im Aquarienhaus, in dem es nicht „riecht"). Sonntägliche Frühschoppen im Zoo werden mit Biergartenmusik angereichert, nachmittags gibt es Cafehausmusik mit Stehgeiger, spätabends ein Feuerwerk. Betriebsfeiern werden ausgerichtet, Jubiläen, Junggesellenabschiedsfeten und Hochzeiten, letztere gerne in Elefanten- oder Großkatzenhäusern, einschließlich eindrucksvoller „Erinnerungsfotos"; selbst Gottesdienste gibt es, in denen vor den eingesperrten Tieren die „Schönheit der Schöpfung" besungen wird. Nichts ist zu abseitig, als dass nicht versucht würde, darüber zahlende Kundschaft anzuziehen. Im Zoo Dortmund beispielsweise gibt es regelmäßige „Star-Wars-Aktionstage" mit „Lichtschwertkämpfen" vor den Tiergehegen, das Elefantenhaus des Zoos Wuppertal wird samt den Elefanten zur Bühne für *Modern Dance*-Inszenierungen. Dass der vorgebliche Bildungsauftrag des Zoos dabei vollends auf der Strecke bleibt, kümmert niemanden, ebensowenig die Frage, welche Auswirkungen der zusätzliche Lärm und Rummel - für viele der Sonderveranstaltungen werden die Öffnungszeiten in die Abend- und Nachtstunden hinein verlängert - auf die Tiere hat. Diese dienen ohnehin nur als Staffage

Auch wenn Zoos von sich behaupten, es gebe keinen Lernort, an dem man Natur besser beobachten und verstehen lernen könne, ist doch das genaue Gegenteil der Fall: Zoos eignen sich zu nichts weniger, als einen sinnfälligen Bezug zur Natur herzustellen. Vielmehr wird der Zoobesucher systematisch dazu angeleitet, die in Käfigen und Betonbunkern vorgeführten Zerrbilder, Klischees und Karikaturen von Natur als Natur selbst zu verkennen. Ebendeshalb fällt ihm auch das Leid der eingesperrten, ihrer Freiheit und Würde beraubten Tiere nicht auf: er lernt, das Widernatürliche als das Natürliche zu sehen. Auf Kosten der eingesperrten Tiere. □

Affenschande im Tiergarten Straubing (Teil 1)

Sebastian, Alfons und Lutz sind drei Schimpansen, die seit Jahren ein gänzlich artwidriges Dasein zu fristen genötigt sind, eingesperrt hinter Betonwänden, Eisengittern und Isolierglasscheiben in einem ostbayerischen Provinzzoo.

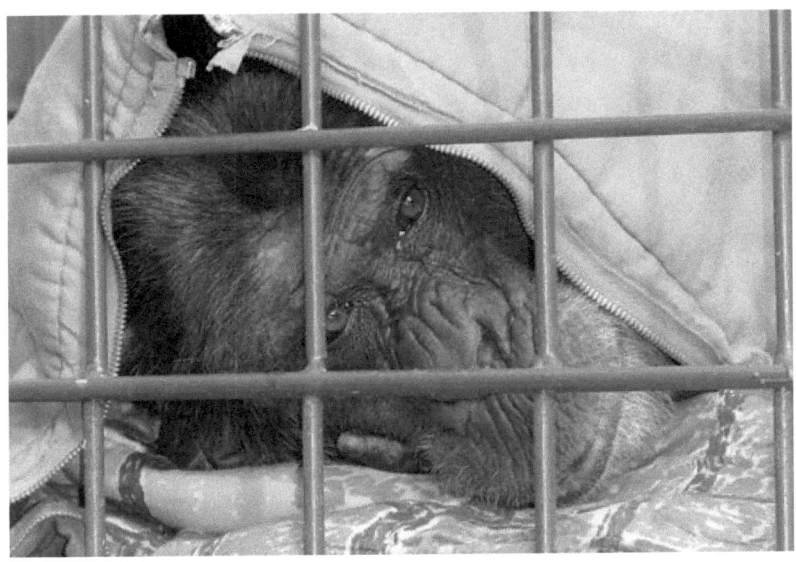

Sebastian

Über eine Viertelmillion Besucher verzeichnet der „Tiergarten Straubing" eigenen Angaben zufolge pro Jahr, nicht wenige kommen eigens der zur Schau gestellten Schimpansen wegen, die neben Löwen, Tigern und Krokodilen zu dessen Hauptattraktionen zählen. Mehr als 1700 Tiere aus 200 Arten werden in Straubing gehalten, viele davon Exoten.

„Der Zoo", wie es unter ausdrücklicher Bezugnahme auf Charles Darwin im aktuellen Jahresbericht des Straubinger Tiergartens heißt, „ermöglicht wie kaum ein anderer Lernort, die Vielfalt von Arten und Formen zu betrachten, zu dokumentieren und sich an ihnen zu freuen". Es werden insofern regelmäßig Unterrichtsgänge und

Führungen für Schulklassen der Region veranstaltet, um den Kindern eine Vorstellung davon zu vermitteln, „wie sich die Mannigfaltigkeit der Tierarten im Laufe der Naturgeschichte entwickelt haben könnte".1

Tatsache ist freilich: ein Zoo eignet sich zu nichts weniger, als einen sinnfälligen Bezug zur Natur herzustellen. Gerade deshalb fällt es den Besuchern auch nicht auf, dass die Tiere fortgesetzt leiden. Selbst bei den Schimpansen des Straubinger Tiergartens fällt es ihnen nicht auf, gleichwohl deren Leid ins Auge springen müsste. Sie werden in einem völlig unzulänglichen Betonkasten gehalten, der noch nicht einmal den Mindestanforderungen entspricht, die das zuständige Bundesministerium für Verbraucherschutz, Ernährung und Landwirtschaft nach jahrzehntelangem Kampf engagierter Tierschützer im Jahre 1996 aufgestellt hat.

Wie der verantwortliche Veterinäramtsleiter der Stadt Straubing, Dr. Franz Able, hierzu mitteilt, sei das Affenhaus bereits gebaut worden, bevor diese Haltungsrichtlinien erlassen wurden. Es sei insofern „vielleicht wünschenswert, die Gestaltung der Innengehege noch zu verbessern. Allerdings ist das schwierig, weil sie aus Beton bestehen." Grundsätzlich aber entspräche die Haltung den Richtlinien: „Die Eignung eines Geheges kann man nicht allein nach zentimetergenauer Einhaltung von vorgegebenen Maßen beurteilen. Eine wesentliche Rolle spielen auch die Betreuung der Tiere und genügend Beschäftigungsmöglichkeiten." Im Übrigen werde die Anlage regelmäßig durch das Landratsamt sowie die Regierung von Niederbayern kontrolliert. Fazit: „Den Schimpansen im Zoo Straubing geht es gut".2

Die Frage, weshalb es Haltungsrichtlinien, die die Mindestgröße von Wildtiergehegen vorschreiben, überhaupt gibt, wenn einzelne Zoos sich beliebig darüber hinwegsetzen können, beantwortet Veterinäramtsleiter Able nicht. Ungeachtet landratsamtlicher oder sonstiger Kontrollen: die Haltung der drei Schimpansen im Straubinger Zoo ist und bleibt schon alleine der nicht ausreichenden Gehegegröße wegen tierschutzgesetzwidrig.

Die Behauptung des Veterinäramtsleiters, die Schimpansen zeigten „keine auffälligen Verhaltensstörungen", ist nicht nachvollziehbar. Selbst einem Laien müssten die stereotypen Bewegungsmuster von Alfons und Lutz, beide 16 Jahre alt, auffallen, die auf massiven Hospitalismus hindeuten, wie es ihn auch bei autistischen Kindern gibt. Dr. Able hingegen spielt die Symptome schwerer Deprivation – vor allem die stereotypen Bewegungsmuster („Fensterputzen", „Bodenputzen") und Jaktationen (Kopfwackeln, Körperschaukeln) der beiden Schimpansen, ihr zielloses Hin-und-Hergehen, aber auch ihre bis zur Apathie reichende Teilnahmslosigkeit – zu harmlosen „Marotten" herunter. Auch der mittlerweile 33-jährige Sebastian erscheint schwer verhaltensgestört, nach Auskunft des Veterinäramtes hingegen sei er nur „sehr ungesellig" und müsse deshalb alleine gehalten werden. Gleichwohl könne aber nicht von Isolationshaltung die Rede sein: „Die Schimpansen können zwar nicht in einer Gruppe gehalten werden, können aber am Gitter miteinander Kontakt aufnehmen. Sie können sich sehen, hören und auch berühren."3

Bis 2001 teilte Sebastian seinen als „Gehege" bezeichneten Betonkasten mit einem weiteren Schimpansen namens Cain. Dieser überlebte eine offenbar unsachgemäß vorgenommene Narkose nicht. Das „Spielmaterial" für Sebastian besteht aus einem Ball, einer Plastiktonne und einem ausrangierten Schlafsack. Die „Klettereinrichtungen" in dem grün angestrichenen Betonkasten sind völlig unzureichend, Rückzugsmöglichkeiten gibt es nicht.

Der aktuelle Betreuungschlüssel des Straubinger Zoos liegt bei 15 Pflegern plus 6 Azubis für 1700 Tiere, die durchschnittliche Pflegezeit pro Tier, einschließlich Fütterung und Käfigreinigung, beträgt weniger als 4 Minuten pro Tag.4

Aber selbst wenn die Affenanlage vergrößert, das Beschäftigungsangebot erweitert und der Personalschlüssel erhöht werden sollten - worauf es keinen Hinweis gibt -, bliebe Schimpansenhaltung in einem Zoo immer artwidrige Qualhaltung. Schimpansen sind die nächsten Verwandten des Menschen, sie unterscheiden sich genetisch von diesem in weniger als 1,3 Prozent, in einigen Gensequenzen nur im Promillebereich; letztlich sind sie mit dem Menschen enger verwandt als etwa mit Gorillas oder Orang-Utans. Nach allem, was Biologie und vergleichende Verhaltensforschung wissen, empfinden Schimpansen zum größten Teil genauso wie Menschen: Freude,

Leid, Trauer, Schmerz; ihre kognitiven, sozialen und kommunikativen Fähigkeiten sind denen des Menschen sehr ähnlich.

Die Frage, weshalb Zoobetreiber und Zoobesucher ebendiese enge Verwandtschaft zwischen Schimpanse und Mensch und das Unrecht, erstere hinter Betonwände, Eisengitter und Isolierglasscheiben zu sperren, so notorisch verdrängen oder verleugnen, beantwortet Primatenforscher Volker Sommer wie folgt: „Affen sind den Menschen nahe, aber die Nähe ist nur ein Beinahe. Das führt zu einem Dilemma: Weil uns hinreichend ähnlich, werden unsere Verwandten als abgerichtete Witzfiguren in Fernsehen und Zirkus missbraucht, zum Anstarren in Zoos eingesperrt oder als Lieferanten von Blut und Organen ausgeschlachtet. Sie gelten jedoch zugleich als hinreichend verschieden von uns, so dass ihnen keine Rechte zustehen. Den Graben zwischen uns und ihnen schüttet aber nicht nur die Verhaltensforschung rasant zu, sondern auch die moderne Genetik." Mit Jane Goodall, Biruté Galdikas, Roger Fouts, Toshisada Nishida und anderen namhaften Primatologen betont Sommer: „Es ist wissenschaftlich unhaltbar, überhaupt zwischen Menschen und Menschenaffen zu unterscheiden."5

Seit Jahren kämpft eine Straubinger Tierrechtsorganisation darum, die drei Schimpansen aus ihrem Elendsdasein zu befreien. Eine Schande sei es für Straubing und ganz Ostbayern, so eine aktuelle Kampagne, dass im 200. Geburtsjahr von Charles Darwin im örtlichen Zoo immer noch Schimpansen gefangengehalten und hinter Eisengittern zur Schau gestellt würden. Es sei an der Zeit, die Schimpansenanlage aufzulösen und Sebastian, Alfons und Lutz an einen artgerechten und geschützten Ort zu verbringen, beispielsweise in die *Stichting AAP* in Holland, die Schimpansen und andere exotische Tiere aus Laboratorien, Zirkussen und Zoos aufnimmt.6

Selbstredend, so die Gruppe *TierrechteAktiv e.V.*, stehe der Einsatz für die drei Straubinger Schimpansen stellvertretend für den Kampf um ein Verbot von Primatenhaltung überhaupt.7

Erwartungsgemäß gibt es erbitterten Widerstand gegen das Ansinnen, die Straubinger Schimpansenhaltung zu beenden, vor allem seitens lokaler Politiker, Medienvertretern und Geschäftsleuten, die immer schon mit dem Zoo als Werbepartner paktieren. In der Tat, wie Volker Sommer schreibt, „halten uns Affen den Spiegel vor. Es diente unserer Selbsterkenntnis ungemein, dass Charles Darwin 1871 behauptete, der Mensch stamme vom Affen ab. Damit stellte er jenes Schema auf den Kopf, wonach der von Gott engelsgleich erschaffene Mensch durch die Sünde zu Fall kam. Darwin kehrte den «Abstieg von den Engeln» um in einen «Aufstieg von den Affen», machte aus einer eher schmeichelhaften «Devolution» eine ernüchternde «Evolution». Noch immer fühlen sich Menschen hierdurch in ihrer Würde verletzt, sehen sie Affen doch als Karikaturen, als unvollkommene Entwürfe für die Krone der Schöpfung. Und Geisteswissenschaftler postulieren noch immer dogmatisch einen unüberbrückbaren Graben zwischen «dem Tier» und «dem Menschen». Dabei kann es so faszinierend sein, sich dem Evolutionsgedanken radikal zu öffnen, sich als lediglich eine besondere Art von Tier zu begreifen. Für mich ist es nicht erniedrigend, sondern erhebend, mit allen anderen Lebensformen verbunden zu sein durch einen äonenalten Strom von Generationen."8

Die Straubinger Tierrechtsorganisation veranstaltet regelmäßig Infotische vor dem Zoo und in der Fußgängerzone der Stadt und erfährt dabei viel positive Resonanz seitens der Bevölkerung. In den Köpfen der Verantwortlichen tut sich allerdings nichts, ganz im Gegenteil. Einen für Ende März angemeldeten Infotisch suchte die Stadtverwaltung mit allerlei formalrechtlichen Tricks auszubremsen. Gleichwohl fand er wie geplant statt – von den zum Gespräch eingeladenen Vertretern von Zooverwaltung, Veterinäramt, Stadt und lokalen Medien tauchte erwartungsgemäß niemand auf.

Auf der kurze Zeit später stattfindenden Jahreshauptversammlung des „Vereins der Freunde des Tiergartens e.V." hob Oberbürgermeister Markus Pannmayr die „enorm wichtige Rolle" des Tiergartens für Straubing hervor: Als „moderner, wissenschaftlich geleiteter Zoo" sei dieser ein „Aushängeschild für die Stadt". Ausgiebig sonnte man sich in der Zahl von knapp 300.000 Besuchern im Jahr 2008. Anstatt mit Blick auf die Schimpansenhaltung zumindest ansatzweise Selbstkritik zu üben, zogen die „Freunde des Tiergartens" mit Vehemenz über die „unqualifizierten Äußerungen" der Tierrechtler her. Einsicht: null.

Geplant ist insofern als nächster Schritt eine Dienstaufsichtsbeschwerde gegen den zuständigen Amtstierarzt wegen Verstoßes gegen §16a TierSchG i.V.m. Art. 20a GG und §1 TierSchG, demzufolge Amtstierärzte als sogenannte „Beschützergaranten" für das Wohl der Tiere und die Einhaltung des Tierschutzrechts zuständig sind und als solche verpflichtet, gegen tierschutzrechtswidrige, weil gegen Normen des Tierschutzrechts verstoßende Handlungen und Zustände, einzuschreiten. Diese persönliche Pflicht einzelner Amtstierärzte

200 Jahre Charles Darwin und im Tiergarten Straubing werden noch immer Schimpansen, Löwen, Tiger hinter Gitterstäben, in Glasvitrinen und Betonbunkern zur Schau gestellt. **Eine Schande für ganz Ostbayern**

beruht auf der entsprechenden Pflicht der Behörde, für die sie tätig sind und deren Erfüllung ihnen als dienstliche Aufgabe obliegt. §16a TierSchG eröffnet Amtstierärzten kein Entschließungsermessen. Stattdessen müssen sie immer handeln, wenn in ihrem Zuständigkeitsbereich Verstöße gegen Tierschutzrecht begangen wurden, noch werden oder bevorstehen. Bleiben Amtstierärzte untätig, obwohl die Voraussetzungen der Generalermächtigung des §16a TierSchG erfüllt sind, können sie selbst Straftaten i. S. d. §17 TierSchG durch Unterlassen begehen. □

1 Tiergarten Straubing: Jahresbericht 2007, 3/2008, S.13.
2 Able, Franz: „Den Schimpansen im Zoo geht es gut" (Interview). in: Straubinger Rundschau vom 21.2.2009, S.39
3 ebenda
4 vgl. Tiergarten Straubing: Jahresbericht 2007, 3/2008, S.7.
5 Volker: Bruder Affe. in: Neue Zürcher Zeitung (NZZ Folio) 8/2003, S.14f. (auch: www.ucl.ac.uk/gashaka/Afrika/)
6 www.aap.nl
7 www.tierrechte-straubing.de
8 Sommer, Volker: Sommer, Volker: Bruder Affe. in: Neue Zürcher Zeitung (NZZ Folio) 8/2003, S.14f. (auch: www.ucl.ac.uk/gashaka/Afrika/)

Affenschande im Tiergarten Straubing (Teil 2)

Am 8. Juli 2009 berichtete der Bayerische Rundfunk (BR/ARD) in seinem Politmagazin „kontrovers" über die Schimpansenhaltung. In zahllosen Telefonaten mit der Redaktion war es TR-Aktivisten gelungen, die Journalisten für das Thema zu interessieren. Entscheidender Punkt dabei war, dass dem BR mit Dr. Signe Preuschofft eine weltweit anerkannte Primatologin angeboten werden konnte, die eigens aus Wien anreisen und sich vor Ort zu den Haltungsbedingungen der drei Schimpansen äußern wollte.

Hinter den Kulissen

Schon vor Beginn der Dreharbeiten setzte sich Zoodirektor Wolfgang Peter lautstark in Szene. Vor allem der Tierrechtsaktivist Peter Druschba, der die Schimpansenhaltung im Straubinger Zoo seit Jahren kritisiert, wurde von ihm aufs Übelste beschimpft und beleidigt. Peter, ein massiger Mann und berüchtigt für seine cholerischen Anfälle, brüllte sich regelrecht in Rage.

Die miesen Tricks des Zoodirektors

Dem Fernsehteam des BR gegenüber hielt Peter sich wohlweislich in Zaum. Mit großer Geste führte er seine Schimpansenanlage vor, die ausweislich eigens neu angebrachter Hinweistafeln Anfang der 1990er „extra dazu errichtet wurde, missbrauchte und misshandelte Schimpansen aufzunehmen und in einer Gruppe wieder einzugliedern". Tatsächlich bot der Betonkasten noch nie Platz für mehr als vier Schimpansen, nach den Richtlinien des bundesministeriellen Säugetiergutachtens von 1996 ist er selbst für die gegenwärtig dort eingesperrten drei Schimpansen zu klein.

Aber Peter hatte noch weiter vorgebaut: Um einen besseren Eindruck zu erwecken, hatte er kurz vor dem Drehtermin die tristen Innenräume der Schimpansenanlage hellgrün anstreichen und zudem ein paar bunte Blümchen an die Wand malen lassen. Auch ein paar neue Spielgeräte hatte man angeschafft und die Frontscheiben geputzt. Als Gipfel der Augenwischerei hatte er den beiden Schimpansen Alfons und Lutz ein an den Betonkasten angrenzendes Inselareal zugänglich gemacht, auf dem sie bislang noch nie zu sehen gewesen waren. Der völlig intakte Pflanzenbewuchs dieser Insel belegte augenfällig, dass dort nie Schimpansen herumtoben, dass es vielmehr darum ging, den Fernsehleuten eine tolle Freianlage vorzugaukeln, die es als solche tatsächlich gar nicht gibt. Einer der anwesenden Tierrechtler wies darauf hin, dass vor Ankunft des TV-Teams Nüsse ins Gras geworfen und die Bäume mit Erdnussbutter bestrichen worden seien, um vor laufender Kamera entsprechend agile und aufgekratzte Tiere präsentieren zu können.Primatenexpertin Signe Preuschoft ließ sich freilich nicht hinters Licht führen: „Ein derartiges Gehege", so ihr Urteil, „insbesondere die Innenanlagen, werden den Bedürfnissen von Menschenaffen nicht gerecht. Es unterschreitet die Anforderungen des Säugetiergutachtens. Und das Säugetiergutachten fällt Meilen hinter das der Welt-Zoo-Organisation zurück."

Um Ausreden nicht verlegen

Peter berief sich wortreich auf „Bestandsschutz": das Gebäude sei 1992 errichtet worden, also vier Jahre vor Erlass der ersten Haltungsrichtlinien. Im Übrigen, so Amtstierarzt Franz Able, komme es auf die Gehegegröße gar nicht an, diese habe, wie er glaube, „keinen negativen Einfluss auf das Verhalten der Tiere".

Wenn nichts geschieht, so der Abspann der BR-Sendung, werden die drei Schimpansen noch Jahre so zubringen müssen:. Sebastian ist 34 Jahre alt, Lutz und Alfons sind 17. Schimpansen aber können bis zu 50 Jahre alt werden. □

Nachtrag: Der massive öffentliche Druck führte zu einer parlamentarischen Anfrage von B90/Die Grünen im Bayerischen Landtag. Obgleich die Staatsregierung (CSU) nach Kräften abzuwiegeln suchte, wurden dem Zoo Straubing doch weitreichende Auflagen erteilt, deren Nicht-Erfüllung womöglich den kompletten Verlust der Haltungserlaubnis für Primaten bedeutet hätte.
Plötzlich erschien Sebastian doch vermittelbar: im September 2010 wurde er an den Zoo Halle abgegeben. Der große Vorteil für den Zoo Straubing bestand darin, dass die nur durch ein Gitter voneinander getrennten Gehege innerhalb der Schimpansenanlage zusammengelegt werden konnten, so dass den beiden verbleibenden Tieren, Alfons und Lutz, nunmehr eine doppelt so große Grund-fläche zur Verfügung steht. Die Auflagen der Regierung wurden insofern - mehr oder weniger - erfüllt, ohne dass bauliche Veränderungen vorgenommen werden mussten.
Auch wenn Wildtierhaltung in Zoos grundsätzlich abzulehnen ist, hat sich für Sebastian ein völlig neues Leben eröffnet. Für ihn war es die relativ beste Lösung, in den Zoo Halle umziehen zu können, wo er in der Schimpansendame Bangi (36) - erstmalig in seinem Leben - eine Partnerin fand.

The Zoo – Life Sentence for Animals

Presentation at the International Animal Rights Conference, Esch-sur-Alzette/Luxembourg 2014 (Transcript of tape recording)

I'm going to tell you about an institution, euphemistically called "Zoological Garden", or "Zoo", about its history, its current situation, and what it means for wild animals being imprisoned in a zoo on life sentence. And what we ought to do about it.

The first collections of wild animals were established by European rulers in early 13th century, particularly in Italy and Spain. A royal menagerie was also founded in London, in 1235. From mid-16th-century on it became kind of fashionable for Italian rulers and prince-archbishops to run menageries of their own, one of the most famous one was run by the Medici in Florence. The oldest menagerie, still existing today, was founded in Vienna in 1542 by the Austrian emperor Ferdinand I in the chateau park of Schoenbrunn.

In 1662 the most important menagerie of its time was established, by order of King Louis XIV, in the chateau park of Versailles, close to Paris. It served as a model for countless baroque menageries set up in the years to follow in most of the royal courts in Europe, best known the one in Potsdam, close to Berlin, and the one in Prague. Most of those menageries were also used to breed animals for hunting purposes.

In late 18th century the European aristocracy lost interest in running menageries, most of them were shut down. In the course of the French Revolution also the famous Versailles menagerie was dissipated. The original idea of the Jacobine revolutionaries, however, to give the imprisoned and subdued animals freedom, was abandoned: most of the animals were slaughtered and eaten. The remaining few were transfered to a newly established public menagerie in the Jardin des Plantes of Paris, which was opened for the public in 1793. Insofar, the Paris menagerie is regarded to be the first bourgeois zoo, serving not just the pleasure of aristocratic rulers, but serving the pleasure of the people. It also served as model for a whole range of newly founded public zoos all over Europe.

In 1828 the London Zoo was established, followed by Dublin, Bristol, Manchester, Edinburgh and Leeds. 1838 the first non-british zoo (except the Jardin des Plantes) was opened in Amsterdam, 1844 the first German Zoo in Berlin. More zoos were founded in Frankfurt, Cologne, Dresden, Hamburg and so forth. By the end of the century more than 30 grand zoos were established in European capitals, all of them in countries, of course, having access to an unlimited supply of wild animals, by ruling as colonial powers in Africa, Southeast Asia and elsewhere; that means Russia, France, Denmark, Portugal, Spain, The Netherlands and from 1871 onwards also the German empire.

Outside of Europa only few zoos were established, most of them in the colonialized countries themselves, from where the animals were shipped to Europe, serving as collection- and transshipment points, namely Melbourne, Djakarta, Hongkong, Kalkutta, Kairo and Pretoria. 14 grand zoos were also established in the United States, between 1855 und 1899, The Dallas Zoo for instance or the Bronx Zoo in New York.

After the turn of the century many more zoos were founded, again and exclusively, in European colonial power nations plus the United States. Germany became the country with the highest density of zoos worldwide, which it still is, nowadays. More than 1200 zoos were founded in Germany alone, 865 of them still existing today. Quite a number of German zoos were founded by the Nationalsocialists, by the Hitler-party, from 1933 onwards, who saw zoos as perfect instruments for their racial fanatic propaganda: here they could illustrate their crude ideas of genetically "pure breeding". The famous zoos of Heidelberg or Nuremberg for instance, still existing today, are Nazi-foundations. In addition the Nazis sponsored pseudoscientific zoo-programs to rebreed extinct animals like Wisents or Auerochsen, being regarded as specifically Germanic animals. Some of the Nazi-zoos also provided particular enclosures just for the so-called German or Germanic animals, like bears, wolfs, fox, wild cats, lynx; also beavers and otters, as well as mountain cock or blackgame birds.

Some of the enclosures were even marked with swastikas, so the visitors would immediately recognize the "Germanic animals". Exotic animals, lions first of all, were used for the Nazi propaganda to regain the former German colonies in East- and Westafrica.

The Second World War brought severe damages and destruction to zoos all over Europe. Amongst the first reconstructions after the war were the zoos – many of them, even heavily bombarded ones, reopened even before the cities they belonged to, had been cleared of war debris. The almost completely destroyed Frankfurt zoo for instance re-opened July 1st 1945, eight weeks after the collapse of the Nazi-regime.

Again hundreds of new zoos were founded all over Europe during the 50s, 60s and 70s, most of them smaller ones, but also grand ones like the zoo in East-Berlin - the largest zoo in Europe - or the one in Valencia in Spain. In the 1980s the foundation of new zoos was slowly dying away, ever since hardly any new zoo has been established anymore worldwide; quite a few of the old ones have even disappeared. The public interest in zoos is heavily declining ever since, no matter what zoo operators allege.

Since the days of their foundings in the first half of 19th century, zoos could move about completely free from critique. Even the animal protection societies that were founded around the same time in England and Germany never dealt with zoos; they concerned themselves with vivisectionism and with cruelty against working- and farm animals, horses in particular, but in no instance with animals kept in zoos.

Everything changed, however, in mid 1970s, when the zoos, almost overnight, plunged into an existential crisis, they haven't overcome yet, till this day. By passing of the so-called Convention on International Trade in Endangered Species of Wild Fauna and Flora - CITES for short - signed in 1973 and coming into effect two years later, the international trade in specimens of wild animals, which was completely uncontrolled so far, became heavily restricted. The CITES agreement - an internationally binding treaty of governments - meant for the zoos on one hand that the supply of wild animals, indispensable for their existence, came to an almost

155

complete standstill, particularly regarding animals threatened with extinction. Trading companies like Hagenbeck in Hamburg, having supplied zoos all over Europe and the United States with wild animals from every corner of the world, had to go out of business. And on the other hand, the zoos themselves, for the first time in their 150 years old history, were confronted with harsh criticism. The CITES agreement, signed meanwhile by 178 nations, was based upon the realization that one of the main reasons for some species to stand on the brink of extinction was the thriving international trade in specimens of those species. For the first time, the public became aware of how much the zoos and their neverending demand of new supplies of wild animals were responsible for the threat to particular animal populations: for each and every animal on display in anyone of the zoos, countless animals of the same species died during the chase and capture or during the shipment to the European or American zoos. Also, the survival time of animals who made it to the zoos more or less alive, was very short, so the zoos were in constant need of new shipments. Myriads of wild animals were abducted from the wild, since mid-19th century for European and US American zoos. And even more were killed in the course of those abductions, orang-utans for instance, also the pileated gibbons, the maned wolfs, the mountain tapirs, the wanderoos and countless other species whos very existence as species were severely threatened due to the massive depletion done by and for the zoos.

In the wake of the CITES agreement a huge public debate was taking place particularly in Italy and in England, whether or not zoos should be considered morally legitimate any longer. In the course of this public debate - in Italy promoted by actors like Sofia Loren or Adriano Celentano who took a clear stance against zoos, calling them a national disgrace - quite a number of zoos in both countries, were closed down.

In the mid-90s the critical discourse started to spread to other European countries, and also to the United States. In response to that discourse Zoos everywhere began in frantic activism to overhaul their premises, also to build some new enclosures and corrals, to cover up the most blatant deficits.

Parallel to the reconstruction of the zoo compounds the zoos developed a collective defense strategy to ward off the increasing critique from outside. Drawing on a so-called "operating manual for modern zoos", developed in mid-1970s - subsequent to the CITES treaty - by the Swiss zoo director Heini Hediger, the assembled zoo-directors agreed upon adopting a completely new self-conception - or rather self portrayal - for the zoos: they decided to henceforth present the "zoo" as resting on "four pillars": 1. educating the public, 2. practise species conservation - catchword "Noah`s Ark" -, 3. conducting scientific research, and 4. providing a place for recreation and leisure time activities for urban communities.

In 2005 the „four-pillars-concept" was formulated by the World Association of Zoos and Aquariums into a so-called "World Zoo and

Orang Utan BUSCHI, born December 1971 in Osnabrueck zoo, is kept prisoner in a tiny shed, ever since. Fourty-three years on bare concrete floor have left him physically and mentally wrecked, a sad shadow of a wild ape. (© Goldner 2014)

Aquarium Conservation Strategy". Ever since, repetitiously like a Tibetan prayer mill, there is talk of those "four pillars", everywhere: immune and immunizing against any critisism those "four pillars" are claimed to be the axiomatic basis of modern zoological gardens. None of the propaganda flyers, none of the visitors brochures and none of the high gloss picture books, distributed in zoo shops all over the place, misses the self-assuring reference to the "four pillars-concept".

Now let's examine a bit closer what those four pillars are all about:

1st pillar: educating the public

The most frequently quoted argument to justify the very existence of zoos is the allegation, they foster the knowledge of their visitors. As biggest institutions of non-formal education - they claim - they reach millions of people every year, supposedly 750 Million world-wide, whom they provide not just valuable knowledge of the animal kingdom and its different species, but also a deeper understanding and appreciation of nature and its beauty, and therefore an incentive stimulant for nature preservation activities.

According to an explicit recommendation of the World Zoo Association from mid-1990s most of the zoos provide guided tours by specially trained tour guides; also educational classes and teaching units are provided for kids of all ages. Entire Kindergarten- and school classes, along with their teachers, come to the zoo by particular appointment, where the kids are taken over by zoo teachers for an hour or two. The kids are guided through the zoo premises and get informations about the animals they see. In most cases the kids are also allowed to peek behind the curtains, look at the breeding stations, the material depots, the kitchens, where the food for the animals is prepared, and so forth. Older kids are sent on ralleys throughout the zoo, in small groups, to attend to some "research tasks", that can be answered by simple observation of the animals or by just reading the information boards posted at the enclosures: "How many penguins can you find?", "What's the name of our hippo?", "What's the correct name: Nobobo, Bobono or Bonobo?" Silly questions like that, comprising not the slightest educational value.

The ultimate goal of the so-called educational programs is supposedly to teach the children a deeper understanding of nature. The truth, however, is, that the children do not come into contact with real nature at all in the artificial environments zoos provide, let alone the real animal world. Each documentary film which can be found for each and any animal species kept in zoos nowadays in outstanding quality, teaches more knowledge and awakens more empathy than a visit to a zoo can ever impart.

The truth is, that zoos including the zoo educational programs don't even care about conveying a deeper understanding of or fascination for nature to the kids, but what they have in mind in the first place is to condition them as early in their childhood as possible onto the given reality of the zoo, so they perceive it as completely normal and just that animals are imprisoned behind armored glass panels, behind iron bars or electrified fences, just for the amusement of man. Compassion and empathy, kids might still harbor for the animals being penned up in way too small cages, obviously suffering or bored to death, is systematically wiped out by the zoo school educators. Learning objective: The animals feel completely ok in the zoo. Moreover the kids learn that it's absolutely ok to make use of animals: Learning objective: Animals exist for the sake of man. And finally they get convinced of how justified and even necessary zoos are: Learning objective: zoos are good, they serve the preservation of endangered animals.

The so-called zoo-pedagogics is intentional manipulation of children in the interest of the zoos (and of an animal abusive and exploitative society taking advantage of zoos as primary educational institutions to entrench animals as mere objects to be used and utilized, in the minds of young people). The very intention is NOT to teach children a deeper understanding of or respect for nature, but, on the contrary, the point is to teach them to perceive the grotesque distortion of nature, the zoos present, as nature itself; and, above all, to become immune to the suffering of the animals, being imprisoned for life, bereaved of everything that makes up their being.

The informations the kids get about the animals invariably describe the being and behavior of free living, wild animals, which stands in direct contravention to the animals they see in the zoo, caged behind iron bars and armored glass windows. One of the major objectives of zoo pedagogics is to condition the kids to blind out those obvious contradictions. Direct quote of a zoo-teacher - here in front of elementary school kids, maybe 7 years old, standing in front of a cage, in which they can see two grown orangutans sitting on the bare concrete floor: (Quote) "Orangutans live in the tropic rain-forests of Indonesia. They live all the time high above in the treetops, virtually never coming down to the ground. The arms of grown male orangutans span more than two meters, so they can swing easily from one treetop to the next." (Quote end). The fact, that there is literally nothing in the cage the orangutans could sit on in a higher position or swing from, let alone a tree, stays unnoted.

The children are taught the animals get everything they need, in the zoo. They allegedly even enjoy a lot of advantages not having to live in the wild: they get their food every day, without having to hunt or gather, they get their mates without having to fight for them; they are safe from predators, and if they are sick, a vet comes and looks after them. Animals, as the zoo teachers endlessly repeat, would always prefer a life in a zoo, if faced with a decision, rather than a life in the ever arduous and dangerous wild. In the zoo, they suppo-sedly live like in the Land of Cockaigne.

In the best case children learn: zoo is a fun place. All zoos provide well equipped playgrounds for their young visitors, in many cases those playgrounds are way larger and better furnished with swings and monkey bars than the enclosures let's say of great apes. All zoos provide the opportunity for kids to celebrate their birthdays on site, in some zoos they can even stay overnight in tents or block houses; and there are constantly "special events" happening like Easter egg hunts, Halloween parties, Santa Claus visits and so forth.

For grown visitors, of course, there are also special events featured in the zoos: classical concerts for instance, also Jazz- or Dixie- or Tango-evenings, fashionshows, theater performances or culinary five-course menus (preferably in the aquarium-house "where is isn't smelling so much"). On sundays you have morning pints along with beergarden brass music, in the afternoons there is Vienna music with

160

a café violinist, late in the evening there are fireworks, and so forth. All kind of jubilees are celebrated in the zoo, bachelor parties and weddings; even church services are held in front of the jailed animals, where priests and their flock praise the "beauty of God's creation". Nothing is too weird that it is not used to attract paying customers. The Zoo of Dortmund for instance hosts so-called „Star-Wars-Action Days" each year, where employees and visitors show up in Darth Vader or Jedi Knights costumes to perform "lightsaber fights" in front of the tigers or lions cages; in the zoo of Wuppertal the entire elephant house, including the elephants, turn into a stage for Modern Dance-productions. No one cares about the fact, that the assumed educational mandate vanishes completely, as no one cares about the impact the additional noise and fuss has onto the animals. They just serve as mere decoration elements, anyway.

Even at regular zoo visits the visitors are not really interested in the animals on display. They hardly read the informational placards, if at all they look for the name and age of the animals. The average time visitors spend in front of a cage or enclosure, disregarding the species and the number of animals being shown in there, is less than half a minute per cage (only at feeding times or in case there is a baby or subadult to be seen, it's a bit more). So often visitors don't even bother to stop in front of the cages, but just cast a short glance at the animals when passing by. Maybe a pic with the handy camera, and off they go. As ever they knock against the window panels, they shout and yell and whistle, to get the animals attention. If they think themselves to be unobserved, they grimace and make faces or scratch their armpits with HUHU hoot, or brandish their umbrellas. Again and again half eaten bratwursts are thrown into the enclosures, also Hamburgers, French fries, pizzas, also chewing gums, burning cigarette butts, empty beer cans and all kind of other rubbish. And again and again animals are dying after they have swallowed the junk people had thrown, irresponsibly, into the enclosures. Zoos teaching respect for animals? Come on, that's ludicrous.

2nd pillar: species conservation

Zoos claim by getting to know the imprisoned animals the visitors would be sensitized for their free living conspecifics and subsequent-

Fake jungle scenery on photographic wallpaper, covering the rear wall of a lonely macaw's cage (Zoo Cologne, 2014)

ly commit themselves to species conservation. This claim is simply absurd. Revealingly there is no explanation given to how exactly this transfer is supposed to happen; nor is there a clue what exactly the visitors newly acquired commitment to preserve or protect animals in the wild is supposed to look like.

Indeed, the exact opposite is the case: zoo visitors are not sensitized for the animals but systematically desensitized. The sheer necessity to keep zoo animals locked behind bars to prevent them to escape and cause harm to themselves or to others, makes their imprisonment appear to be "right" or "normal", counteracting any empathic impulse that perceives keeping animals in captivity as basically wrong. If indeed zoos would bring about empathy in their visitors, they would have ceased to exist long ago.

By all means zoos try to prevent any kind of sensitization of their visitors, who, by all means, should NOT become aware of the imprisoned animals suffering. Increasingly the animals are presented in sceneries designed to lead the visitors to believe they live in their natural habitats; iron bars are replaced, wherever possible, by armored glass panels, open ditches or electrified pasture fence, to give the visitors the illusion of an unrestrained environment , the animals can freely roam about. In truth, the animals gain nothing from the scenerie décor, which more often than not consists of mere paintings on the rear walls of the enclosures.

Indeed, the stereotypically proclaimed assertion, the zoo animals serve as "ambassadors" for the protection of their free living conspecifics, is grotesque. The display of polar bears in zoos for instance - on concrete "ice floes", that is - has not accomplished anything in regard to the protection of the arctic and her inhabitants. Also the proceeding destruction of African or Indonesian rainforests was not halted by the fact that gorillas and orangutans can be gazed at in zoos worldwide, since more than a hundred years.

If it were true, as zoo proponents argue, that zoo animals point out for millions of people the urgent necessity of species conservation, millions of people who visited zoos as children, should be involved in protection of animals in their natural habitats. But they are not. Animals, displayed in zoos, rather induce the very opposite of what is claimed by the zoos: the visitors, as surveys show, rather tend to underestimate the endangerment for threatened species, since obviously they have found a saving "Noah's Ark" within the zoos. The species conservation mantra of the zoos is nothing but an empty formula by which the imprisonment of animals is supposed to be depicted as serving a higher ideal.

Integral part of the conservation mantra is the allegation, that by holding captive and breeding individuals of endangered species this very species can be saved from extinction. Indeed, the zoos began only in mid-1970s - subsequent to the CITES treaty - to more or less systematically breed their own supply. In 1985 a so-called European Endangered Species Programme was installed to ensure the supply of new animals for the zoos without importing them from the wild, which was no longer possible. Meanwhile about 300 European zoos are part of this program that determines the forced mating of genetically compatible individuals. Till today, however, just 3,5% of the endangered species, listed by CITES, comprehending about 5500 animal species, are part of the program. (If you take the Red List of the International Union for Conservation of Nature, that classifies more than 20.000 species as endangered, critically endangered or facing extinction, the quota of zoos is even worse.)

German zoos, to give you an example, are involved in 63 of those breeding programs, which means they are covering 1,2% of the species listed by CITES, focusing mainly on mammal and bird species, regarded as attractive for visitors; the interest in preserving "less attractive" species is way lower. Furthermore, most zoos conduct breeding of species not even listed by CITES. The reason to do so is purely commercial: offspring of any species attracts paying visitors. By the way: more than 90% of the animals on display in zoos do not belong to endangered species, but are kept there under phony preservation headlines.

Serious reintroduction or resettlement projects do exist just for a small number of species, bred in captivity: mouflon, alpine capricorn, wisent, eagle owl, white stork, griffon volture and a few others, not to forget, of course, the most frequently quoted Przewalski horse. None of the reintroduction projects works really satisfying. This is aggravated by the fact that for the vast majority of endangered species bred in zoo captivity reintroduction to the wild is neither planned nor possible. They are bred for a live in captivity, even though zoo operators always blab of a "timebridge" that would allow reintroduction of zoo bred animals to the wild at a later time.

Disregarding the fact that zoos do not contribute to conservation or recovery of species diversity in a noteworthy manner, they project an image of themselves as "Arks of safeguarding the future of bio-diversity". What is meant by this pretension one can observe as an example at the municipal Zoo of Dortmund, regarding itself as cutting edge of reintroduction efforts: The Zoo, official partner of the European Endangered Species Programme, has taken part - since 1991 - in the reintroduction of exactly five bearded voltures to the wild, that means: the zoo has given five birds, hatched in the zoo, to a bird protection society on the Canary Islands. Other than that there is no record of any other reintroduction or resettlement project, the Dortmund zoo has taken part in. Five birds in 23 years, great record, and the zoo folks didn't even do the work themselves, they just sent the birds to the Canaries, period. Five birds in 23 years.

Serious commitment of zoos to protect endangered animals in situ is hardly to be found. The support they provide for grassroot projects in the home countries of the animals they keep, serves nine times out of ten just to spruce up their public image: by sponsoring anyone of

"His vision, from the constantly passing bars, has grown so weary that it cannot hold anything else. It seems to him there are a thousand bars; and behind the bars, no world." From: R.M. Rilke: "The Panther", 1902 (Photo: Tierpark Berlin, 2014)

165

those projects with some amount of money they get the chance to sport the logo of the very project or organization in a promotionally most effective way, and simultaneously furnish evidence, that indeed they contribute to animal and species preservation. The annual reports zoos publish - if at all they do so - show amounts going into these kind of sponsorships equivalent to per mille fractions of the advertising budgets, the zoos have at hand. At the same time billions of tax-Euros go into the building of amusementpark or Disneyland-like structures within the zoos, money, that could far better be used to demarcate huge areas in Africa or Southeast Asia as protected zones and pursue real and effective animal and species conservation.

3rd pillar: conducting scientific research

Zoos regard themselves as science based research institutions. Looked at more closely there is not so much left in the basket from this pretension. The interest of zoos to do scientific research - if at all there is such interest - is focused solely on zoo-speficic subjects, ever so often even just on issues of economical or management importance. Let alone the fact that in most instances they do not even do the research themselves, but outsource the research to student assistants doing their bachelors or masters thesis on the particular subject. The zoos however claim the students' work as their own contributions to science. The scientific value of the papers rarely reaches beyond the zoos interests, for instance: "Effects of Clicker-training with common seals" or "How to manage the surging waves of visitors on Sundays and holidays".

Nevertheless - and in partially grotesque manner - the zoos attempt by all available means to appear in a scientific light. The almost obsessional fixation onto the label of scientificity - even zoos having never done any scientific research at all, insist on it - has two simple reasons: on the one hand the assertion to conduct scientific research gives the zoos a kind of metalegitimation, immunizing against the critique to be mere amusementparks at the expense of imprisoned animals; and on the other hand, the assumed insignia of science imply the only option to still obtain animals of endangered species from abroad (and to get rid of surplus animals to zoos in other countries): Animals covered by CITES regulations - these regulations apply to animals captured in the wild as well as to animals bred in zoos - can be traded or exchanged internationally only in case, there are official export and import permits existing, and there is no commercial interest involved. Only if the deal serves (quote) „the interest of scientific research", the permits can be issued. Zoos regarded as „scientific research institutes" - most of them just claim to be scientific, without any further proof - get those permits regularly for any animal they want or they want to get rid of. The science label is nothing but a big hoax.

4th pillar: providing recreation and leisure time activities

The objection against the argument, zoos serve for the recreation of stressed out townspeople, alienated from nature, and are, therefore, absolutely indispensable, can turn out briefly: While everyone remains free to do in his or her leisure time whatever he or she feels like and to look for recreation at pleasure - even the most absurd leisure pursuit is completely legitimate -, this freedom comes to a restriction, when people, animals or nature are bothered or even harmed. So a great deal of so-called sports - like boxing, car racing or equestrian sports - is unjustifiable from an ethical perspective, no matter if one participates actively or just as a spectator.

Ethically completely unjustifiable is therefore a visit to a zoo: the brief moment, visitors stand in front of a cage staring at the imprisoned animals is counteracted by years or even decades those very animals have to spend in this very cage. The dubious pleasure to see animals in completely barred concrete bunkers is not paid for by the visitors buying an admission ticket, but by the animals being deprived of their very life.

Even though many people regard a visit to the zoo as traditional leisure time enjoyment, they don't want to miss and don't want to withhold from their children, this is no justification to keep sentient animal beings prisoner on life sentence. Just as parforce hunting or bull fighting or rodeos are not justified by the fact that there are still people around enjoying this kind of animal tortures.

In summary it can be said: none of the four pillars, "modern zoos" are supposedly resting on, has any stability. The four pillars are plain humbug. The truth is: zoos drive the animals nuts. To cope with their unstimulating or way too small environments they develop stereotypic behavior, like pacing, bar biting, hair plucking, repetitively vomiting and eating the vomit and so forth; everyone knows the constant pacing back and forwards of big cats along the edges of their enclosures, or the constant figure-eight swimming of polar bears, common in zoo captivity. Almost phenotypical for the zoos are the neurotic elephants, rhythmically moving their heads from side to side, endlessly, the so-called "weaving". They never do that in the wild. The disruption of family or pack units for the sake of breeding is another main stressor in zoos, especially in species that form close-knit groups, such as gorillas or elephants. Zoo breeding programs move the animals from one zoo to the next, bare-knuckled, when they identify a genetically suitable mate.

There is no doubt that the zoo confinement makes the animals sick, mentally and physically. Most of the animals being showcased are constantly drugged, they get antibiotics, antimycotics, stimulants for their immune system, hormone preparations, pain killers, psycho-pharmaceutics like benzodiazepines, neuroleptics or antidepressants: Otherwise they would die.

So what to do? The animal rights or animal liberation movement has just begun to focus on zoos, which has been culpaply neglected so far. So I would encourage you to visit your local zoo, despite my advice to everybody else to boycott zoos altogether. Please go there, check what kind of animals are kept there, and under which conditions they are kept. We have to know what we fight against. In case you find decayed cages or enclosures - and you definitely will - or animals looking sick - and you also will - take pictures, and file complaints to the legal authorities; also, inform your local papers, radio- or TV stations. Fight for every individual suffering behind zoo bars.

It will take a long time till the institution "zoo" will die out. What we can do to accelerate this process is raising public awareness and creating pressure onto polititians and law makers by means of demonstrations, petitions, complaints, "creative actions" and so forth. Until we succeed and see all cages empty we have to do our best to alleviate the suffering of the individuals imprisoned on life sentence, right now. Please put the zoo animals on your agenda. □

168

Knut – Nachruf auf einen Eisbären

Darf man angesichts der unfassbaren Tragödie, die sich derzeit in Japan abspielt [=Atomkatastrophe in Fukushima] oder angesichts der wechselseitigen Bombardierung der libyschen Zivilbevölkerung durch Gaddafi und UNO etwas zu einem Eisbären sagen, dessen trauriges Dasein in einem Berliner Zoo ein unerwartet schnelles Ende gefunden hat? Ja, man darf. Die kleinen Tragödien können angesichts der großen nicht unbeachtet bleiben.

Knut, der Eisbär, der durch gnadenlose Vermarktung zu einem Goldesel für den Berliner Zoo geworden war, ist am letzten Samstag (19.3.2011) gestorben. Er wurde nur vier Jahre alt, kein Alter für einen Eisbären. Auch bei seinem Tod - er ertrank, offenbar nach einem Herzinfarkt, in seinem Wasserbecken - wurde er von hunderten von Zoobesuchern begafft, so wie er jeden Tag seines armseligen Lebens begafft worden war.

Ob Fehler in der Haltung zu Knuts Tod führten, muß geklärt werden: vielleicht war der Streß mit den drei sehr viel älteren Eisbärinnen, mit denen er zur Belustigung des zahlenden Publikums zusammengesperrt war, zu viel für sein Herz; vermutlich hatte er durch die unfachmännische Handaufzucht schwere Verhaltensstörungen und wusste mit anderen Eisbären nicht umzugehen. Zoodirektor Bernhard Blaszkiewitz jedenfalls, bekannt für seine cholerische Beratungsresistenz, verfügte „Gruppenhaltung" für den Einzelgänger.

Knuts Leben, eingesperrt auf einer lächerlich kleinen Betonscholle samt einem lächerlich kleinen Pissbecken, hatte mit einem würdigen Eisbärenleben nichts zu tun. Eisbären haben in Zoos nichts verloren. Andere Tiere auch nicht. Zoos gehören abgeschafft. □

Nachtrag 1 vom 23.3.2011: Laut Zoodirektor Blaszkiewitz sei geplant, den "Kadaver" des Eisbären auszustopfen und im Berliner Naturkundemuseum zur Schau zu stellen [was wenig später auch geschah].

Nachtrag 2 vom 24.3.2011: Laut offizieller Stellungnahme des Berliner Zoos sei Knut an einer mysteriösen "Gehirnerkrankung" gestorben.

Menschenaffen im Zoo (Interview)

Das Great Ape Project

KoK: **Was genau ist das Great Ape Project?**
C.G.: Das Great Ape Project, initiiert 1993 von den Philosophen Paola Cavalieri und Peter Singer, beinhaltet die Forderung, die Großen Menschenaffen - Orang Utans, Gorillas, Schimpansen und Bonobos - aufgrund ihrer großen genetischen Ähnlichkeit mit dem Menschen und ihren ähnlich komplexen kognitiven, affektiven und sozialen Fähigkeiten bestimmte Grundrechte zuzuerkennen, die bislang dem Menschen vorbehalten sind: Das Recht auf Leben, auf individuelle Freiheit und auf körperliche wie psychische Unversehrtheit, wodurch praktisch alle Fälle erfasst sind, die Menschenaffen in Bezug auf Menschen betreffen können: Jagd, Wildfang, Zirkus, Zoo, Tierversuche sowie Zerstörung ihrer Lebensräume. Es solle den Großen Menschenaffen der gleiche moralische und gesetzlich zu schützende - das heißt: auch einklagbare - Status zukommen, der allen Menschen zukommt. Die tradierte Ungleichbehandlung von Menschen und Menschenaffen ist im Lichte wissenschaftlicher Erkenntnis nicht länger haltbar und damit moralisch zu verwerfen. Letztlich gibt es keinen vernünftigen Grund, den Menschenaffen die geforderten Grundrechte vorzuenthalten. Selbstredend geht es dabei nicht, wie von Gegnern der Idee immer wieder behauptet wird, um Menschenrechte in umfassendem Sinn, was ja auch absurde wäre, da zu den unveräußerlichen Menschenrechten mithin Gewissens- und Religionsfreiheit zählt, die für die Großen Affen ebenso irrelevant ist wie Berufsfreiheit oder das Recht auf Gründung von Gewerkschaften.
Wieso gerade Menschenaffen? Werden „mehr Rechte" gefordert, weil die Tiere dem Menschen so ähnlich sind? Sollte ein Leben in Freiheit nicht unabhängig davon sein, ob ein Lebewesen „menschlich" ist?
Es stellt sich tatsächlich die Frage, was den Einsatz gerade für die Großen Menschenaffen rechtfertigt, durch deren Einbezug in die

Rechtsgemeinschaft der Menschen sich nur die Grenzlinie verschöbe und nun Menschen und Große Menschenaffen auf der einen Seite von allen anderen Tieren auf der anderen Seite trennte, woraus Elefanten, Delphine, Kühe, Schweine, Hühner und alle anderen Tiere, überhaupt keinen Nutzen bezögen. Es handelt sich bei den Forderungen des Great Ape Project um einen pragmatischen - oder wenn man so will: strategischen - ersten Schritt: irgendwo muß man schließlich anfangen. Zudem, und das ist das Entscheidende, stellen die Großen Menschenaffen den Dreh- und Angelpunkt des Verhältnisses Mensch-Natur dar, sie definieren wie nichts und niemand sonst die sakrosankte Grenzlinie zwischen Mensch und Tier: Sind sie festgeschrieben "auf der anderen Seite", sind das alle anderen Tiere mit ihnen. Würde diese Grenze an einer Stelle durchlässig - am naheliegendsten natürlich anhand jener Tiere, die dem Menschen am nächsten stehen - , könnte das eine Art "Türöffner" sein, der letztlich allen Tieren zugute käme: Es könnte ein erster Schritt sein hin zu einem radikalen Wandel des gesellschaftlichen Konsenses über das bisherige Verhältnis Mensch-Tier.

Das 1993 begründete **Great Ape Project** *(GAP) ist als international tätige Tierrechtsorganisation angelegt. Die deutsche Sektion (www. greatapeproject.de) arbeitet in erster Linie publizistisch (Veröffentlichungen in Büchern und Zeitschriften, TV-Auftritte, Vorträge usw.). Zum einen geht es dabei um die Unterfütterung einer 2014 initiierten parlamentarischen Initiative zur legislativen Verankerung der geforderten Grundrechte für Menschenaffen (Erweiterung von Art. 20a des Grundgesetzes), und zum anderen um Öffentlichkeitsarbeit hinsichtlich der Situation in hiesigen Zoos gefangengehaltener Menschenaffen. Fernziel ist die Schaffung eines eigenen Refugiums in einer klimatisch dafür geeigneten Region im Mittelmeerraum, analog zu den Schutzeinrichtungen, die das GAP bereits seit Jahren in Argentinien und Brasilien für Primaten aus privater Haltung, aus biomedizinischen Labors oder aus der Entertainmentindustrie (Zoo, Zirkus etc.) unterhält. Zudem arbeitet das GAP mit wissenschaftlichen Forschungseinrichtungen wie auch verschiedenen Natur-, Tier- und Artenschutzorganisationen zusammen.*

Gibt es ungefähre Zahlen dazu, wie viele Menschenaffen zur Zeit weltweit in Gefangenschaft leben? In Zoos, Zirkussen, Labors?

Genaue Zahlen dazu sind mir nur für Deutschland bekannt. Derzeit werden in 38 hiesigen Zoos knapp 500 Orang Utans, Gorillas, Schimpansen und Bonobos zur Schau gestellt. In deutschen Pharma- und Forschungslabors hingegen werden schon seit mehr als 20 Jahren keine Großen Menschenaffen mehr eingesetzt, allerdings nicht aus ethischen sondern ausschließlich aus finanziellen Gründen: ihre Haltung ist schlichtweg zu teuer. Der „Verbrauch" kostengünstigerer Wirbeltiere, mithin Makaken, ist unverändert hoch: amtlichen Statistiken zufolge fallen jährlich rund drei Millionen „Versuchstiere" einer wissenschaftlich fragwürdigen Forschung zum Opfer. Auch in Zirkussen gibt es keine Großen Menschenaffen mehr, mit Ausnahme des 38-jährigen Schimpansen ROBBY, der bis heute im norddeutschen Zirkus „Belly" als Pausenclown auftreten muß. Nicht zu vergessen die ehemalige DDR-Staatszirkusdomteuse Christiane Samel, die nach wie vor mehrere Schimpansen in ihrem Privathaus nahe Berlin hält und für Partyauftritte vermietet.

Wie sieht das alltägliche Leben für Große Menschenaffen in der Zoogefangenschaft aus?

Zootiere leben in Dauerstress. Zusammengepfercht auf ein paar Quadratmeter Käfig- oder Gehegefläche sind sie einem ständigen Hin-und-her ausgesetzt zwischen tödlicher Langeweile einerseits, die den immergleichen Alltagsablauf bestimmt und ihnen keine Möglichkeit lässt, arteigenen Bedürfnissen nachzugehen, und der Anspannung andererseits, die die Menschenmassen bedeuten, die, unstet und lärmend, sich Tag für Tag an ihnen vorüberwälzen, ohne dass sie eine Chance hätten, sich zurückziehen oder zu entfliehen. Noch nicht einmal stabile Sozialverhältnisse können sie aufbauen: immer wieder werden gewachsene Familien- und Gruppenstrukturen auseinandergerissen, wenn nach Gutdünken irgendwelcher Zuchtkoordinatoren Tiere quer durch Europa von einem Zoo in einen anderen verschubt oder untereinander ausgetauscht werden. Viele zeigen insofern ein Leben lang Symptome von Depression, Angst oder posttraumatischer Belastungsstörung. Nicht selten überleben Tiere den ungeheuren Stress, aus ihrem vertrauten Familienverband herausgerissen und mit fremden Tieren zwangsvergesellschaftet zu werden, nicht: trotz entsprechender Medikation erliegen sie Herzversagen, Kreislaufzusammenbrüchen etc. Die Zoos werten solche Fälle als „unerklärlich" und bestellen sich Ersatz.

Viele Tiere entwickeln Verhaltensstörungen, wenn sie in Gefangenschaft leben. Wie äußern diese sich?

Mit dem Begriff „Zoochose", zusammengesetzt aus den Wörtern „Zoo" und „Psychose", hat sich längst ein eigener Fachterminus etabliert für gestörtes Verhalten von Zootieren, das Tiere der gleichen Art in Freiheit nicht zeigen und das insofern auf die Gefangenhaltung im Zoo zurückzuführen ist. Bei meiner Untersuchung der Haltungsbedingungen Großer Menschenaffen in hiesigen Zoos stellte ich bei einer Vielzahl von Tieren augenfällige Symptome zoochotischer Störungen fest. In praktisch jedem der besuchten Zoos fand ich betroffene Tiere vor, die, in mehr oder minder ausgeprägter Form, die gesamte Bandbreite zootypischer Stresssymptome und Verhaltensstörungen aufwiesen: Bewegungsstereotypien, Agitiertheiten, Essstörungen, Hyperaggressivität, Selbstverletzungen, Angststörungen, Apathie. Auffallend viele Zoo-Schimpansen, um ein Beispiel zu nennen, wiesen Haarausfall im Gesicht, auf Kopf, Brust oder im hinteren Schulterbereich auf, was - klassisches Stresssymptom - mithin durch ein Ungleichgewicht des Cortisol-Spiegels verursacht sein dürfte Einige Tiere rissen sich in stereotyper Weise die eigenen Haare aus oder kratzten sich die Haut blutig. Vermutlich stand ein nicht unerheblicher Teil der beobachteten Tiere unter dem Einfluß sedierender Psychopharmaka, bei einigen konnte ich das indirekt auch nachweisen. Es ist insofern davon auszugehen, dass weit mehr Tiere an Verhaltensstörungen leiden, als ich das in meiner zeitlich beschränkten Untersuchung feststellen konnte.

Moderne Zooanlagen überzeugen die BesucherInnen mit einer scheinbar „natürlichen" Umgebung, die aussehen soll, wie ihr natürlicher Lebensraum. Ist das nur ein schöner Schein fürs gute Gewissen?

Viele Zoos suchen der gerade in Menschenaffenhäusern kaum vermeidbaren „Knastatmosphäre" entgegenzuwirken durch mehr oder minder üppige „Urwaldbepflanzung". Allerdings werden nicht die

Gehege bepflanzt, in denen die Tiere mehr als neunzig Prozent ihrer Lebenszeit zuzubringen genötigt sind - nur an warmen und trockenen Tagen dürfen sie für jeweils ein paar Stunden auf die Außenanlagen - , sondern die Besuchergänge: die Besucher werden auf dicht bewachsenen „Dschungelpfaden" an Gehegen vorbeigeführt, in denen selbst kein einziger Grashalm wächst. Dass die Tiere in der Regel auf nackten Betonböden herumsitzen, fällt weiter nicht auf, da der Blick des Besuchers die Bepflanzung außerhalb der Gehege sozusagen in diese mit hineinnimmt. Um die Illusion der Besucher zu verstärken, sie befänden sich „mitten im Regenwald", sind die Besuchergänge oftmals mit kleinen Wasserläufen und Teichen ausgestattet, auch mit Volieren, Aquarien oder Terrarien, in denen tropische Vögel, Fische, Reptilien, Amphibien oder Spinnen gezeigt werden. Dem gleichen Zweck dienen künstliche Felsbrocken, mit denen die Gehege ausgestattet sind, meist sind auch die Seiten- und Rückwände mit künstlichen Felsen oder mit Holzplanken versehen; mancherorts sind sie auch mit Dschungelmotiven bemalt. Die eingesperrten Tiere haben davon gar nichts.

Das häufigste Argument von Zoo-VerteidigerInnen ist das von „Artenschutz" und „Artenerhalt", besonders mit Blick auf Tiere, die vom Aussterben bedroht sind. Wie ist Ihre Sicht dazu?

Die stereotyp vorgetragene Behauptung, im Zoo gefangengehaltene Tiere dienten als „Botschafter ihrer Art" dem Schutz ihrer freilebenden Artgenossen, ist absurd. Tatsächlich hat die Zurschaustellung etwa des Eisbären Knut im Berliner Zoo allenfalls die Zookasse zum Klingeln gebracht und vielleicht noch die Plüschtierindustrie angekurbelt, mit Blick auf den Schutz der Arktis und ihrer Bewohner hat sie nicht das Geringste bewirkt. Ebensowenig wurde die fortschreitende Vernichtung der afrikanischen oder indonesischen Regenwälder aufgehalten dadurch, dass seit über hundert Jahren Gorillas und Orang Utans in Zoos zu besichtigen sind. Tatsächlich ist das Artenschutz-Mantra der Zoos nichts als propagandistische Leerformel, mit der die Gefangenhaltung der Tiere als höherem Werte dienend verkauft werden soll.

Gibt es noch andere Argumente, mit denen versucht wird, solche Einrichtungen zu rechtfertigen?

Ein weiterer Anspruch der Zoos ist, dass sie zu Bildung beitrügen. Tatsächlich tun sie das nicht. Studien zeigen, dass Zoobesucher kaum mehr über Tiere wissen als Menschen, die sich überhaupt nicht für Tiere interessieren und noch nie in einem Zoo waren. Die durchschnittliche Verweildauer der Besucher vor den einzelnen Gehegen liegt, unabhängig von der Art und Anzahl darin gehaltener Tiere, bei unter einer Minute pro Käfig. Viele Besucher werfen nur im Vorübergehen einen Blick auf die Tiere, allenfalls bleiben sie kurz stehen, um ein Selfie mit Tier im Hintergrund zu machen. Auch Kindern wird die Tierwelt nicht näher gebracht, ganz im Gegenteil. Was lernen Kinder denn im Zoo? Dass es okay ist, Tiere einzusperren. Respekt vor Tieren lernen sie insofern nicht: Da wird gegen Scheiben geklopft, gerufen, gepfiffen, in die Hände geklatscht. Nicht selten werden die Tiere mit Kieselsteinen, Ästen oder sonstigen Gegenständen beworfen.

Wie wenig es darum geht, Achtung und Respekt vor den Tieren zu erlernen, belegen auch die extrem fleischlastigen Speisekarten der Zoorestaurants: vegetarische oder vegane Alternativen gibt es da allenfalls in Form von Beilagen. Vereinzelt stehen sogar exotische Wildtiere auf der Karte, wie man sie im Gehege ums Eck gerade noch besichtigt hat: Springbock, Gnu, Kudu oder Strauß. Auf die Idee, die Zoobesucher dazu anzuregen, einen ganz persönlich erlebbaren Beitrag zu Tier-, Natur- und Umweltschutz zu leisten und wenigstens am Tag des Zoobesuches auf Bratwurst oder Wienerschnitzel zu verzichten, kommt kein einziger der deutschen Zoos. Der Beitrag von Zoos zu wissenschaftlicher Forschung - auch dies ein häufig angeführtes Pro-Zoo-Argument - ist denkbar gering: falls überhaupt geforscht wird, dann zu rein zoospezifischen Fragen wie Haltung oder Nachzucht von Zootieren, zu Fragen also, die es ohne Zoos gar nicht gäbe.

Ist es eine realistische Verstellung, dass es irgendwann keine Zoos mehr geben wird?
Ich halte den historischen Moment für gekommen, um nach Rassismus, Sexismus und Nationalismus auch die Schranke des Speziesismus zu überwinden, der die Diskriminierung von Lebewesen allein aufgrund ihrer Artzugehörigkeit rechtfertigt. Mit Blick auf die

Gefangenhaltung von Wildtieren in Zoos bin ich zuversichtlich, dass wir, um mit Richard Dawkins zu sprechen, eines Tages auf die Art und Weise, wie wir heute mit Tieren umgehen, so zurückblicken werden, wie wir heute auf die Art und Weise zurückblicken, wie unsere Vorfahren mit Sklaven umgegangen sind. Zoos wird es in der jetzigen Form in hundert Jahren nicht mehr geben.

Sie haben auch ein Buch zu dem Thema geschrieben – „Lebenslänglich Hinter Gittern". Allein die Menge an Informationen ist mehr als beeindruckend. Wie und wie lange haben Sie für das Buch gearbeitet und recherchiert?

Ich habe über einen Zeitraum von mehr als zwei Jahren sämtliche deutschen Zoos mit Haltung Großer Menschenaffen jeweils mehrfach besucht und dabei mehr als 600 Stunden vor Menschenaffengehegen zugebracht. Für meine Beobachtungen habe ich mich symptomorientierter Checklisten aus der klinischen Humanpsychologie bedient, die eine systematische Verhaltens- und Interaktionsbeobachtung erlauben. Das Buch selbst entstand in etwa einjähriger Arbeit. □

Jane Goodall, Mitbegründerin des Great Ape Project, mit Colin Goldner

Heruntergekommener Privatzoo

Der Heimattiergarten Fulda

Nicht weniger als 865 Zoos und zooähnliche Einrichtungen gibt es derzeit in Deutschland. Nur gut 150 davon sind in der *Deutschen Tierpark-Gesellschaft* (DTG) e.V. bzw. im *Verband der Zoologischen Gärten* (VdZ) e.V. organisiert: sie orientieren sich - zumindest formal - an den Richtlinien, die diese Verbände sich selbst gegeben haben. Die übrigen mehr als 700 Einrichtungen gehören keinem Verband an, sind also noch nicht einmal zoointernen Vorgaben verpflichtet. Viele dieser meist kleineren Zoos firmieren als sogenannte „Heimattiergärten", die, betrieben in der Regel von zoologisch völlig unbedarften Privatpersonen oder Hobbyvereinen, verschiedenste Haus- und Wildtiere zur Schau stellen. Keineswegs, wie die Bezeichnung dieser Tiergärten vermuten ließe, handelt es sich dabei nur um Tiere der heimischen Fauna, vielmehr werden, unter meist noch wesentlich übleren Bedingungen, als größere Zoos sie bieten, auch Exoten vorgehalten.

Eine dieser Einrichtungen ist der "Heimattiergarten Fulda e.V.", ein heruntergekommener Privatzoo, in dem gegen Entgelt Hasen, Meerschweinchen, Ziegen, Kängurus sowie ein Pferd zu besichtigen sind. Ein großer Teil der Anlage ist der Haltung von Vögeln vorbehalten, mithin Eulen, Papageien und Falken. In einem der Vogelkäfige ist in einem separierten Abteil eine Grüne Meerkatze untergebracht. Das Tier macht einen ausgesprochen verwahrlosten Eindruck: ungepflegt, schmutzig und augenscheinlich unterernährt. Es teilt sich den Käfig mit einem Hasen, der auf dem mit Fliesen ausgelegten Boden herumsitzt. Die Meerkatze zeigt massive Verhaltensauffälligkeiten, insbesondere Bewegungsstereotypien: sie läuft unentwegt auf einer eigentlich als Sitzgelegenheit für Vögel vorgesehenen kleinen Plattform hin und her.

Eine Fuldaer Bürgerin setzte sich nun mit großem Engagement und nachgerade „lehrbuchmäßig" für die Meerkatze ein. Zunächst

richtete sie ein geharnischtes Schreiben an das zuständige Veterinäramt, mit Kopie an die Untere Naturschutzbehörde der Stadt Fulda,
die Landestierschutzbeauftragte im Hessischen Umweltministerium
sowie das Umweltbundesamt. Sie trug vor, der Heimattiergarten
Fulda gelte gemäß § 42 BNatSchG als Zoo und unterliege daher den
entsprechenden gesetzlichen Bestimmungen. Besagte Meerkatze
werde in einem für die Unterbringung von Primaten völlig ungeeigneten Abteil eines Vogelkäfigs gehalten, das allein von seinen Aus-
maßen und seiner Struktur her den Bestimmungen des bundesministeriellen Säugetiergutachtens vom 7.5.2014, das die Haltung von
Säugetieren in Zoos reglementiert, widerspricht. Diesen Bestimmungen zufolge müsste es ein Innen- UND ein Außengehege geben, jeweils mit einer Grundfläche von wenigstens 33qm und einer Höhe
von wenigstens 3m. Tatsächlich umfasse das Käfigabteil lediglich
etwa 8qm und sei nur etwa 2m hoch.

Die Gehege müssten Klettergelegenheiten, Sichtblenden und
andere Rückzugsmöglichkeiten bieten. Nichts davon sei im Heimattiergarten Fulda gegeben. Zudem seien Meerkatzen paarweise oder in
Einmännchen-Vielweibchen-Gruppen zu halten; eine Alleinhaltung
wie im Heimattiergarten Fulda sei nicht statthaft. Es sei insofern von
einem Verstoß gegen §§ 1,2 TierSchG auszugehen. Fraglich sei zudem, ob der Heimattiergarten Fulda die gesetzlichen Bestimmungen
von § 11 TierSchG erfülle, die das gewerbsmäßige Zurschaustellen
von Tieren in Zoos unter Erlaubnisvorbehalt stellen. Es stehe zu
bezweifeln, dass die für die Pflege der Meerkatze zuständigen
Personen über die dafür erforderlichen fachlichen Kenntnisse und
Fähigkeiten verfügen.

Unter ausdrücklichem Verweis auf die sogenannte Garantenstellung von Veterinärämtern, die diese zu sofortigem Einschreiten
verpflichtet, sollte in ihrem Zuständigkeitsbereich Tierwohl gefährdet sein, wurde das Veterinäramt Fulda aufgefordert, den geschilder-
ten Mißständen umgehend abzuhelfen. Die Unterbringungsverhält-
nisse der Meerkatze seien entweder den gesetzlichen Vorgaben anzu-
passen oder aber das Tier sei zu beschlagnahmen und an einen für
Primatenhaltung geeigneten Ort zu überstellen (z.B. an das *Wales
Ape&Monkey Sanctuary* in Nordengland, das auf die Rehabilitation

von in Zirkussen oder Zoos mißbrauchten Primaten spezialisiert ist). Eine Strafanzeige bei der Staatsanwaltschaft wurde ausdrücklich vorbehalten. Zugleich informierte die Fuldaerin die örtlichen Medien sowie überregionale Radio- und TV-Stationen. Schon tags darauf teilte das Veterinäramt mit, man habe dem Tiergarten nach Prüfung der Umstände strenge Auflagen erteilt. In der Tat sah man noch am selben Nachmittag aufgeregte Zoomitarbeiter hin und herwuseln, die eifrig den Käfig der Meerkatze säuberten. Zugleich wurde der Käfig um ein benachbartes Vogelabteil erweitert.

Auch wenn bislang nur eine kleine Verbesserung für die Meerkatze erreicht wurde, zeigt das Beispiel doch, dass bei engagiertem und vor allem fachkundigem Auftreten an den richtigen Stellen sehr schnell etwas in Bewegung gesetzt werden kann. Selbstverständlich wird die Fuldaerin sich weiter dafür einsetzen, dass die Meerkatze in ein primatengeeignetes Refugium überstellt wird. Notfalls auf dem Klagewege. □

Nachtrag: Mit Verfügung vom 21.5.2016 entzog das zuständige Kreisveterinäramt dem Fuldaer Heimattiergarten die Betriebserlaubnis: es könne, wie es offiziell hieß, eine „Zurschaustellung von Tieren nicht mehr genehmigt werden". Es sei insofern mit sofortiger Wirkung verboten, Publikum einzulassen. Die Tierhaltung selbst hingegen wurde dem Betreiberverein des Tiergartens nicht untersagt. Einer Klage auf Herausgabe der o.a. Meerkatze - ein Platz im *Wales Ape & Monkey Sanctuary* (vgl. den folgenden Artikel) war/ist längst für sie reserviert - war zum Redaktionsschluß der vorliegenden Ausgabe (9/2016) noch nicht entschieden.

Tierbefreiung 90, 3/2016

Qualhaltung beendet

Tierpark Delbrück muß Schimpansen abgeben

Über Jahre hinweg stand der Tierpark aufgrund der völlig unzureichenden Unterbringung der Schimpansengeschwister Kaspar (32) und Uschi (34) in massiver Kritik, ohne dass Zoobetreiber Reinhold Nadermann (62) sich in irgendeiner Weise davon hätte beeindrucken lassen. Völlig überraschend wurden daher Anfang 2015 Pläne Nadermanns bekannt, die Schimpansen an einen Amusementpark in China zu verkaufen. Eine umgehend auf den Weg gebrachte Protestkampagne mehrerer Tierrechtsorganisationen zeitigte durchschlagenden Erfolg: Nadermanns mailbox wurde innerhalb weniger Tage von mehr als 13.000 Protestmails überflutet, so dass er letztlich entnervt seinen Exportantrag beim Bundesamt für Naturschutz zurückzog. Zugleich bekräftigte er seinen Entschluß, die Schimpansen unter keinen Umständen an ein Primatenrefugium abgeben zu wollen.

Das letzte Wort war in der Sache jedoch noch nicht gesprochen: in enger Zusammenarbeit besagter Tierrechtsorganisationen konnte enormer öffentlicher Druck auf Nadermann und auf das jahrelang untätig gebliebene Veterinäramt aufgebaut werden. Ende September 2015 wurde ein aus Material des *Great Ape Project* zusammengestellter Film ins Netz gestellt, verbunden mit einem Aufruf, gegen die fortgesetzte Qualhaltung der beiden Schimpansen im Tierpark Delbrück zu protestieren. Der Aufruf zeitigte in kürzester Zeit mehr als 20.000 Unterzeichner.

Gleichwohl Zoobetreiber Nadermann mit Unterstützung lokaler Medien und des WDR versuchte, dem stetig wachsenden Druck standzuhalten, war er diesem letztlich doch nicht gewachsen. Nachdem über Vermittlung des *Great Ape Project* das auf die Rehabilitation traumatisierter Primaten spezialisierte *Wales Ape & Monkey Sanctuary* sich bereiterklärt hatte, Kaspar und Uschi aufzunehmen und insofern auch das Veterinäramt kein Argument mehr zur Hand hatte, die in der Vergangenheit immer wieder verlängerte Haltungsgenehmigung für die Schimpansen bei Nadermann aufrechtzuerhalten, willigte dieser gezwungenermaßen ein, die Tiere abzugeben. Am 1.12.2015 wurden sie abgeholt, um nach einer 1200km-Nonstop-Fahrt wohlbehalten in der walisischen Auffangstation anzukommen. Auch wenn es wirkliche Freiheit für Kaspar und Uschi nicht mehr geben kann: der jahrelange Kampf um ihre Freilassung aus dem Delbrücker Zoogefängnis war zu Ende.

Im *Wales Ape & Monkey Sanctuary* leben derzeit elf Schimpansen sowie 80 andere Affen – Gibbons, Paviane, Kapuzineraffen, Meerkatzen, Tamarine u.v.m. –, die aus schlechter Haltung befreit wurden. Kaspar und Uschi werden Schritt für Schritt mit den anderen Schimpansen des Refugiums bekannt gemacht, um zu sehen, mit welchen Artgenossen sie am besten zurechtkommen. Mittlerweile haben sich schon enge Freundschaften mit alteingesessenen Schimpansen ergeben. □

Tierbefreiung 91, 6/2016

„Nötiges Instrument des Populationsmangements"

Zur Tötung „überzähliger" Zootiere

Anfang 2016 verlautbarte Dag Encke, Direktor des Nürnberger Tiergartens, in einem öffentlichen Vortrag, er habe im Vorjahr sechzig „überzählige" Zootiere töten lassen. Es war diese Verlautbarung unschwer als gezielt eingesetzter „Versuchsballon" zu erkennen gewesen, über den die Reaktion der Öffentlichkeit ausgelotet werden sollte.

Da deutsche Zoos gemäß den Bestimmungen des Tierschutzgesetzes keine Tiere töten dürfen - mit Ausnahme eigens gezüchteter „Futtertiere" (Mäuse, Hamster, Kaninchen, Schafe, Ziegen etc., auch größere Huftiere und bestimmte Vögel, die alljährlich in millionenfacher Zahl in den Zoos getötet werden) -, fordern sie seit Jahren über ihren Dachverband VDZ eine rechtliche Befugnis, „überzählige" Tiere auch anderer Arten nach Bedarf und Gutdünken töten und ggf. auch verfüttern zu dürfen. Da gemäß § 17 Nr 1 TierSchG das Töten von Tieren nur bei Vorliegen eines „vernünftigen Grundes" erlaubt ist, plädiert der VDZ dafür, die Notwendigkeit des „Populationsmanagements" als ebensolchen Grund für die Tötung von Zootieren nach § 42 Abs.8 Satz 3 BNatSchG anzuerkennen. Schon zu früherem Zeitpunkt hatte Encke geschrieben: „Im Sinne einer artgemäßen Haltung der Tiere ist die Bereitschaft zur Tötung überzähliger Tiere (...) ein den natürlichen Verhältnissen entsprechender, verantwortungsvoller und damit ethisch-moralisch einwandfreier Weg."(1)

Zeitgleich mit der Tötung des vorgeblich nicht „reinrassigen" bzw. „nicht ins Zuchtprogramm passenden" Giraffenjungbullen Marius im Zoo von Kopenhagen im Frühjahr 2014 - in Dänemark ist das Schlachten und Verfüttern von Zootieren prinzipiell erlaubt -, hatte der VDZ seine Forderung nach einer insofern „klareren Auslegung" des TierSchG bekräftigt. Da es seinerzeit aber - auch hierzulande - einen Sturm der Entrüstung gegen die Tötung der 18 Monate alten Giraffe gegeben hatte, war seitens des VDZ nichts weiter zur Sache zu hören gewesen. Erst jetzt, nachdem die öffentliche Empörung um den Tod von Marius sich etwas gelegt hatte, suchte Encke - seines Zeichens Vorstandsmitglied des VDZ - erneut auszutesten, auf welche Resonanz die Forderungen seines Verbandes im Jahre 2016 stoßen würden. Es geht Encke und dem VDZ um nichts weniger als den Versuch, das mühsam erkämpfte Tierschutzrecht außer Kraft setzen, um willkürlich nachgezüchtete und irgendwann "überflüssige" Zootiere legal töten zu dürfen. Auch in anderen Zoos - Schwerin etwa oder Dresden - wird die Tötung „überzähliger" Zootiere derzeit öffentlich diskutiert.

Da die Tötung der sechzig Tiere im Nürnberger Tiergarten einen offenkundigen Verstoß gegen geltendes Tierschutzrecht darstellte, erstatteten zwei bundesweit agierende Tierrechtsorganisationen Strafanzeige gegen Encke. Das Ergebnis steht noch aus (Stand 9/2016).

Rechtskräftig verurteilt

Ganz im Sinne des VDZ, gleichwohl nach geltendem Recht unzulässig, entledigte sich im Jahre 2008 der Zoo Magdeburg dreier „unbrauchbarer" Sibirischer Tiger. Die drei Tiere - Angehörige einer akut vom Aussterben bedrohten Art - wurden getötet, da sie nicht die „genetische Variabilität einer Unterart" aufwiesen, sprich: nicht „reinrassig" und damit zuchtuntauglich waren. Der zuständige Zoodirektor Kai Perret sowie drei seiner Mitarbeiter, darunter der angestellte Zootierarzt, wurden in der Folge auf Grundlage von § 17 Nr 1 TierSchG rechtskräftig verurteilt, da es bei der Tötung der Tiger an einem „vernünftigen Grund" gefehlt habe; diese sei, so das Landgericht Magdeburg (bestätigt vom OLG Naumburg), weder erforderlich noch angemessen gewesen.(2)

Es versteht sich, dass in den Zoos jährlich zigtausende „mysteriöser Todesfälle" auftreten, nach denen, sofern es sich nicht um publikumsattraktive und insofern individuell bekannte Großsäuger handelt, in aller Regel „kein Hahn kräht". Ein Zoo unterscheidet sich insofern nur unwesentlich von einem Schlachthaus.

„Halslangziehen"

Zum Berufsbild von ZootierpflegerInnen zählt zentral die Bereitschaft und Fähigkeit, eigenhändig sogenannte „Futtertiere" zu töten. Im Zuge ihrer Ausbildung werden sie angeleitet, diesen „fachgerecht" den Schädel einzuschlagen bzw. ihnen das Genick zu brechen. Die Fähigkeit, beim Töten von „Futtertieren" zusehen zu können „ohne mit der Wimper zu zucken", ist eines der entscheidenden Kriterien, um in die engere Auswahl für einen der begehrten Ausbildungsplätze zum Zootierpfleger zu kommen. Vielfach wird das „Halslangziehen" (=Genickbrechen) gar als eine Art „Initiationsritus" inszeniert.

Die *Tierärztliche Vereinigung für Tierschutz* [!] empfiehlt in einem Maßgabepapier von 2011, beim „Töten von Kleinsäugern zu Futterzwecken" eines von drei „physikalischen Tötungsverfahren" anzuwenden: 1. Betäubungsschlag (Schlag auf den Kopf), 2. Dekapitation (Abtrennen des Kopfes), 3. Zervikale Dislokation (Genickbruch). Im Gegensatz zu „nicht akzeptablen Methoden" wie „Schlagen der Tiere über eine Kante oder Werfen auf den Boden", bei denen „Treffsicherheit und damit sicherer Eintritt des Todes nicht gewährleistet" werden könnten (die gleichwohl, wie PraktikantInnen verschiedener Zoos berichten, flächendeckend angewandt.werden, da sie schnell und unblutig vonstatten gehen), gelten die genannten Methoden als „tierschutzgerecht" und damit „akzeptabel". Alternativ seien auch „chemische Tötungsmethoden" wie etwa die Verabfolgung von Kohlenstoffdioxid (CO_2) akzeptabel.(3) □

(1) Tiergarten Nürnberg (Hrsg.): Der Wegweiser durch den Tiergarten Nürnberg. Nürnberg, 2011 (35.überarbeitete Auflage), S.151 (Encke firmiert als Herausgeber)
(2) LG Magdeburg,: AZ: 26 Ns 120/10 vom 6.12. 2010 / OLG Naumburg: AZ: 2 Ss 82/11 vom 28.6.2011
(3) www.tierschutz-tvt.de/fileadmin/tvtdownloads/Toeten_zu_Futterzwecken_2001 .pdf [30.4.2016]

Grassierende Bauwut

Gesondert zu erwähnen ist die zwanghafte Bauwut, die unter Zoo-verantwortlichen grassiert und die keineswegs immer, wie behauptet, dem Interesse der vorgehaltenen Tiere dient: viele Direktoren, zumal die der Großzoos, scheinen getrieben, während ihrer Amtszeit ein untrennbar mit ebendieser verbundenes Prestigeprojekt durchzusetzen - Borgoriwald (Frankfurt, 16 Mio), Menschenaffenhaus (Stuttgart, 22 Mio), Darwineum (Rostock, 29 Mio), Delfinlagune (Nürnberg, 31 Mio), Gondwanaland (Leipzig, 66,8 Mio) etc. -, wobei die Eitelkeit, den jeweiligen Amtsvorgänger oder die Direktoren anderer Zoos ausstechen und übertrumpfen zu wollen, offenbar eine nicht geringe Rolle spielt; letztlich ist es ja nicht ihr Geld, das da in zigMillionenhöhe verpulvert wird.

Vor allem bei der Übernahme eines vakanten Chefpostens legen die neubestallten Direktoren teils irrwitzig überzogene Um- und Neubaupläne vor, die von den zuständigen Haushaltsgremien - zu größten Teilen werden Steuergelder dafür aufgewandt - in aller Regel bedenkenlos durchgewunken werden. Vielfach ist die Vorlage eines sogenannten „Masterplanes", der weitreichende Um- und Neubauten vorsieht, gar das wesentliche Kriterium, nach dem ein neuer Direktor angestellt wird. So präsentierte etwa der 2014 auf den Chefsessel von Zoo und Tiergarten Berlin berufene Andreas Knieriem einen „Masterplan", der ein Kostenvolumen von 92,4 Mio umfasst; im Zoo Hannover waren zuvor unter seiner Leitung 112 Mio verbaut worden. Etwas bescheidener der Zoo Karlsruhe, dessen 2015 neuberufener Direktor Matthias Reinschmitt sich die Finanzierung eines „Masterplans" in Höhe von 52 Mio genehmigen ließ. Auch der seit Anfang 2016 als Direktor des Zoos Münster firmierende Thomas Wilms phantasiert von einem zigmillionenschweren „Masterplan", den er in den nächsten Jahren umsetzen wolle.

Am groteskesten und zugleich bezeichnendsten aber kommt der Münchner Tierpark Hellabrunn daher, der 2014 als neuen Direktor nicht etwa einen zooerfahrenen Biologen oder Veterinärmediziner berief, wie das in den meisten anderen Zoos der Fall ist, sondern einen gelernten Bauingenieur: der neubestallte Zoodirektor Rasem Baban legte einen „Masterplan" vor, zu dessen Umsetzung der Aufsichtsrat, sprich: die Stadt München, 100 bis 125 Mio Euro genehmigte.

Die in den Zoos verbauten Steuermillionen dienen in erster Linie der Steigerung der Publikumsattraktivität.Orientiert an den Konsum-, Freizeit- und Unterhaltungswünschen der „breiten Masse" werden die Einrichtungen konsequent disneylandisiert. Gleichwohl werden sich die eingesetzten Gelder niemals amortisieren, am wenigsten angesichts des trotz aller Investitionen teils dramatischen Rückganges der Besucherzahlen, dem man - zirkelschlüssig - mit immer neuen Investitionen entgegenzuwirken sucht. Um eine Verbesserung der Bedingungen, unter denen die Tiere gehalten werden, geht es den Zoos entgegen aller Behauptungen allenfalls nachrangig. □

Baustelle „Elefantenhaus" im Tierpark Hellabrunn

Moralische Unrechtsinstitution

Ein Plädoyer für die Schließung der Zoos

Zoos scheinen an sonnigen Tagen vielfach nur von Muttis mit Kinderwägen frequentiert. Kaum sind sie niedergekommen, zieht es sie samt ihrem Nachwuchs zwanghaft in den örtlichen Tiergarten. Vielerorts verabreden sich gar so genannte Stillgruppen im Zoo. Aber weshalb? Die Kleinen kriegen von den Affen, Elefanten und Tigern doch noch gar nichts mit. Auch die Muttis selbst haben keine plausible Erklärung dafür, außer der, dass sie schon von ihren eigenen Müttern als Babies durch den Zoo geschoben wurden, und die von den ihren. Zoobesuche sind fixer Bestandteil deutscher Kleinkindpädagogik: bis zum Eintritt in die Kita, in der Ausflüge in den Zoo zur regelmäßigen Übung werden, war mancher Spross schon Dutzende Male dort, mit Mutti, Omi, Patentante.

Tatsächlich fungieren Zoos als primäre Konditionierungseinrichtungen. Sie dienen als Anschauungs- und Lernorte einer als unverzichtbar definierten Grenzziehung zwischen Tier und Mensch: „wir" diesseits der Gitter und Panzerglasscheiben, „die anderen" jenseits. Diese Grenzziehung erlaubt es dem Menschen, alles, was nicht unter die eigene Spezies zu subsumieren ist, nach Gutdünken zu nutzen und auszubeuten. Kinder lernen auf spielerische Weise, dass es normal und richtig ist, Tiere hinter Isolierglasscheiben, Eisengittern und stromführenden Zäunen einzusperren. Vor allem aber lernen

sie, immun zu werden gegen das Leid der Tiere, die, eingesperrt auf Lebenszeit, zu bejammernswerten Karikaturen ihrer selbst verkommen. Im besten Falle lernen sie: Zoobesuch macht Spaß!, wozu auch die großangelegten Kinderspielplätze sowie Sonderveranstaltungen an Ostern, Halloween oder Nikolaus beitragen.

Während Zoos seit ihren Gründertagen in der ersten Hälfte des 19. Jahrhunderts von Kritik weitgehend unbehelligt blieben, gerieten sie Mitte der 1970er unter massiven Rechtfertigungsdruck: im Zuge des *Washingtoner Artenschutzübereinkommens (CITES)* von 1973, das den bis dahin völlig unkontrollierten Handel mit vom Aussterben bedrohten Tierarten erheblich einschränkte, trat erstmalig ins öffentliche Bewusstsein, welch enormen Anteil die für Zoos getätigten Wildfänge daran hatten, dass viele dieser Tierarten überhaupt erst an den Rand des Aussterbens gebracht worden waren. Für jedes in einem Zoo ausgestellte Tier waren zahllose Tiere der gleichen Art beim Fang oder während des Transports zu Tode gekommen; zudem war die Überlebensspanne der letztlich in den Zoos angekommenen Tiere extrem niedrig, so dass ständiger Bedarf an Nachschub bestand. Myriaden an Wildtieren waren seit Anfang des 19. Jahrhunderts für europäische Zoos der freien Wildbahn „entnommen" worden.

Vor allem in Italien und England entspann sich eine breite öffentliche Debatte, ob Zoos weiterhin eine Daseinsberechtigung hätten oder nicht. Zahlreiche Zoos wurden geschlossen. Mitte der 1990er griff der kritische Diskurs auch auf den deutschsprachigen Raum über. Mit oft hektischen Um- und Neubaumaßnahmen suchte man die eklatantesten Missstände zu beseitigen. Hunderte von Millionen wurden dabei verbaut, größtenteils aus Steuermitteln.

Parallel dazu wurde eine kollektive Abwehrstrategie gegen Kritik entwickelt. Man verständigte sich darauf, den „modernen Zoo" als „auf vier Säulen stehend" zu präsentieren: Bildung, Artenschutz, Forschung und Erholung. Eine gigantische Propagandaoffensive wurde gestartet, die bis heute fortdauert. Kaum ein Tag, an dem in der Lokalpresse nicht von der Geburt eines Tierbabies im örtlichen Zoo zu lesen wäre. Auch im Fernsehen Dauerpropaganda für die Zoos: Allein für die ARD, die mit Serientiteln wie „Eisbär, Affe &

Co" (SWR), „Giraffe, Erdmännchen & Co" (HR) oder „Panda, Gorilla & Co" (RBB) aufwartet, wurden mehr als zweitausend Einzelfolgen gedreht, die, endlos wiederholt, das Vormittagsprogramm durchziehen. Hinzu kommen rund 400 für das ZDF produzierte Episoden und ungezählte Dokusoaps der Privatsender.

Das meistgenannte Argument zur Rechtfertigung der Existenz von Zoos ist die Behauptung, sie trügen zur Bildung der Besucher bei. Als „größte außerschulische Bildungseinrichtungen" würden sie jährlich zig Millionen Menschen wertvolle Tier- und Artenkenntnisse vermitteln. Tatsächlich vermittelt jeder Dokumentarfilm mehr Kenntnis und Wissen, als ein Zoobesuch dies je vermag. Wie auch sollte man die Information auf einer Tafel, Geparden seien die „schnellsten Landsäugetiere, mit Spitzengeschwindigkeiten von über 110 Stundenkilometern" übereinbringen mit dem Tier, das da einsam und in stereotyp immergleicher Bewegung am Gitter eines wenige Quadratmeter umfassenden Käfigs hin und her läuft?

Die durchschnittliche Verweildauer der Besucher vor den einzelnen Gehegen liegt, unabhängig von der Anzahl darin gehaltener Tiere, bei *unter einer Minute* pro Käfig; lediglich während der Fütterungszeiten oder bei Anwesenheit eines Jungtieres ist sie etwas höher. Viele Besucher werfen nur im Vorübergehen einen Blick auf die jeweiligen Tiere; allenfalls bleiben sie kurz stehen, um ein Handyfoto oder ein „Selfie" mit Tier im Hintergrund zu machen.

Die von Zooverantwortlichen allenthalben vorgetragene Behauptung, Zoobesucher würden durch das Kennenlernen gefangengehaltener Tiere für deren freilebende Artgenossen sensibilisiert und folglich für Arten-, Natur- und Umweltschutz eintreten, ist eine der groteskesten Verrenkungen, mit denen Zoos ihre Existenz zu rechtfertigen suchen. Tatsächlich hat die Zurschaustellung etwa des Eisbären Knut im Berliner Zoo allenfalls die Zookasse zum Klingeln gebracht und vielleicht noch die Plüschtierindustrie angekurbelt, in Bezug auf den Schutz der Arktis und ihrer Bewohner hat sie *nicht das Geringste* bewirkt. Ebensowenig wurde die fortschreitende Vernichtung der afrikanischen oder indonesischen Regenwälder aufgehalten dadurch, dass seit über hundert Jahren Gorillas und Orang Utans in Zoos zu besichtigen sind. Wäre es denn so, wie die Zoos behaupten, müssten sich heute zig Millionen Menschen, die als Kinder im Zoo waren, für den Schutz der Tiere in ihren natürlichen Heimaten einsetzen; bekanntermaßen aber ist das nicht der Fall.

In Wahrheit werden die Zoobesucher den Tieren gegenüber nicht sensibilisiert, sondern systematisch *desensibilisiert*. Mit allen zu Gebote stehenden Mitteln suchen die Zoos zu verhindern, dass den BesucherInnen das Leid der eingesperrten Tiere ins Bewusstsein tritt. Zunehmend werden die Tiere in Kulissen präsentiert, die vorgaukeln sollen, sie befänden sich in ihren natürlichen Heimaten. Die gefangengehaltenen Tiere haben von den vielfach nur auf die Betonwände aufgemalten Dschungelmotiven überhaupt nichts, auch werden ihre Gehege dadurch nicht größer, dass sie in „zeitgemäß" ausgestatteten Zoos mit Panzerglas und Elektrozäunen statt mit Eisengittern begrenzt sind.

Auch die Behauptung der Zoos, der rapide schwindenden Artenvielfalt durch Erhaltungszucht bedrohter Arten entgegenzuwirken, hält nicht stand. Aus deutschen Zoos heraus werden Erhaltungszuchtprogramme für gerade einmal 63 Arten betrieben, und nur für eine Handvoll davon gibt es Auswilderungs- oder Wiederansiedelungsprojekte: Alpensteinbock, Bartgeier, Przewalskipferd, Wildesel und ein paar weitere. Und keines dieser Projekte arbeitet wirklich erfolgreich. Für die überwiegende Mehrzahl in Zoos nachgezüchteter Arten ist Auswilderung ohnehin weder vorgesehen noch möglich. Zoos züchten für Zoos nach.

Wirkliches Engagement der Zoos für die bedrohte Tierwelt vor Ort findet sich nur sehr vereinzelt. Die Unterstützung irgendwelcher Projekte in den Herkunftsländern der Zootiere dient in der Regel nur der Imageaufbesserung. Die einzelnen Zoos weisen „Förderbeträge" auf, die allenfalls im Promillebereich der hauseigenen Werbebudgets liegen. Gleichzeitig werden zig Millionen an Steuergeldern für den Bau immer neuer „Erlebniswelten" und „Disneylandanlagen" ausgegeben, Gelder, mit denen riesige Schutzgebiete in Afrika oder Südostasien ausgewiesen und damit wirklicher „Artenschutz" betrieben werden könnte.

Zoos verstehen sich heute als wissenschaftsorientierte Forschungseinrichtungen. Bei näherer Hinsicht bleibt auch von diesem Anspruch nicht viel übrig. Tatsächlich richten sie ihr Forschungsinteresse in erster Linie auf Fragen und Probleme, die es ohne Zoos gar nicht gäbe. Gerne argumentieren Zoos auch damit, sie dienten der Erholung stressgeplagter und naturentfremdeter Großstädter. Selbstredend ist es jedem Menschen unbenommen, seine Freizeit zu gestalten und Erholung zu suchen, wo und wie immer es ihm beliebt. Doch diese Freiheit stößt an Grenzen, wenn Mensch, Tier oder Natur dabei beeinträchtigt oder geschädigt werden. Im Zoo leiden Tiere für das Vergnügen der Menschen. Zoos sind moralische Unrechtsinstitutionen.

Allein die deutschen Zoos - es gibt nicht weniger als 865! - locken jedes Jahr angeblich 65 Millionen Besucher an. Auch wenn diese Zahlen heillos übertrieben sind, sind Zoos doch die meistfrequentierten Freizeiteinrichtungen überhaupt. Aber weshalb? Was ist so toll daran, eingesperrte Tiere zu begaffen? □

Tierbefreiung 90, 3/2016

Zoos haben massive Akzeptanzprobleme

Die Gefangenhaltung und Zurschaustellung von Tieren in Zoos ist gesellschaftlich keineswegs in dem Maße akzeptiert, wie die Betreiber derartiger Einrichtungen immer behaupten. Wie eine repräsentative Erhebung des *YouGov*-Marktforschungsinstituts von Dezember 2015 ergab, ist für knapp die Hälfte der deutschen Bevölkerung (49%) die Zurschaustellung exotischer Tiere im Zoo moralisch nicht in Ordnung. Nur ein gutes Drittel (37%) sieht dies anders, der Rest (14%) hat dazu keine Meinung.

Die Zurschaustellung einheimischer Tiere im Zoo wird hingegen von mehr als zwei Dritteln der Deutschen (69%) als moralisch vertretbar angesehen, für immerhin ein Fünftel (21%) ist allerdings auch dies moralisch inakzeptabel; der Rest (10%) hat auch dazu keine Meinung. □

Quelle: https://yougov.de/news/2015/12/16/

Lebenslänglich hinter Gittern (Photoausstellung)

Konferenz „evokids"

Zoos sind Einrichtungen, in denen gegen Entgelt gefangengehaltene Wildtiere besichtigt werden können. Allein in Deutschland gibt es 865 derartiger Einrichtungen, In 38 davon werden auch Große Menschenaffen - Orang Utans, Gorillas, Schimpansen und Bonobos - zur Schau gestellt.

Große Menschenaffen, wie spätestens seit den Forschungen von Jane Goodall, Diane Fossey und Biruté Galdikas bekannt ist, verfügen über tradierte Formen von Kultur, einschließlich der Fähigkeit, Werkzeuge herzustellen oder bei Krankheiten bestimmte Heilkräuter einzusetzen, sie haben Selbstbewußtsein samt einer Vorstellung von Vergangenheit und Zukunft, sie können vorausschauend denken und planen, empfinden Freude, Trauer, Leid und Mitgefühl und haben einen ausgeprägten Sinn für Humor. Ihre kognitiven Fähigkeiten unterscheiden sich von denen des Menschen allenfalls graduell.

Naturwissenschaftlich besehen ist es völlig unhaltbar, überhaupt noch zwischen Menschen und Menschenaffen zu unterscheiden. Moralisch besehen ist es schreiendes Unrecht, Menschenaffen in Zoos gefangenzuhalten, beraubt ihrer Freiheit, ihrer Würde und Selbstbestimmung, ja: beraubt ihres Lebens. □

Great Ape Project

Die auf den Folgeseiten abgebildeten Photographien von in deutschen Zoos gefangengehaltenen Großen Menschenaffen sind Teil einer Ausstellung, die anläßlich der *evokids*-Tagung Ende November 2013 an der Universität Gießen (www.evo kids.de) erstmalig öffentlich gezeigt wurde (© Colin Goldner). Die 16 Bildtafeln (A2 auf rahmenlosen Glasträgern) können für entsprechende Zwecke jederzeit ausgeliehen werden. Kontakt: info@greatapeproject.de

"Die erzwungene Inaktivität im Zoo ist für die Tiere die reinste Qual".

Horst Stern, 1992

"Wir haben nicht das Recht, andere Lebewesen zu unserer Unterhaltung lebenslang einzukerkern."

Virginia McKenna, 1993

"Wenn man in die Augen eines Tieres in einem Zoo blickt, spürt man sofort, dass etwas nicht stimmt: ‚Warum ich?', fragen die Augen."

Marc Bekoff, 2005

"Alle Argumente, mit denen Zoos ihre Existenz heute rechtfertigen, sind fragwürdig."

Greenpeace, 2013

Die Bilder der Ausstellung sind in einem Film von Ricarda Hinz zusammengefasst
www.youtube.com/watch?v=9wBqQw-4sj

Literatur

Acampora, Ralph (Ed.): Metamorphoses of the Zoo: Animal Encounter after Noah. Lanham, 2010

Austermühle, Stefan: „...und hinter tausend Stäben keine Welt!" Die Wahrheit über Tierhaltung im Zoo. Hamburg, 1996

Baratay, Eric/Hardouin-Fougier, Elisabeth: Zoo. Von der Menagerie zum Tierpark. Berlin, 2000

Batten, Peter: Living Trophies: A Shocking Look at the Conditions in America's Zoos. New York, 1976

Benz-Schwarzburg, Judith: Verwandte im Geiste, Fremde im Recht. Erlangen, 2013

Born Free Foundation/Endcap (Ed.): The EU Zoo Inquiry. Horsham, 2011

Bostock, Stephen: Zoos and Animal Rights: The Ethics of Keeping Animals. London, 2007

Goldner, Colin: Lebenslänglich hinter Gittern: Die Wahrheit über Gorilla, Orang Utan & Co in deutschen Zoos. Aschaffenburg, 2014

Goschler, Erich/Orso, Francesca: Der Zoowahnsinn von A-Z. Salzburg, 2006

Jamieson, Dale: Gegen zoologische Gärten. in: Singer, Peter (Hrsg.): Verteidigt die Tiere. Wien, 1986

Jensen, Derrick: Thought to Exist in the Wild: Awakening from the Nightmare of Zoos. Santa Cruz, 2007

MacKenna, Virginia/Travers, Bill/Wray, Jonathan (Hrsg.): Gefangen im Zoo: Tiere hinter Gittern. Frankfurt am Main, 2000

Mayr, Petra (Hrsg.): Zoo. in: TIERethik. Küsnacht, 2014

Panthera Projektgruppe (Hrsg.): Der Zoo: Fotografien von Tieren in Gefangenschaft. Göttingen, 1994

Rothfels, Nigel: Savages and Beasts: The Birth of the Modern Zoo. Baltimore, 2008

Sanna, Emilio: Verrückt hinter Gittern: Von den Leiden der Zootiere. Reinbek, 1992

Schalk, Eva-Maria: Lebenslänglich: Eingesperrt und zur Schau gestellt. Salzburg, 2001

Schmidauer, Elisabeth: Als die Tiere den Zoo verließen. Esslingen, 1998

Schneider, Eberhard/Oelke, Hans/Groß, Herbert: Die Illusion der Arche Noah. Wiesbaden,1989

Ulrich, Jessica/Weltzin, Friedrich (Hrsg.): Zoo. in: Tierstudien. Berlin, 2015

Online

11 Dinge, die Sie wissen sollten, bevor Sie das nächste Mal in den Zoo gehen. www.huffingtonpost.de/2015/02/07/zoo-traurige-faskten_n_6635752.html

15 Beispiele, dass auch deutsche Zoos Tiere mißhandeln oder töten. www.veganblog.de/2014/02/18/15-beispiele-dass-auch-deutsche-zoos-tieren-weh-tun/#.VRQrguGLK9j

Der Zoo - ein Blick hinter die Kulissen. www.tier-im-fokus.ch/nutztier haltung/zoo_blick_hinter_kulissen/

Die 10 größten Irrtümer über Zoos. www.peta.de/zooirrtuemer#.VQhxjuGLK9i

Inakzeptable Verhältnisse. www.geo.de/GEO/natur/tierwelt/tierrechte-inakzeptable-verhaeltnisse-77903.html

Kritik an Zoos: www.planet-wissen.de/natur_technik/tier_und_mensch/arche_zoo/kritik_an_zoos.jsp

Please Don't Visit Zoos! Zoos reify the human drive to dominate the Other. www.psychologytoday.com/blog/human-nature/200910/please-dont-visit-zoos

Sind Zoos noch zeitgemäß? http://future.arte.tv/de/sind-zoos-noch-zeitgemaess (Video)

The Case for Closing Zoos. www.outsideonline.com/outdoor-adventure/nature/Why-We-Need-to-Get-Rid-of-Zoos.html

The 'Cute' Zoo Animal Behaviors That Are Actually Signs Of Zoochosis. www.thedodo.com/the-cute-zoo-animal-behaviors--601643824.html?xrs=Dodo_FB

The EU Zoo Inquiry. www.bornfree.org.uk/zooreports/Summary

Verloren hinter Gittern. www.greenpeace-magazin.de/verloren-hinter-gittern-0

Was Sie schon immer (nicht) wissen wollten: Zoo-Dokumentationen. www.endzoo.at/wp/bibliothek/endzoo-reports/

Zoo. www.tvg-saar-vegan.de/themen/zoo/

Zoo-Kritik. www.prowildlife.de/Zoo_Kritik_Tierhaltung

Zoos drive animals crazy. www.nzherald.co.nz/lifestyle/news/article.cfm?c_id=6&objectid=11279349

Zoos: Ein Leben ohne Freiheit. www.animalequality.de/unterhaltung/zoos

Zoos: Gefängnisse für Tiere. www.peta.de/zoo-hintergrund

Zootiere: Unschuldig hinter Gittern. www.animal-public.de/zootiere-unschuldig-hinter-gittern/

Colin Goldner

Lebenslänglich hinter Gittern

Die Wahrheit über Gorilla, Orang Utan & Co in deutschen Zoos

In 38 deutschen Zoos werden Große Menschenaffen zur Schau gestellt. Die Besucher, so heißt es, könnten dort ihre nächste Verwandtschaft - Bonobos, Schimpansen, Gorillas und Orang Utans - beobachten und verstehen lernen. Colin Goldner hat über ein Jahr lang in den einzelnen Zoos recherchiert und teils katastrophale Verhältnisse vorgefunden. Die Tiere, wie er mit zahlreichen Photos belegt, leiden unter der Beengtheit der Gehege, unter fehlenden Rückzugsmöglichkeiten und dem eklatanten Mangel an Beschäftigungsanreizen; viele zeigen Symptome massiver psychischer Störungen. Der Beitrag der Zoos zu Bildung, Forschung und Artenschutz ist gering und rechtfertigt nicht, Wildtiere ein Leben lang hinter Eisengittern und Panzerglasscheiben einzusperren. Goldners Buch ist ein leidenschaftliches Plädoyer gegen die Einrichtung Zoo. Seine Kritik, festgemacht an den Großen Menschenaffen, richtet sich gegen die Gefangenhaltung und Zurschaustellung von Tieren an sich.

492 S., zahlreiche Abbildungen, 24 Euro, ISBN 978-3-86569-112-5
Alibri Verlag, Aschaffenburg, 2014

Tierbefreiung

Regelmäßige Beiträge des Autors - schwerpunktmäßig zu Fragen der Zoo-kritik - gibt es seit 2009 im Quartalsmagazin Tierbefreiung (www.tier befreiung.de), mithin zu folgenden Einrichtungen: Zoo Grömitz, #74 / Leintalzoo Schwaigern, #75 / Zoo Delbrück, #76 / Zoo Bad Pyrmont, #77 / Tierpark Nordhorn, #78 / Tierpark Gettorf, #79 / Wilhelma Stuttgart, #79 / Zoo Dortmund, #80 / Zoo Saarbrücken, #81 / Tiergarten Nürnberg, #82 / Serengetipark Hodenhagen, #83 / Allwetterzoo Münster, #84 / Zoo Heidelberg, #85 / Zoo Augsburg, #86 / Erlebniszoo Hannover, #87 / Zoo Karlsruhe, #88 / Zoo Duisburg, #89 / Zoo Dresden, #90 / Tierpark Hellabrunn München, #91 / Zoo Berlin, #92 (more to come…)

Online nachzulesen auf www.greatapeproject.de/zoo

Sonstige Bücher/Buchbeiträge des Autors zu zookritischen bzw. tierrechtlichen Themen

Vorsicht Tierheilpraktiker: „Alternativveterinäre" Diagnose- und Behandlungsverfahren. Alibri-Verlag, Aschaffenburg, 2006

Tierrechte und Esoterik - eine Kritik. in: Susann Witt-Stahl (Hrsg.): Das steinerne Herz der Unendlichkeit erweichen: Beiträge zu einer kritischen Theorie für die Befreiung der Tiere. Alibri-Verlag, Aschaffenburg, 2007

Die Überwindung der Trennlinie zwischen Mensch und Tier. in: Schriftenreihe der Giordano Bruno-Stiftung (Hrsg.): Grundrechte für Menschenaffen. Alibri-Verlag, Aschaffenburg, 2012

Unsere haarige Verwandtschaft: Das Great Ape Project. in: Konny G. Neumann (Hrsg.): Freier Blick. Verlag Stiftung Geistesfreiheit, Hamburg 2014

Zoo / Great Ape Project. in: Arianna Ferrari/Klaus Petrus (Hrsg.): Lexikon der Mensch-Tier-Beziehungen. Transcript-Verlag, Bielefeld, 2015

Alternative Tierheilkunde. in: Ditmar Graf/Christoph Lammers (Hrsg.): Anders heilen? Alibri-Verlag, Aschaffenburg, 2015

„Die geborenen Spaßmacher": Von der falschen Sicht auf Schimpansen hin zu ihrem Missbrauch in Zirkus, Zoo und sonstiger Unterhaltungsindustrie. in: Ulrich, Jessica/ Weltzin, Friedrich (Hrsg.): Tiere und Unterhaltung. Neofelis-Verlag, Berlin, 2016

Rezension

Colin Goldner

Der Zoo – Kein Platz für Tiere

(hpd 18.2.2016) Als ersten Band einer geplanten eBook-Reihe zu tierrechtlichen Fragestellungen legt der Psychologe, Tierrechtler und gbs-Beirat Colin Goldner einen Reader zum Thema „Zoo" vor.

Unter dem Titel „Zoo – Kein Platz für Tiere" wird die Einrichtung Zoo von jedem nur denkbaren Blickwinkel her beleuchtet und als das entlarvt, was sie wider alle Behauptung ihrer Betreiber ist: Ein Gefängnis für Tiere. Detailreich und dennoch übersichtlich Detailreich und dennoch übersichtlich wird die Geschichte der Zoos dargestellt, vom Pariser Jardin des Plantes und den Bürgerzoos des 19. Jahrhunderts über die Rummelplatzzoos des frühen 20. Jahrhunderts, den Nazi-Zoos und den Zoos der Nachkriegszeit bis hin zu den heute bestehenden Einrichtungen. Die Rechtsgrundlagen, auf denen der Betrieb heutiger Zoos beruht, werden ausführlich erläutert. Im zentralen Teil des Buches werden all die Behauptungen, mit denen Zoos ihre Existenz legitimieren - Artenschutz, Bildung, Forschung und Erholung - auf ihre Tragfähigkeit hin untersucht: bei näherem Hinsehen bleibt nichts übrig, was den Betrieb von Zoos in der heutigen Zeit noch rechtfertigen könnte; wenn es denn jemals solche Rechtfertigung gegeben hätte. Den Behauptungen der Zoobetreiber gegenübergestellt wird das namenlose Leid, das die auf Lebenszeit eingesperrten und jeder Regung ihrer Natur beraubten Tiere zu erdulden haben. Im Schlussteil des Buches werden Ideen vorgestellt, wie die Zoos - allein in Deutschland gibt es 865 davon - abgewickelt werden könnten. Das Buch eignet sich seiner enormen Materialfülle wegen hervorragend für den Schulunterricht (ab der 3./4. Klasse). Für aktive TierrechtlerInnen und solche, die es werden wollen, stellt es eine ausgezeichnete Argumentationshilfe dar. Unentbehrlich erscheint es auch für Eltern, die sich dagegen verwahren wollen, dass ihre Kinder mit ihrer Kindergartengruppe oder Schulklasse zum regelmäßigen Zoobesuch zwangsverpflichtet werden. Auch ErzieherInnen und LehrerInnen sollten es lesen, bevor sie das nächstemal mit den Kindern in den Zoo gehen: es bestehen gute Chancen, dass sie es bleibenlassen.

123 S. (eBook), 5,99 Euro, ISBN 978-3-86569-112-5 Alibri Verlag, Aschaffenburg, 2016

Magazinbeiträge (Auswahl)

Veterinary Quacks. in: diesseits 1/2006

Der braune Rand der Tierrechtsbewegung. in: Der rechte Rand - Magazin von und für AntifaschistInnen, Sept. 2007

Dalai Lama: „Wenn ihr Körper Fleisch braucht, ist es besser, große Tiere zu essen". in: Tierbefreiung, Juni 2007

„Ein Thier von grimmer Wildheit". in: taz vom 4.10.2007

Finsteres DDR-Erbe: Das Horrorkabinett der ‚Affenmutti' aus Hönow. in: Humanistischer Pressedienst, 26.3.2012

Affenschande. in: Lehrerinnen&Lehrer-Kalender 2009/10

Amazonas. in: Tierbefreiung 4/2010

Kirche&Tier. in: taz vom 30.8.2010

Krimineller Schwachsinn (Interview). in: Cavallo 9/2010

Nazis und Tierrechte: Zu den Versuchen von Neonazis, in der Tier-rechtsbewegung Fuß zu fassen. in: Menschen für Tierrechte Saar, 11/2014

Apeman. in: Melodie&Rhythmus 2/2015

Quantensprung im Verhältnis Mensch-Tier. in: Tierbefreiung, März 2015

„Machet sie euch untertan und herrschet…" in: freidenker, 2/2015

"In kleinen Schritten zu großen Veränderungen" (Interview). in: tierrechte 4/2015

Über Menschenaffen und Unmenschen (Interview) in: agora42, 1/2016

Living World Heritage: Große Menschenaffen als Lebendiges UNESCO-Welterbe. in: Humanistischer Pressedienst, 15.2.2016

Vegan Dogs. in: KoK, 1/2016

Krankhafte Flatulenz. in: KoK, 2/2016

Audio/Video

Grundrechte für Menschenaffen (Video): www.youtube.com/watch?v =Sqn2DawGkZY

Lebenslänglich hinter Gittern (Video): www.dropbox.com/s/qca81el7 idiynn9/140714_ Colin_kurz_dub.mp4?dl=0

Haben Zoos noch eine Existenzberechtigung? Vortrag vom 23.10.2015 in Dresden (Audio): https://soundcloud.com/tb-17-2/lebenslanglich-hinter-gittern-haben-zoos-noch-eine-existenzberechtigung

Franz Kafka

Ein Bericht für eine Akademie

1917 veröffentlichte der Schrift-
steller Franz Kafka seine bittere
Satire *Ein Bericht für eine Akademie*, in der ein Schimpanse namens Rotpeter von seiner Gefangennahme durch eine Hagen-
becksche Tierfangexpedition erzählt. Um nicht im Zoo zu landen, habe er während der mona-
telangen Passage aus dem west-
lichen Afrika menschliche Ver-
haltensweisen und Gesten er-
lernt, auch die menschliche Spra-

che, und insofern „die Durchschnittsbildung eines Europäers" erreicht. Dennoch, auch nach dem eindrucksvollen Bericht, den er über
seine Menschwerdung vorträgt, wird ihm deren Anerkennung versagt.

Unabhängig von den üblichen Interpretationen, die Kafkas Stück
mithin als Parabel über die Anpassungsversuche deuten, die das jüdische Volk jahrhundertelang - und letztlich vergebens - unternommen
hat, lässt sich unschwer auch eine Anklage gegen die Tierfangexpe-
ditionen Hagenbecks und gegen die Haltung von Menschenaffen in
Zoos und Zirkussen herauslesen. Kafka kannte die Schriften Darwins, er kannte den Tierpark Hagenbeck in Hamburg, und er kannte
einen dressierten Schimpansen namens „Consul Peter", der in einem
Prager Rotlichtvarieté auftreten mußte. Die Interpretation ist zumindest nicht abwegig, dass es in Kafkas Erzählung ganz konkret auch
um Kritik an der kompletten Ignoranz des Bildungsbürgertums der
Darwinschen Evolutionstheorie gegenüber ging, die Tierschauen à la
Hagenbeck oder Varietés wie das in Prag zuließ.

Aus: Colin Goldner: „Lebenslänglich hinter Gittern". Aschaffenburg 2014

Die DVD ist erhältlich über www.veganrevolution.de

Zum Autor

Colin Goldner studierte Sozialwesen in München sowie Psychologie und Kulturanthropologie in München und Los Angeles. Er ist Mitbegründer der Tierrechtsorganisation *rage&reason* und hat zahlreiche Publikationen zu tierrechtlichen Themen vorgelegt (z.B. *Vorsicht Tierheilpraktiker:, Alternativveterinäre' Diagnose- und Therapieverfahren* (2006) oder *Tierrechte und Esoterik: Eine Kritik.* In: Susann Witt-Stahl (Hrsg*.): Das steinerne Herz der Unendlichkeit erweichen: Beiträge zu einer kritischen Theorie für die Befreiung der Tiere* (2007). Seit 2011 koordiniert er das *Great Ape Project*, das Grundrechte für die Großen Menschenaffen einfordert. Seine 2014 erschienene Studie *Lebenslänglich hinter Gittern: Die Wahrheit über Gorilla, Orang Utan & Co in deutschen Zoos* wurde für die Wahl zum „Wissensbuch des Jahres" nominiert und belegte in der Endausscheidung - in der Kategorie „Zündstoff" - den 2. Platz.